地域文化財の
保存・活用とコミュニティ

―山梨県の擬洋風建築を中心に―

森屋雅幸 著

岩田書院

目　次

序　章　本書の目的と方針………………………………………………… 7

はじめに……………………………………………………………… 8
第1節　用語の定義……………………………………………… 9
第2節　研究方法………………………………………………… 14
第3節　先行研究………………………………………………… 15
第4節　研究課題と目的………………………………………… 17
第5節　本書の構成……………………………………………… 20

第1章　地域主義にもとづく
　　　　文化財保存と活用の沿革と研究者の主張………………… 25

はじめに……………………………………………………………… 26
第1節　求められる文化財保護の在り方……………………… 26
第2節　文化財保護制度の成立過程…………………………… 29
第3節　文化財保護における地域主義登場の背景…………… 33
第4節　高度経済成長期の文化財保存運動の動向…………… 36
第5節　1960年代の文化財保存運動の展開と
　　　　関係機関および官庁の取り組み……………………… 37
第6節　1970年代の地域主義にもとづく
　　　　文化財保存と活用に関わる議論……………………… 39
第7節　文化財保護法の改正と
　　　　地域主義にもとづく文化財保存と活用……………… 52
第8節　文化財保護法の改正後の動向………………………… 59
第9節　文化財保護制度をめぐる議論………………………… 65
　　　　―1980年代から現代にかけて―

第10節　地域主義にもとづく文化財保存と活用にまつわる

　　　　議論のまとめ……………………………………………………… 70

第11節　1970年代の議論で残された課題………………………………… 76

小　結……………………………………………………………………… 79

第2章　地域主義にもとづく

文化財保存と活用の歴史的経緯と実態 ……… 83

はじめに…………………………………………………………………… 84

第1節　事例選定について………………………………………………… 84

第2節　近代の学校教育制度の成立と小学校の建設…………………… 88

第3節　擬洋風建築の小学校の建設……………………………………… 89

第4節　山梨県における明治初期の小学校建設について……………… 91

第5節　学校建設と地域住民……………………………………………… 95

第6節　藤村式建築の学校成立と藤村紫朗の接点……………………… 98

第7節　藤村式建築建設への県の具体的指示………………………… 102

第8節　現存する藤村式建築…………………………………………… 108

　　　　―建設から保存までの経緯と現在―

第9節　各地の藤村式建築、保存経緯、活用の比較………………… 132

小　結…………………………………………………………………… 140

第3章　文化財を核としたコミュニティ活動の分析と考察………… 147

―旧津金学校・旧尾県学校を事例に―

はじめに………………………………………………………………… 148

第1節　事例研究の方法………………………………………………… 148

第2節　文化資源活用協会の結成と活動……………………………… 149

第3節　尾県郷土資料館協力会の結成と活動………………………… 165

第4節　各コミュニティの文化財保存と活用の関与と

　　　　活動内容の分析……………………………………………… 180

第5節　地域住民の文化財の保存と活用への意識…………………… 184

第6節　各コミュニティのキーパーソンの地域への想い…………… 198

第 7 節　調査の結果について……………………………………………　201

　　第 8 節　考　　察…………………………………………………………　211

　　小　　結……………………………………………………………………　214

第 4 章　近年の文化財保護施策の課題と地域主義……………………　225
　　　　　―1990年代以降の動向を中心にして―

　　はじめに……………………………………………………………………　226

　　第 1 節　文化財の地域での活用について………………………………　226
　　　　　　―1990年代の文化財保護行政の動向―

　　第 2 節　2000年代以降の文化財の活用施策について…………………　236

　　第 3 節　2007(平成19)年の文化審議会文化財分科会
　　　　　　企画調査会報告後の動向………………………………………　248

　　第 4 節　観光における文化財の活用の取り扱いの変遷………………　251

　　第 5 節　近年の文化財の活用をめぐる政府の方針について…………　262
　　　　　　―2010年代を中心として―

　　第 6 節　観光資源としての文化財の活用に対する意見………………　272

　　小　　結……………………………………………………………………　275

　　文化財保護施策・観光振興施策年表……………………………………　279

終　　章　本書の結論と課題・展望………………………………………　285

　　第 1 節　本書のまとめ……………………………………………………　286

　　第 2 節　結　　論…………………………………………………………　290

　　第 3 節　本書の課題と展望………………………………………………　296

参考文献………………………………………………………………………　301

索　　引………………………………………………………………………　319

あとがき………………………………………………………………………　325

第2章の山梨県立図書館編『山梨県史』から引用した史料および妙遠寺「日蓮宗管長大増正杉田日布篆額」碑文は、筆者が適宜、読点と返り点を加え、強調する個所がある場合は下線を引いた。また、同章の琢美学校建設の懐旧談（大木、1924）の漢字は常用漢字に改めた。これ以外の史料は原文のまま掲載した。

序　章

本書の目的と方針

はじめに

　文化財保護法が1950(昭和25)年に制定されて以降、半世紀以上の時が流れた。日本は文化財保護法が制定された戦後の経済的困窮から高度経済成長期に至り、1980年代後半のバブル経済と90年代初頭の崩壊を経て、現在は長期にわたる経済の停滞期にある。また、この経済状況に連動して社会や国土の在り方も変化し続けた。このように、半世紀以上にわたって社会的・経済的に変動した国内において、文化財を取り巻く環境は文化財保護法成立時から大きく変化したと考えられる。そのことを示すように、文化財保護法は1954(昭和29)年、1975(昭和50)年、1996(平成8)年、2004(平成16)年の4回の大きな改正がなされ、その当時の社会・経済情勢に応じた保護措置を講じてきた(中村、2007：23-30)。

　ただ、国内の戦後の社会・経済情勢の変化は急速なものであり、文化財保護制度がその変化に対応しきれておらず、課題が残されていると考えられる。とくに2007(平成19)年の『文化審議会文化財分科会企画調査会報告書』で示されたように、現在の文化財保護行政には地域主義にもとづく文化財保存と活用[1]の在り方が求められているといえ、実際、1970年代から現在に至るまでこうした文化財保護の在り方を求める主張や議論が文化財に関連する分野の研究者等からなされている。

　ところで、本書において使用する「地域主義にもとづく文化財保存と活用」という言葉は、地域内で価値づけられた文化財を地域住民が主体となって保存し、その文化財を核に生成されたコミュニティが、地域づくりなどへ、その文化財を活用していく過程、またはそのような状態を示す言葉として用いた。

　本書では、こうした地域主義にもとづく文化財保存と活用の在り方が登場した背景や経緯、その実態などを明らかにし、文化財保護施策の現状と課題に対し、こうした保護の在り方がどのように作用するか示したいと考える。以下では本書の枠組みについて示す。

第1節　用語の定義

　まず、本書において頻出する用語について、以下でそれぞれ定義付けを行う。なお、ここに定義しない用語については、その都度説明を加えることにする。

＜文化財＞

　文化財という用語は、1950(昭和25)年5月の文化財保護法の制定から一般に普及しはじめたと考えられている(塚本、1991：276)。文化財の定義について、現在の文化財保護法第2条に次のように明記されている[2]。

　(文化財の定義)

　第二条　　この法律で「文化財」とは、次に掲げるものをいう。

一　建造物、絵画、彫刻、工芸品、書跡、典籍、古文書その他の有形の文化的所産で我が国にとつて歴史上又は芸術上価値の高いもの(これらのものと一体をなしてその価値を形成している土地その他の物件を含む。)並びに考古資料及びその他の学術上価値の高い歴史資料(以下「有形文化財」という。)

二　演劇、音楽、工芸技術その他の無形の文化的所産で我が国にとつて歴史上又は芸術上価値の高いもの(以下「無形文化財」という。)

三　衣食住、生業、信仰、年中行事等に関する風俗慣習、民俗芸能、民俗技術及びこれらに用いられる衣服、器具、家屋その他の物件で我が国民の生活の推移の理解のため欠くことのできないもの(以下「民俗文化財」という。)

四　貝づか、古墳、都城跡、城跡、旧宅その他の遺跡で我が国にとつて歴史上又は学術上価値の高いもの、庭園、橋梁、峡谷、海浜、山岳その他の名勝地で我が国にとつて芸術上又は観賞上価値の高いもの並びに動物(生息地、繁殖地及び渡来地を含む。)、植物(自生地を含む。)及び地質鉱物(特異な自然の現象の生じている土地を含む。)で我が国にとつて学術上

価値の高いもの（以下「記念物」という。）

五　地域における人々の生活又は生業及び当該地域の風土により形成された景観地で我が国民の生活又は生業の理解のため欠くことのできないもの（以下「文化的景観」という。）

六　周囲の環境と一体をなして歴史的風致を形成している伝統的な建造物群で価値の高いもの（以下「伝統的建造物群」という。）

　このように法律上の文化財の定義をみると文化財が「有形文化財（建造物、美術工芸品、考古資料、歴史資料）」、「無形文化財（芸能、工芸技術）」、「民俗文化財（有形―生活文化に関わる用具・無形―風俗慣習、民俗芸能、民俗技術）」、「記念物（史跡、名勝、天然記念物）」、「文化的景観」、「伝統的建造物群」の６種類に分類されていることがわかる。

　この定義に従うのであれば、文化財という用語は身の回りにある非常に限られた事物を捉える概念になるといえる。ただ、2007（平成19）年の文化審議会文化財分科会企画調査会の報告書には「一般的に、文化財という用語を用いる場合、それが国や地方公共団体により指定などを受け、保護の措置が図られているものを指すものとしてとらえられがちである。そのため、そうした指定文化財を含む、歴史的な価値を持つ文化的所産を指すものとして、文化遺産という文言が用いられることが多い。しかし、文化財保護法に規定されている本来の文化財とは、指定などの措置がとられているか否かにかかわらず、歴史上又は芸術上などの価値が高い、あるいは人々の生活の理解のために必要なすべての文化的所産を指すものである。そのことを明らかにする意味でも、この報告書で検討の対象とする文化財とは、一般的に文化遺産と呼ばれているものを含む幅広いものであることを確認しておきたい。」（文化審議会文化財分科会企画調査会、2007：4）と記され、法律上の文化財の定義は本来、指定・未指定の隔てのないものであることが示されている。このことから、本書においても文化遺産や地域遺産・文化資源等の用語も含め、有形・無形を問わず、それらを包括する概念として、とくに断りのない限りは、文化財という呼称を用いることにする。

＜保護＞

　文化財保護法の第1条には「この法律は、文化財を保存し、且つ、その活用を図り、もって国民の文化的向上に資するとともに、世界文化の進歩に貢献することを目的とする。」とあり、第4条には「文化財の所有者その他の関係者は、文化財が貴重な国民的財産であることを自覚し、これを公共のために大切に保存するとともに、できるだけこれを公開する等その文化的活用に努めなければならない。」とある。このことから文化財の保護の達成には、その保存と活用が求められていることがわかり、近年でもこうした認識で保護の概念が捉えられていることから（川村、2002：15）、本書においても、原則として保護は保存と活用を含む用語として用いる。

　ただし、「文化財保護行政の関係者に文化財保護を問うと、文化財を『保存』するとともに『活用』することが法の理念であり、それらを合わせた概念が『保護』であると異口同音に答える。しかし大多数の国民にとって『文化財保護』という言葉は、希少・貴重な文化財を選び出して税金を用いて保存することだとしか理解されていないのが現実である。」（西山、2012：6）という意見があるように、保護の中に活用の意を見出すことは一般的に難しいのが現状といえる。

　そこで、従来の文化財保護よりもとくに活用の在り方に力点が置かれた地域主義にもとづく文化財の保護を論ずる場合、保護の語を用いず、地域主義にもとづく文化財保存と活用というように保存と活用を区分して用いたいと考える[3]。

＜コミュニティ＞

　コミュニティは、論者の文脈によって意味合いが異なり、「共同体」、「地域共同体」、「地域コミュニティ」と呼称も異なるが、これらの意味をおよそ包括する広井良典の「コミュニティ＝人間が、それに対して何らかの帰属意識をもち、かつその構成メンバーの間の一定の連帯ないし相互扶助（支え合い）の意識が働いているような集団」（広井、2009：11）という定義を用いる。加えて、本書におけるコミュニティは社会全体、地域社会そのものを指す言葉でなく、その社会にある小集団という意味合いで用い、任意団体やNPOも含む

用語とする。

＜地域＞

　地域について宮口侗廸は、何らかの理由で他から区別される地表面の広がりであることから、他から区別される理由によっては、いかなる大きさの地域も存在するし、また設定し得ると述べている(宮口、2007：1-2)。このように地域は相対的な概念であり、決まった尺度で捉えられる範囲を示すものでないといえる。

　地域の内容について定義したものをみると、玉野井芳郎の「自然・歴史・風土をふまえたトータルな人間活動の場」(玉野井、1979：19)と定義したものや、亀山純夫の「土地の一定の範囲における生活空間であり、その土地の有様と、地表での住民生活を軸とするコミュニティを不可分に含む生活の立体的な場」(亀山、2009：151)と定義したものがみつかる。こうした範囲と内容を踏まえて地域を捉えるならば、地域とは、「ある一定の相対的な範囲を示し、内容として自然・歴史・風土を前提とし、コミュニティを不可分とした生活空間」ということができ、これを本書における地域の定義とする。

＜地域づくり＞

　地域づくりという用語は、小田切徳美によれば、1980年代から急増し、地域振興、地域活性化、地域再生に類する用語であるとし、この用語は地域活性化の反省の意が込められ、地域再生などの他の用語と比較すると80年代から現在に至るまで用いられ、いつの時代においても使われ続ける用語であると説明している(小田切、2013：2-4)。

　また、小田切は、地域づくりはまちづくり、むらづくりを意味する用語としても多様的に用いられているとする(同上：3)。敷田麻美は地域づくりを地域振興や地域活性化、地域再生を総括として用い、論中の地域づくりは、まちづくりと同一視して構わないという姿勢を示している(敷田、2009：81)。つまり、地域づくりは、まちづくりと定義的に同一に捉えられるものと考えられ、本書においても地域づくりは地域振興や地域活性化、地域再生を包括する用語であり、まちづくり、むらづくりあるいは同様のまちおこしやむらお

こしについても、とくに断りのない限り、同義として捉える。

　地域づくりを具体的に定義したものについてみると、後藤春彦は「地域で暮しを営むひとびとが、生活環境や伝統文化等の潜在的な可能性を引き出すことにより、経済的自立性を獲得するとともに、地域社会に立脚した豊かな生活を追求すること」(後藤、2007：104)としている。また、宮口侗廸は、時代的背景も要素に加え、「時代にふさわしい地域の価値を内発的につくり出し、地域に上乗せする作業」(宮口、2007：43)とし、いずれもハード面を整備するという地域づくりを示すものでなく、地域のソフト面に言及した内容であることがわかる。

　本書が地域づくりと呼称するものは、地域住民が能動性をもち、主体として文化財の保存・活用を契機として地域内で生成したコミュニティが多様な行為主体と連携した地域内の活動であり、内発性あるいは地域の価値や資源を重視する点において先行する定義に重なり合う点をもつといえ、地域づくりの用語を用いるのが適当と考える。しかし、本書ではこれに加え、こうした活動を通して地域住民が文化財保護の担い手として成長するとともに、心の豊かさを充溢させ、地域への愛着を醸成する過程と捉えている。つまり、これらを総合して本書における地域づくりを定義するならば、「地域住民が多様な行為主体と連携・協力した能動的な取り組みを通した地域住民の成長と心の豊かさの充溢、地域への愛着を醸成する過程」となる。

＜文化財保護行政および文化財保護施策＞

　文化財保護行政および文化財保護施策は、他に文化財行政や文化財施策と呼称される場合がある。文化財行政と記した場合、文化財の保護と活用や普及活動を包括して、地方自治体が行う、文化財を基軸にした事業・施策全般を示すという区別もされているが(小泉、2005：16)、本書では保護は活用と保存を含む用語として定義付けているので、文化財行政および施策も文化財保護行政および施策という呼称に統一する。また政策の場合も文化財保護政策とする。

第2節　研究方法

　本書では、地域主義にもとづく文化財保存と活用の実態について、文献調査と事例研究を主体に、2段階に分けて研究を行う。

　まず、地域主義にもとづく文化財保存と活用の実態を示すと考えられる事例を抽出する。事例の抽出にあたっては、地域住民が接点をもちやすい性質である文化財であり、すでに活用事例が確認でき、事例間の比較を行うため、同様の歴史的背景や類似した文化圏に成立した文化財を選定する。

　本書では、こうした条件から山梨県で明治初期に成立した擬洋風建築[4]を選定する。山梨県内の擬洋風建築は、県令藤村紫朗が奨励したことから藤村式建築と呼ばれる(植松、1977：34)。この建物は学校建築であったものが、県内5か所に現存し、いずれも指定文化財である。選定した文化財について、自治体史等を中心に、文化財の成立と保存・活用について文献調査を行い、文献が散逸などして存在しない場合は関係者に聞き取り調査を実施する。また、この調査の結果を比較し、文化財保存と現在の活用における行為主体を明らかにした上で地域住民の関与を検証する。そして、文化財の成立と保存・活用に対し、地域住民の関与が確認できる文化財を地域主義にもとづく文化財保存と活用の実態を示す事例とする。

　次に抽出した事例について、地域主義にもとづく文化財保存と活用の実態を明らかにするため、ここでは文化財活用事例として、文化財を拠点とするコミュニティの活動に焦点をあてる。具体的には、(1)文化財を拠点としたコミュニティ活動と地域づくりとの結びつき、(2)地域住民の文化財と文化財の保存・活用に対する意識、の2点を明らかにすることを目的に、各コミュニティの文化財保存と活用の関与と活動内容、地域住民の文化財の保存と活用への意識、各コミュニティにおけるキーパーソンの地域への想いについて調査・分析を行う。文化財を核としたコミュニティの活動内容やキーパーソンの地域への想いについては、コミュニティの刊行物および日誌や関係者の日記を用いて明らかにする。文化財保存・活用に対する地域住民の意識については、文化財の保存を求めた陳情書・要望書を用い、これらが存在しない場

合は、アンケート調査と聞き取り調査を実施する。

　地域主義にもとづく文化財保存と活用が要請された発端や背景は、こうした保存・活用の要請に関連した研究者の主張が掲載された論文等から明らかにし、地域主義にもとづく文化財保存と活用の主張に関連した文化財保護行政の動向や現状の文化財保護施策における地域主義的観点の在り方については、官公庁の通知や計画書・報告書等の内容にもとづき、文化財保護行政史の観点から明らかにし、いずれも文献調査を主体に研究を行う。

第3節　先行研究

　地域主義にもとづく文化財保存と活用の在り方は、1970年代から現代まで文化財に関係する分野の研究者からの主張が確認できる。これら主張は第1章で詳しく述べるが、その発端は日本の高度経済成長による国土開発により文化財保護法で保護しきれない文化財の保護を訴えたものであり、1970年代に建築学（西川、1973）、歴史学（芳賀、1975b；林、1975；色川・芳賀・林、1976）、考古学（甘粕、1971；岡本、1973；金井塚、1971）の分野の研究者によって主張された。いずれも文化財保存運動に関与した研究者たちの現場からの声であり、文化財登録制度導入の訴えが主たる内容である。こうした主張は80年代にも引き継がれ、その主張は文化財が地域づくりに寄与するという点に力点が置かれ（馬場、1983）、従来の文化財と異なる未指定文化財も含む「地域文化財」という概念も示された（西川、1986）。90年代にはこうした主張がさらに発展し、文化財がコミュニティを形成する人々のアイデンティティの根幹をなす存在であると主張された（馬場、1998）。2000年代には、これまでの地域主義にもとづく文化財保存と活用の具体的方策が各研究者によって示され、主張だけでなく提言や実践的活動へと展開した（馬場、2001；馬場、2013；朽木、2009；西山、2012）。

　このように主張や議論は文化財が地域にとって重要な意味を成すことを示しながら、一連の展開をみせる。しかし、一連の主張や議論はその後の提言等に留まり、実証的研究にはほとんど至っていない[5]。また、各年代の地域主義にもとづく文化財保存と活用に関する主張や議論は、過去の主張を踏襲

したものでなく、体系化され論述されていないのが現状である。

　以上のように地域主義にもとづく文化財保存と活用に直接関与する研究は確認できないが、関連する研究として、大まかに「地域づくりと文化財」と「地域社会における文化財保護」というテーマで捉えられるものを確認することができる。

　「地域づくりと文化財」というテーマでの研究は、遡れば1977(昭和52)年に福富城介による京都府城陽市の事例紹介が確認でき(福富、1977)、90年代以降、こうした事例紹介や提言を主体とした研究が活発化していく傾向がある[6]。

　「地域社会における文化財保護」というテーマの研究は、1969(昭和44)年に勘田加津代らが奈良県橿原市今井町の居住環境や町並み保存を事例とし、文化財保護に対する地域住民の意識を明らかにした研究(勘田・扇田・足達・吉原、1969)や2005(平成17)年に仲野綾らによって山口県萩市のまち全体を屋根のない博物館とみなしたまちづくり運動である「萩まちじゅう博物館」(村上・西山、2010：2620)を対象とした文化財保護の主体に関する研究が確認でき(仲野・西山・有川・吉村、2005)、これら研究はおもに都市計画・建築学の領域で近年、重要伝統的建造物群保存地区等を対象に行われている[7]。

　「地域づくりと文化財」というテーマに内容は重複する部分もあるが、「地域社会における文化財保護」というテーマの研究は「地域づくりと文化財」というテーマの研究内容を細分化し、アンケートや聞き取り調査を用いた実証的研究であるといえる。

　ところで、本書で事例研究の対象として選定する藤村式建築の成立と保存・活用の研究は、藤村式建築成立に関する研究が大部分を占める。全国の擬洋風建築の成立背景の中で藤村式建築成立を論じた研究としては、藤森照信(1993)や橋本淳治・板倉聖宣(1997)、清水重敦(2003)の研究が確認できる。中でもとくに藤村式建築成立と藤村紫朗との関わりを論じたものとして、清水小八郎(1986)や植松光宏(1977、2004)の研究が確認できる。藤村式建築保存についての研究は旧睦沢学校のみ確認でき、羽中田壮雄(1976)と小野正文(2002)によってその保存経緯がまとめられている。

　また、本書の研究方法で挙げたように文化財保護行政史の観点から文化財保護の内容を分析する研究は、歴史学や社会学の領域からのアプローチが確

認できる[8]。ただ、いずれもおもに戦前期の文化財保護制度を対象としたものである。現代の文化財保護制度を対象とした研究は、馬場憲一が1990年代以降の地域づくりにおける文化財活用の登場を文化財保護行政史から明らかにした研究は確認できるが（馬場、2001）、現状の文化財保護施策における地域主義的観点の在り方を明らかにした研究は確認できない。

このように、先行研究からは、地域主義にもとづく文化財保存と活用を構成する「地域づくりと文化財」、「地域社会における文化財保護」というテーマにもとづいた研究成果は確認できるが、実証的研究でなかったり、実証的に研究が取り組まれていたとしても、地域主義にもとづく文化財保存と活用を構成する内容の一部のみを捉えた研究であるといえる。

また、事例研究の対象とした藤村式建築は成立に関する研究は確認できるが、保存に関する研究は旧睦沢学校を対象とした研究のみであり、活用に関する研究は確認することができない。加えて、保存に関しては保存経緯を明らかにしているのみで、文化財保存に対して文化財をめぐる行為主体の意識やその作用について考察した研究は確認できない。

さらに、文化財保護行政史の研究はおもに戦前期の文化財保護制度を対象としたもので、現代の文化財保護の在り方を研究対象としたものはわずかであり、地域主義的観点でこれを分析した研究は、管見の限り確認できない。

第4節　研究課題と目的

まず、1970年代から確認される地域主義にもとづく文化財保存と活用に関する研究者の主張は、現在でも確認できるが、いずれも過去の主張や議論を踏襲しない個別の内容であり、現状においてこうした主張や議論が体系化されず、実証的研究がほどんど取り組まれていないことが課題と考えられる。とくに地域主義にもとづく文化財保存と活用の在り方が登場した背景や発端を明らかにした研究はなされておらず、さらに地域主義にもとづく文化財保存と活用の在り方の登場は、文化財保存運動の経験の中からの研究者等による議論や主張が発端であり、これ以降、実証的な研究も行われていない中で議論が進行しているため、現在までの一連の議論は空転しているものと考えら

れる。また、文化財保護行政史の観点による研究はほとんどなく、歴史学的観点からの分析により、当時の社会情勢と地域主義にもとづく文化財保存と活用の主張の登場の関係性や議論発展の過程は明らかにされていないといえる。

　本書では、こうした一連の主張や議論を体系化し、文化財保護における地域主義登場の背景を明らかにすることにより、地域主義にもとづく文化財保存と活用の在り方と現在までの主張や議論に含まれた研究課題を明確に示し、この地域主義にもとづく文化財保存と活用の在り方についての議論を進展させることができると考える。

　次に「地域づくりと文化財」のテーマによる研究は、事例紹介や提言に留まり、現状は実証性に乏しいといえる。一方、「地域社会における文化財保護」のテーマの研究は実証的な研究が確認できるが、研究内容が細分化されており、個別研究の相互の関連性が示されていないのが現状である。つまり、地域主義にもとづく文化財保存と活用を構成する、地域住民を主体とする文化財の保存と文化財を活用した地域づくりの関係性やその仕組みは明確に示されておらず、不明瞭な状態であるといえる。

　また、本書において事例研究で対象とする山梨県内の藤村式建築の成立および保存・活用に関する研究は成立に関する研究は確認できるものの、保存に関する研究は旧睦沢学校を対象としたもののみであり、活用に関する研究は一切確認できない。保存に関する研究は、保存経緯は明らかにされているものの、保存の行為主体を明らかにし、地域住民の関与の検証や保存の動機づけについて考察した研究は確認できない。活用に関する研究はいずれの事例でも確認できず、本書で実施するような、活用に関わるNPOや任意団体をはじめとするコミュニティが行為主体として、現在どのような役割を文化財の活用で果たしているのか、その検証や、またその活動が地域や地域住民に及ぼす作用について考察もなされていない。

　さらに、国における文化財保護施策の現状を地域主義的観点から分析した研究は、管見の限り確認できず、地域主義にもとづく文化財保存と活用の在り方が文化財保護施策の中でどのように扱われているか不明瞭であるため、地域主義が施策で強調されはじめる90年代以降の文化財保護施策を現在に至る

まで概観し、文化財保護施策の現状と地域主義的観点から課題を明らかにする必要があると考える。

　このように、本書は、文化財の地域における価値を重んじ、文化財を核に生成されたコミュニティによる地域づくりにつながる文化財の保存・活用という一連の流れを実証的に明らかにした歴史的かつ現代的な課題に応えた研究といえる。

　つまり、本書は「地域社会における文化財保護」の先行研究に示された個別の研究を総合的観点から捉えた研究であるといえ、地域住民を主体とする文化財の保存と文化財を活用した地域づくりの関係性や仕組みを明らかにすることにより、事例紹介や提言に留まる「地域づくりと文化財」の研究について事例研究を通した実証性と理論的枠組みを与えると考えられる。また、文化財保護行政史という歴史学的観点から地域主義にもとづく文化財保存と活用を分析することにより、こうした主張の登場や議論の展開を明確にするといえる。

　また、事例研究である藤村式建築の保存・活用に関する研究がほとんど行われていない中、建物が現存する各地域の事例でこうした研究に取り組むことは、各地域の藤村式建築の建築史を明らかにすることにつながることは間違いないが、本書のように文化財保存・活用の行為主体を明らかにし、地域住民の関与や行為主体の役割を考察することにより、地域主義にもとづく文化財保存と活用の実態を示すだけに留まらず、地域社会における文化財保護の現代的意義を明確に示すことができると考える。

　そのため、以上の課題から本書は、地域主義にもとづく文化財保存と活用というこれまで研究者に主張されながらも実態が明らかにされてこなかった文化財保護の在り方を明確に示す研究と考えられ、地域住民が主体となる文化財保存と文化財を活用する地域づくりの関係性や仕組みを実証的に明らかにし、地域主義にもとづく文化財保存と活用の理論的枠組みを示すことを研究の目的とする。

第 5 節　本書の構成

本書は序章と終章を含めて 6 章で構成される。以下で各章の概要を説明する。

序章「研究の目的と方針」では、本書の問題意識や研究方法を示す。

第 1 章「地域主義にもとづく文化財保存と活用の沿革と研究者の主張」では、2007（平成19）年の『文化審議会文化財分科会企画調査会報告書』から地域主義にもとづく文化財保存と活用を要請する内容を確認する。そして、こうした保護が要請される発端とこれまでの議論を明らかにするため、高度経済成長期の文化財保存運動から1970年代、そして2000年代に至るまでの間、70年代、80年代、90年代というように各時期の地域主義にもとづく文化財保存と活用に関する研究者の主張と文化財保護行政の動向をまとめ、70年代からはじまる議論における課題を抽出する。

第 2 章「地域主義にもとづく文化財保存と活用の歴史的経緯と実態」では、地域主義にもとづく文化財保存と活用の実態を示す事例を抽出することを目的に山梨県内の藤村式建築を対象として、文化財の成立と保存に重点を置いて、地域住民の関与を明らかにする。

第 3 章「文化財を核としたコミュニティの活動の分析と考察―旧津金学校・旧尾県学校を事例に―」では、旧津金学校、旧尾県学校でそれぞれ活動する文化資源活用協会、尾県郷土資料館協力会といったコミュニティを対象にコミュニティ活動と地域づくりとの結びつき、文化財保護への地域住民の意識を明らかにすることを目的に事例研究を実施する。

第 4 章「近年の文化財保護施策の課題と地域主義―1990年代以降の動向を中心にして―」では、地域主義にもとづく文化財保存と活用が現行の文化財保護施策の中で矮小化している可能性を明らかにするため、地域主義にもとづく文化財保存と活用が国の施策においてどのように取り扱われてきたか、地域主義にもとづく文化財保存と活用の議論が国の施策の中で強調されるようになった90年代から現在に至るまでの文化財保護施策を概観し、その方針を明らかにする。ここから、現行の文化財保護施策の現状と地域主義にもとづ

く文化財保存と活用の観点から課題を明らかにする。

　終章「本書の結論と課題・展望」では第2章と第3章を通して明らかにした地域主義にもとづく文化財保存と活用の実態を図示し、その内容を整理して、これら保護を成立させる要因を示すとともに、こうした保護が現在の文化財保護施策の課題についてどのように作用するか示す。

註

(1)　馬場憲一は、文化財について地域の中での優品的な優劣で価値付けせず、地域にとってどういう意味をもっているかという観点からの保護を「地域主義に立脚した文化財保護」(馬場、1998：71)と呼称しており、本書ではこうした考えにもとづき、地域主義にもとづく文化財保存と活用という呼称を用いる。また、第1章で再びふれるが、地域主義とは1970年代に玉野井芳郎らによって提唱された思想であり、同時期、歴史学者の芳賀登や林英夫によって文化財保護の文脈でこの言葉が用いられている。後に同じく歴史学者である木村礎も地域主義について「1970年代には『地域主義』という聞きなれない言葉も一時流行したが、これは日本における社会・国家の中央集権的性格を批判し、地域および地域住民の自立を唱えたものである（市民活動の活発化と関係がある）。地域の自立とはいっても、特定の地域は他の地域や『中央』とさまざまな関係を持たざるをえないから純粋な自立は無理であり、したがって用語としての『地域主義』は間もなく衰退したようだが、この考え方は限定さえしっかりつければ現在でも十分に容認できるものである」(木村、1994：21)と述べ、これが現代においても意義をなす考え方であることを示しており、こうした経緯も含めて地域主義という言葉を文化財保護の文脈で用いる。なお、地域主義の定義は様々にあるが、平川新は根底には共通して地域の「成立」を求める、地域からの能動的な動きを重視する視点があるとすることから(平川、1990：2-3)、本書においても、地域主義は、「地域の能動的な動きを重視する視点をもつ思想」として定義付けることにする。

(2)　本文中の文化財保護法の条文は全て『文化財保護関係法令集〈第3次改訂版〉』(文化財保護法研究会、2009)から引用した。

(3)　なお、保全という用語は西村幸夫によれば、保存が建造物や環境の凍結的な維持を示すのに対し、保全は状況に適合するよう再生・強化・改善を含めた維持を指す用語としている(西村、2004：10)。

(4) 擬洋風建築とは、明治初期から1920年代後半、横浜などの居留地建設に参集した日本人大工が独自の想像力によってつくりだした従来の日本建築に例をみない洋風を擬した固有の建築である(村松、1974：82)。

(5) 主張に留まらず実証的研究に取り組んだ研究としては、馬場憲一が文化財に対する意識調査の結果にもとづき文化財保護施策について政策論的なアプローチを試みた研究が確認できる(馬場、2013)。

(6) 例えば、1990(平成 2)年には、文化財保存全国協議会によってまとめられた『遺跡保存の事典』の中で「地域づくりと文化財」という項目が設けられ、まちの歴史の掘り起こし運動が、全国的に前進しはじめていることを伝えている(石部、1990)。1995(平成 7)年には大河直躬によって『都市と歴史のまちづくり』(大河、1995)がまとめられ、この姉妹本として1997(平成 9)年に『歴史的遺産の保存・活用とまちづくり』(大河、1997)がまとめられている。同書では、文化財建造物保護に関する保護制度の解説やそれらを活用した地域づくりの事例が紹介されている。近年でも川村恒明(2002)や馬場憲一(2005)、垣内恵美子(2011)によって、地域づくりと文化財の事例が紹介されている。

(7) 文化財保護に対する地域住民の意識を明らかにした研究はこの他にも、小林史彦らによって、石川県金沢市の一部重要伝統的建造物群保存地区に選定される「ひがし茶屋街」、「にし茶屋街」、「主計町茶屋街」の三茶屋街を対象に地域住民の来住時期により世帯を区別し、それぞれの町並み景観への配慮意識や伝統文化継承への意識を明らかにしている(小林・川上・倉根・西澤、2002)。また、大西直樹らによって、山口県萩市のまち全体を屋根のない博物館とする取り組みである「萩まちじゅう博物館」を対象とし、当該地域における地域住民の文化遺産像や観光に対する意識をアンケート調査によって明らかにする研究が行われている(大西・西山、2004)。他にも亀井由紀子が奈良県橿原市今井町の歴史的環境保全地区における住民活動について調査し、活動が地区の保全に対する住民意識・景観変容との相関で相互に変容する構造を明らかにした研究が確認できる(亀井、2011)。

　　文化財保護の主体に関する研究については、この他に前川洋輝らによって石川県加賀市の大聖寺地区を事例に地域づくりの施策内容と取組主体の関係に着目し、その進展要因を検証し(前川・小林・川上、2011)、楢原郁美らによって特別史跡や国史跡に指定された青森県三内丸山遺跡をはじめとした集落遺跡の竪穴建物の保存管理を事例とし、行為主体や協働の実態が明らかにされている(楢原・八木、2009)。

文化財保護における協働については、都市計画分野以外にも馬場憲一が東京都八王子市に所在する国指定史跡滝山城跡を対象に、史跡が地域の中でどのような認識をされてきたか、その認識過程を通史的に捉え、「歴史的公共空間」としての成立状況を明らかにし、文化財指定後の行政の取り組みや、史跡に関与する文化財支援団体の現状についてアンケート調査などを用いて分析を行っている（馬場、2011）。2012（平成24）年には、法政大学多摩シンポジウム実行委員会によって『文化遺産の保存活用とNPO』がまとめられ、各地で活動するNPOによる文化財活用の事例報告が行われている（法政大学多摩シンポジウム実行委員会、2012）。また、文化庁文化財部建造物課が住民参加活動の全国的動向と当該活動に関する行政支援の現状把握を目的としてマヌ都市建築研究所に委託して実施した「住民のボランティア活動等を活かした歴史的文化的資源の保存活用と地域活性化に関する調査」が行われている（マヌ都市建築研究所、2002）。

(8)　文化財保護行政史から文化財保護制度の成立の意図や社会背景を明らかにしようとした研究は近年、森本和男（2010）や高木博志（2014）、齋藤智志（2015）によって行われている。また、荻野昌弘のように社会学的アプローチから文化財保存の意味や保存に働く集合的意思を明らかにすることを目的とした研究も存在し（荻野、2002）、同様の観点からの研究は土生田純之らによっても行われている（土生田、2009）。

　文化財保護行政史を文化財の種別を絞り、その保存や意図を明らかにした研究は、時枝務が、明治時代おける文化財保護行政史から考古資料の取り扱いと考古学の学問的隆盛の符合を明らかにし（時枝、2006）、馬場憲一が文化財保護行政の中における歴史学的視点の取扱いの変遷を通史的に捉えた研究がある（馬場、2003）。また、尾谷雅比古によって近代天皇制国家における古墳保存の在り方を文化財保護行政史から明らかにした研究が行われたり（尾谷、2014）、須田英一により文化財保護行政史の観点からおもに神奈川県における近現代の文化財保護の担い手に関する研究が行われた（須田、2014）。

第1章

地域主義にもとづく
文化財保存と活用の沿革と研究者の主張

はじめに

　本章では、まず現代の文化財保護行政において地域主義にもとづく文化財保存と活用がどのような形で要請されているかについて、2007(平成19)年の『文化審議会文化財分科会企画調査会報告書』の記述から確認する。

　そして、その前提となる近代国家成立期における文化財保護制度の成立と経緯を踏まえ、地域主義にもとづく文化財保存と活用の在り方が要請される発端として考えられる高度経済成長期の文化財保存運動から、その後の1970年代に活発化する地域主義にもとづく文化財保存と活用の主張や議論を明らかにする。そして、現在に至るまでの間、70年代、80年代、90年代というように各時期の地域主義にもとづく文化財保存と活用の主張や議論がどのように展開してきたか振り返り、こうした議論が当時の文化財保護行政にどのように反映されたか動向を明らかにし、70年代に活発化するこの議論の課題を抽出する。

第1節　求められる文化財保護の在り方

　2006(平成18)年、文化庁に設置された文化審議会文化財分科会企画調査会では、文化財保護施策について「文化財を総合的に把握するための方策」、「社会全体で文化財を継承していくための方策」という内容を検討した(文化審議会文化財分科会企画調査会、2007：2)。

　企画調査会の委員からはこの検討において、「国指定、地方指定という序列のみではなく、地域において、重要な文化財としてリストアップされたものについて評価することが必要」、「地域主導で、活用のための資産のインベントリー化を行う事が必要」、「国が指定するものと、地域が大切と思うものの住み分けが必要。今まで国は、予算が少ない中で優品主義を取ってきて、それが地方に広がっていったが、今では地方の取り組みも変わってきている。このような中で、国がどのように関わっていくのかが課題」というような意見が示されており[1]、現行の文化財保護制度について様々な意見が寄せられた。

その論点は、(1)地域と文化財の乖離とその是正を求めるもの、(2)優品主義によらない、地域での価値に重きを置いた地域主体の文化財保護を求めるもの、(3)現行の指定文化財制度の限界と登録制度などの別の保護制度を求めるもの、に集約される。

文化審議会文化財分科会企画調査会では、こうした意見を集約し、議論した結果を2007（平成19）年に『文化審議会文化財分科会企画調査会報告書』にまとめた。検討で出された意見がこの報告書にどのように反映されたか以下でみる。

この報告書では、序章でもみたとおり、文化財について「一般的に文化遺産と呼ばれているものを含む幅広いものであることを確認しておきたい。」（同上：4）と述べられ、指定・未指定を問わずに幅広い概念として文化財という用語を用いている。

また、「文化財は、（中略）伝統的な文化が結実した一つの形であり、我が国の歴史や文化の理解に欠くことのできない貴重な資産であるとともに、現在及び将来の社会の発展向上のために無くてはならないものである。その意味においても、文化財は、将来の地域づくりの核ともなるものとして、確実に次世代に継承していくことが求められる。」（同上：1）と謳われており、文化財を歴史上または芸術上などの価値が高いという優品的観点のみならず、地域づくりにおいて重要な価値をもつことが示唆されている。

企画調査会で検討された「文化財を総合的に把握するための方策」においては、「文化財を単体として保存・活用するのみではなく、地域の歴史、風土や文化を背景として、一定のテーマのもとに文化財をその環境も含めて総合的にとらえ、まちづくりや地域の活性化などに生かしていく視点が重要である。現在、各地方公共団体において、市町村合併を受けた新しいまちづくりの指針の策定や、景観法の成立を受けた景観保全の取組が進められている中、そのような施策と連携するためにも、地域のアイデンティティの核ともなる文化財を総合的にとらえる取組は緊急の課題であるといえる。」（同上：2）と述べられており、文化財がまちづくりに活用され、地域のアイデンティティの核ともなるものと捉えられた。

「社会全体で文化財を継承していくための方策」では、報告書に「国や地方

公共団体による指定などの措置はとられていないが、地域の住民にとって大切な文化財は数多く存在すると考えられ、そのような文化財を幅広くとらえ、その周辺環境も併せて保存・活用していくことが重要である。(中略)地域の住民やNPO法人、企業などの民間団体が、所有者や地方公共団体との連携協力を図りながら、保存・活用にその力量を発揮できる環境を整えていく必要がある。」(同上:3)とあり、未指定文化財の保護とそれら文化財の保存と活用は、行政が主となるのでなく、地域の住民をはじめとした各種団体と連携を図りながら行う旨が述べられた。

このように、報告書からは、文化財を従来よりも広範に捉え、それらが地域づくりの核となり、行政のみならず、地域住民の手によっても保護していく必要性を訴えていることがわかる。こうした保護の枠組みづくりの具体的な方策として、文化審議会文化財分科会企画調査会が提言したのが「歴史文化基本構想」である。この構想は、「地域に存在する文化財を、指定・未指定にかかわらず幅広く捉えて、的確に把握し、文化財をその周辺環境まで含めて、総合的に保存・活用するための構想であり、地方公共団体が文化財保護行政を進めるための基本的な構想となるものである。」(同上)とされ、この構想策定により、地方公共団体において、地域主体の文化財の保存・活用が展開されることが期待されている(同上:4)。2012(平成24)年当時、文化庁の文化財部長の石野利和は「歴史文化基本構想は、地域の、地域による、地域のための文化財保護のマスタープラン」(石野、2012)と述べ、「歴史文化基本構想」が地域主体の文化財保護を実現させる手掛かりとして期待されていることがわかる。

この提言を受けて、文化庁では、「歴史文化基本構想」の策定に際しての課題を抽出し、構想の策定の参考となる指針づくりのため、2008(平成20)年度から2010(平成22)年度にかけて、全国の23市町村において「歴史文化基本構想」を策定する「文化財総合的把握モデル事業」を実施した。これに並行して、2010(平成22)年6月から、「『歴史文化基本構想(仮称)』策定技術指針に関する検討会」を設置し、地方公共団体における「『歴史文化基本構想(仮称)』策定のための技術指針」について、検討を行っている(文化庁文化財部、2012:1-2)。この検討結果を踏まえ、2012(平成24)年2月に指針が作成され、

各都道府県教育委員会に通知するとともに、市区町村教育委員会へ周知された(石野、2012)。

このように、2007(平成19)年の『文化審議会文化財分科会企画調査会報告書』が示す文化財保護の在り方は、地域の文化財保護への参加を求め、文化財が地域づくりの核ともなるものとして捉えられ、提言されており、地域主義にもとづく文化財保存と活用を求める内容が確認できる。このことから、地域主義にもとづく文化財保存と活用は、現行の文化財保護行政の枠組みの中で実現できず、この実現は課題となっていることが考えられる。

地域主義にもとづく文化財保存と活用が現行の文化財保護施策で要請されるかについては、文化審議会文化財分科会企画調査会での議論をみる限り、保護対象が優品主義的観点からの価値付けにより保護されるもので、地域固有の価値付けがあまり反映されていない点にあるといえる[2]。こうした優品主義的性質をなぜ現在の保護制度が帯びているのか、その点をまず明らかにしておくため文化財保護法の成立過程を振り返る。

第2節　文化財保護制度の成立過程

本節では、文化財保護制度の成立過程について振り返り、優品主義的観点による保護がどのような背景にもとづいて成立したか明らかにする。なお、本節の記述は、とくに断りのない限り、註に挙げた文献を参照した[3]。

日本の文化財保護行政の始点とされるのは、1871(明治4)年に発せられた古器旧物保存方の太政官布告である。明治維新により、日本は積極的な西洋文化の導入による近代化を図った。こうした欧化主義に傾倒した社会において日本古来の歴史的・文化的なものは軽視され、旧物破壊が横行し、神仏分離の宗教政策により、廃仏毀釈運動が活発となり寺院の破壊や神社地内にある仏像・仏具の撤去が進んだ。こうした背景にもとづき、おもに書画骨董類、考古資料などを対象に保護措置が取られた。こうした保護にあたっては当時の好古家たちの研究分野と蒐集対象が反映されたものと考えられている(齋藤、2015：30)。

その後、社寺が経済的窮迫に陥り、社寺の維持運営が困難になっていたこ

とから、1880(明治13)年度から1894(明治27)年度の間、内務省より全国の主要な古社寺に対し古社寺保存金が交付された。ただ、一連の保護措置にもかかわらず、建築・美術品等の危機を根本的に解決するには至らなかった。

その後国内では、1894(明治27)年、1895(明治28)年の日清戦争を契機としたナショナリズムが高揚し、こうした潮流を涵養するために文化財を保護し、国の文化的基盤を固める機運が醸成された。また、岡倉天心や伊東忠太などの有識者や社寺関係者の運動により古社寺保存の機運が醸成され、1895(明治28)年の第9回帝国議会で貴族院と衆議院の両院において「古社寺保存会組織ニ関スル決議案」が可決され、内務省に古社寺保存会が設置された。その後、1897(明治30)年に古社寺所有の建造物および宝物類を保護する古社寺保存法が施行された。この法律は、古社寺でその建造物および宝物類の維持・修理が困難なものに対して、出願にもとづいて内務大臣が古社寺保存会に諮問した上、補助・保存すべきものを定めることとした。

明治以降の急速な近代化は、建造物および宝物類に限らず、遺跡や自然を破壊・滅失に追い込む事態となっていた。しかし、その保護は、古社寺保存法で名所旧蹟について社寺所有のものでなくとも同法の規定を準用できるという規定が設けられていた程度であった。こうした事態を鑑みた植物学者の三好学はその保存を訴え、貴族院議員の三宅秀や徳川頼倫はこれに賛同し、1911(明治44)年に第27回帝国議会の貴族院に「史蹟及天然記念物保存ニ関スル建議案」が提出され、可決された。同年、徳川頼倫を会長に史蹟名勝天然紀念物保存協会が設立され、保存運動で世論を喚起し、1919(大正8)年に徳川頼倫他6人の発議による史蹟名勝天然紀念物保存法が国会で成立し、施行に至った。

史蹟名勝天然紀念物保護行政は法律施行時に内務省所管となり、1928(昭和3)年に文部省に移管されて宗教局保存課が処理することとなった。これ以降、文化財保護行政は文部省で一体的に処理することになった。

この法律では史蹟・名勝・天然紀念物を内務大臣(その後、文部大臣)が指定することとされ、保存に緊急を要するときは地方長官(北海道庁長官・府県知事)がこれらを仮指定できるとしている。保護の対象となるものをまず、行政庁が指定をすることによって特定するという制度の仕組みは、この法律で

第1章　文化財保存と活用の沿革と研究者の主張　31

初めて採用され、以後、国宝保存法、そして文化財保護法へ受け継がれることになった。ただ、この当時の指定では、国家的なものである第一類と地方的なものである第二類に分類されており、こうした制度は現在では確認できない内容である。

　昭和初期に日本が経済不況期に入った当時、日本文化に欧米諸国の注目が注がれていた時期でもあり、旧大名家がもつ美術品等の海外流出が進んだ。古社寺保存法は、保護対象を原則、社寺所有の建造物および宝物類に限定しており、国公有・旧大名家所有物件のような個人や法人所有のものは保護対象に含まれていなかった。そしてこれらも保護対象とするため、1929（昭和4）年に国宝保存法が施行された。このことにより、旧来の古社寺保存法は廃止された。この法律では建造物および宝物類の中で「特ニ歴史ノ証徴又ハ美術ノ模範ト為ルヘキモノ」を文部大臣が国宝保存会（旧古社寺保存会）に諮問し、これを国宝に指定することができるとした。

　このように国宝保存法によって国宝指定された物件は海外流出を免れたものの、未指定のものについては、流出が止まらず、国宝指定が間に合わないため、応急的に国宝と同等かそれに準ずる価値をもつ未指定物件を重要美術品に認定し、その流出を防ごうとした。これが1933（昭和8）年に施行された重要美術品等ノ保存ニ関スル法律である。本来は海外流出を防ぐ目的で制定した制度であったが、国宝の次位を占める価値付けを公認する制度に変質していった。

　第二次世界大戦中、文化財保護行政は1943（昭和18）年12月14日の閣議決定により、1944（昭和19）年2月7日から重要美術品等ノ保存ニ関スル法律による重要美術品等の認定事務や史蹟名勝天然紀念物保存法の指定事務も中止することとされた。戦時中、金属供出などの運動は、国宝や重要美術品等に及び、軍事施設建設に伴い史蹟等の現状変更は頻発したが、文部省はこうした時局の中、軍関係者との交渉によって文化財への影響を最小限にとどめた。また、国宝や重要美術品等には防空対策がなされ、万一の場合に備え、図面や写真類の作成も行っていた。

　1945（昭和20）年8月に終戦を迎え、その2か月後の10月には指定・認定事務が再開された。しかし、戦後、経済的な疲弊や農地改革、華族制度廃止な

ど経済・社会の従来の制度や在り方は変容し、日本国内は混乱期にあり、こうした経済・社会情勢の中、国宝や重要美術品の所有者である社寺や個人の多くは、経済的安定を失ったことにより、保存の手立てを失い、国宝等は荒廃するままに放置されたり、売却されたりもし、所在不明になるものも出てきた。また、戦後、財政は逼迫していたため、国宝等の保存や修理に対する財政措置もきわめて困難な状況にあり、文化財は喪失の危機にさらされていた。

　文部省では1946（昭和21）年にこうした戦後の経済・社会情勢に鑑み、これに対処するための国宝・重要美術品に関する法律の改正について議論した。1948（昭和23）年、文部省と国立博物館の関係者によって史蹟名勝天然紀念物も含めた法律制度の改正を検討し、成案を得るに至ったものの、この案は連合国軍最高司令官総司令部（GHQ）の賛成が得られず実現が見送られることになった。こうした最中、1949（昭和24）年1月26日に、失火により法隆寺金堂の壁画が焼失するという事件が発生した。この法隆寺金堂壁画の焼失は、国内に衝撃を与え、これを契機に、文化財保護のための抜本的な施策を講ずるべきという世論が高まった。参議院文教委員会はこのような国内情勢と世論を背景にして保護対策を検討した結果、超党派で文化財保護制度のための画期的な立法措置を講ずるべきとの結論に至り、その準備に着手することとなった。

　こうして、先に見送られた法律制度改革は参議院文教委員会によって、再び実現に向けて動きだし、議論の末、1950（昭和25）年5月に文化財保護法が成立した。この法律は、これまでの国宝保存法、史蹟名勝天然紀念物保存法、重要美術品等ノ保存ニ関スル法律の三法を一本に統合したものである。この法律により、従来個別に処理されていた建造物や美術工芸品などといった有形文化財と史跡名勝天然紀念物の保護が一体的に処理され、それらを統括する文化財という概念が用いられることになった。また、この他に、新たに「無形文化財」や「民俗資料」「埋蔵文化財」も保護対象となり、その範囲が拡大された。

　さて、以上のように文化財保護法成立の過程を振り返ると、文化財保護法は明治以降の欧化主義や戦後の経済不況等の時勢に伴う文化財の破壊と衰亡

という危機的状況の頻発に応急的に対処した上で、成立したことが明らかになった。国として、切迫した文化財の危機的状況の中、また限られた財政状況の中、危機に瀕した文化財をあまねく保護するということは困難であったと考えられることと、過去の文化財保護はナショナリズムと接点があり、国策として保護を推進していた一面をもつため、保護される文化財も選定される必要があったといえる。以上の指定や認定にあたって、各法律は有識者からなる国宝保存会等の諮問機関を設けており、こうした有識者たちの価値付けによって、保護対象が厳選された経緯がある。このような仕組みは現在にも受け継がれており、文化財保護法の厳選・優品主義的性格は、限られた財政状況で、文化財の危機的状況を応急的に回避するため、やむを得ず、有識者らの基準で選定したという背景に出自があると考えられる。ただ、現行法は過去の法律のように指定等に対して恣意的態度を許すものでなく、文化財保護行政における指定や解除等は政治的・宗教的中立性や客観性が要請されており、相違点も確認できる。

　現行法では、価値付けして指定し、保護するという仕組みから、未指定文化財などは、この価値の枠組みから外れ、保護に至らないといえる。また、法律の性質上、保護の在り方もある一部の地方のみを優先するような恣意的態度を許すものでなく、そもそも地域主義的な性質に馴染まないことが考えられる。ただ、史蹟名勝天然紀念物保存法のように、第二類として地方的なものを含めて保護する制度は地域主義的な観点からの保護が図られていたように捉えられる。これは国が一元的に文化財保護に取り組んでいたからこそ成立していたが⑷、現在のように国と地方で個別に保護制度がある現状では、国が積極的に地域主義的な保護に関与する必要性は少なくなったといえる。地域主義にもとづく文化財保存と活用の要請はこうした事情をひとつの要因としていると考えられる。この点を詳しくみるためにも次に文化財保護における地域主義登場の背景をみていく。

第3節　文化財保護における地域主義登場の背景

　文化財保護は、国内の経済・社会情勢の急激な変化にその都度対応しなが

ら発展してきたといえる。近年の「歴史文化基本構想」などにみられる地域主義にもとづく文化財保存と活用を求める動向は、その保護対象が地域住民側の、つまり民衆側の文化財であり、これらが失われつつあることを危惧して生まれたものであるといえる。こうした動向の発端や背景はどのようなものであるかみていく。

　本書で用いる地域主義にもとづく文化財保存と活用における地域主義という用語は、1976（昭和51）年に玉野井芳郎らによって設立された学際的集会である地域主義研究集談会によって周知のものになっていったとされる（玉野井・清成・中村、1978：4）。この思想は玉野井によれば、1960年代から70年代にかけ全国で噴出した住民運動が、地域主義に対する大きな広がりと社会的支持をもたらしたとされ（玉野井、1979：18）、地域主義が高度経済成長期の急速な国土の開発を背景にした住民運動とともに発展してきたことを示唆している。

　地域主義という用語は、文化財保護の文脈でもほぼ同時期に登場している。1975（昭和50）年には、歴史学者の芳賀登が郷土資料の保存に大切なことは、郷土資料を保存し、郷土を防衛し、保全する心をつくることとし、地方主義・地域主義というような考えの担い手をつくらねばならないと述べ、地方主義と同義で地域主義という言葉を用いている（芳賀、1975a：19-20）。芳賀は、地方主義・地域主義は郷土史・地方史・地域史を貫流するものと述べている（同上：20）。

　同じく、呼び名は異なるが、歴史学者の林英夫は地域主義研究集談会発足の2年前、1974（昭和49）年の段階で中央指向思想が、土着的民衆文化を破滅に追い込み、豊かな展望の可能性を断ち切ったとし、これを再創造するには文部省的文化財思想と対決するとともに地方主義の復権こそが重要と述べ、地方主義という用語を用いている（林、1974：7）。

　玉野井は地域主義を「地域主義とは、一定地域の住民が、その地域の風土的個性を背景に、その地域の共同体に対して一体感をもち、地域の行政的・経済的自立と文化的独立性とを追求することをいう。」（玉野井、1977：ⅲ）と述べ、地域が主体となり、内発性を重視した視点をもった思想であることがわかる。ただ、玉野井自身は地域住民の自治を強調し、地方主義と区別する

ため、「内発的地域主義」という言葉を用いており（玉野井、1979：119）、文化財保護の文脈で用いられた林や芳賀の地域主義（地方主義）と玉野井の地域主義はそのまま同義とは考えにくいが、両者は全くの無関係であったわけではなかったと考えられる。地域主義研究集談会では、地方史研究協議会の発足に関与した歴史学者の古島敏雄が世話人を務めており（玉野井他、1978：4）、地方史研究との接点がみられる。他にも色川大吉・芳賀登・林英夫による座談会で芳賀登が玉野井らの地域主義の動向についてふれたり（色川他、1976：2）、地方史研究協議会の雑誌『地方史研究』において1978（昭和53）年に行われた地域主義研究集談会松本大会についてその動向が報告されたりするなど（青木、1978：51-54）、玉野井らの地域主義と地方史研究の文脈に現れた文化財保護における地域主義とは、ある程度の接点をみつけることができ、互いに何らか影響を受けていたことが考察される。

　また、歴史学者の平川新は、地域主義について、根底には共通して地域の「成立」を求める、地域からの能動的な動きを重視する視点があると述べており（平川、1990：2-3）、こうした視点は両者を貫徹するもので、本書における地域主義にもとづく文化財保存と活用に通じた思想であるといえる。

　1960年代には、地域住民によって文化財保存運動が全国的に展開されており、住民運動に影響を受け発展した玉野井らの地域主義のように、文化財保護の文脈における地域主義もこうした運動を発端として登場した可能性が考えられる。つまり、地域主義にもとづく文化財保存と活用の思想は、戦後の高度経済成長期の急速な国土の変容に起因し、文化財の破壊に伴って起きた文化財保存運動を背景にしている可能性が考えられる。

　このことから、地域主義にもとづく文化財保存と活用を求める主張や議論は、60年代を発端として現代まで続けられていることがわかる。

　以下では、地域主義にもとづく文化財保存と活用の主張の発端となっていると考えられる文化財保存運動まで遡り、そこから地域主義にもとづく文化財保存と活用の主張や議論の展開や、それらが当時の文化財保護行政にどのような影響を与えたか明らかにする。

第4節 高度経済成長期の文化財保存運動の動向

　日本では戦後、終戦から1950年代前半の復興期を経て、1950年代半ば～60年代には国内の経済成長が本格化したことにより、高度経済成長期を迎えることになった。大都市圏から地方都市を結ぶ鉄道・道路等の交通体系が大幅に整備され、全国一律に都市化が進み、経済性や利便性を最優先とする画一的な景観や街路区画へと、全国各地の様相は大きく変貌した。このことは、日本の各地で史跡や遺跡、歴史的町並みの滅失や変容の影響を与えるとともに、公害や災害が多発する事態において開発と保存の対立が社会問題となりはじめた。

　全国各地で失われる史跡や遺跡、歴史的町並みに対し、関連分野の研究者と地域住民はこれらを保存すべく、文化財保存運動を展開した。その運動はおもに古都を中心にはじまり、その嚆矢として、1961（昭和36）年に平城京跡の保存が問題となった。

　この保存問題は平城京跡の史跡未指定地に近鉄の車庫建造計画が浮上したことに端を発したものである。当時、文化財保護委員会（現文化庁）では開発を認めたが、関係学会の研究者や国会議員、文化人を交えた平城京を守る会が東京と関西につくられ、こうした団体の保存の訴えにより、全国に保存運動は拡大していった。その結果、翌年には開発計画は覆り、史跡の未指定部分の公有地化が決定した（和島、1971：109-115）。同時期、難波宮跡が開発対象となり、こちらも一般市民・学生・研究者からなる難波宮址を守る会が結成され、保存運動が展開されることとなった（長山・香川・松本・中村、1971：127）。1966（昭和41）年には、平城京跡、藤原宮跡に国道バイパスの建設がそれぞれ計画されたが、奈良バイパス平城京跡通過に反対する協議会、藤原京を守る会がそれぞれ結成され、地域住民との結びつきを志向する中で保存運動が推進され、両宮跡は保存されることとなった（同上：134-135）。

　こうした保存運動は西日本に限らず、東日本においても開発に伴って展開していった。鎌倉では、昭和30年代に誘致に応じた企業の工場等諸施設が建設され、これに並行して住宅・墓地・ゴルフ場および学園用地の開発が行わ

れ、1963（昭和38）年12月には鶴岡八幡宮の裏山に宅地造成が計画された（鎌倉市市史編さん委員会、1994：525-526）。鶴岡八幡宮の西の谷である御谷は史跡群をなしており、ここでの開発を懸念して「御谷騒動」と呼ばれる反対運動が起こった（西嶋、2013：25）。この運動は一般市民・研究者・僧侶などが先導し、市内在住の大佛次郎や川端康成などの文化人もこの運動に賛同し加わり、鎌倉の景観と自然を守る全国的な運動につながり、これにより、鎌倉風致保存会が成立し、1964（昭和39）年には事業者の開発断念と、鎌倉風致保存会の残地買収をもって反対運動は終結した（同上：29-30）。

　同時期には、奈良の若草山、三笠山や京都の双ヶ岡の開発問題が起こり、開発から古都を守ろうとする動きが高まり、関連各市それぞれに風致保存の団体が組織された（田代・坂本・田畑、1996：109-110）。古都における歴史的風土については、従来から風致地区に指定し、保全していたが、これらの制度では開発から完全に古都を保全できない事態が現れ、鎌倉市・京都市・奈良市では、3市協議により、こうした事態に対応できる新しい立法化を要請する検討をはじめた（川名、1992：28-29）。その結果、1966（昭和41）年、関係都市選出の超党派の国会議員が中心となった議員立法として、古都における歴史的風土の保存に関する特別措置法（古都保存法）が制定された（田代他、1996：110）。

第5節　1960年代の文化財保存運動の展開と関係機関および官庁の取り組み

　文化財保存運動は、古都に限ったものではなかった。

　例えば、千葉県の加曽利貝塚は、1962（昭和37）年〜1964（昭和39）年に、宅地とプレハブ工場の用地として破壊される危機に瀕し、日本考古学協会等による緊急調査が実施され、加曽利貝塚を守る会や各大学の考古学研究会、文化財保護対策協議会による全国的な署名運動が展開された。参議院文教委員会（第43回国会）においても加曽利貝塚に関する質疑が行われるなどし[5]、この結果、千葉市は破壊の危険があった北貝塚・南貝塚の8万㎡を買収し、国指定史跡に指定され保存されることになった（十菱、1990：104）。

開発に伴う埋蔵文化財の破壊は1960年代に激化しており、加曽利貝塚に限らず、全国各地で埋蔵文化財の保存運動が展開していた。

　また、1960年代、東京・大阪など都市化が急速に進む地域では明治・大正期の建築が次々と解体され、危機に瀕しており、こうした事態から1962(昭和37)年に日本建築学会では、明治建築小委員会を設置し、全国の明治洋風建築の調査を開始しており、この調査は7年かかり、確認された総数は1,094件に上ったとされる(木原、1982：41)。1968(昭和43)年には、長野県南木曽町で妻籠を愛する会が発足し、地域住民、建築学を専攻する研究者、行政による全国に先駆けた町並み保存運動が展開された(同上：114-119)。

　こうした開発とは別に、社会情勢の変化による地主層の没落や生活様式の変化等から生まれる大量の史料散逸や売却の進行に対し、歴史学者や地方の歴史家は、現地保存を原則に近世の地方文書を中心に史料保存利用運動を展開していった(高橋、2001：169)。

　このように文化財保存運動は、文化財の関連分野である建築学・考古学・歴史学等の研究者とその土地に住まう地域住民とともに展開されていったことがわかる。こうした文化財保存運動に並行して、関係機関および官庁はどのような取り組みをしていたのだろうか。

　文化財保護を所管する文化財保護委員会(現文化庁)では、当時直接、文化財保存運動に関係した施策は確認できないが、1966(昭和41)年に地域主義にもとづく文化財保存と活用の発想に近い取り組みが、「文化財愛護地域活動の推進」事業として開始された(金田、1966a：31)。

　当時、文化財保護委員会普及課長であった金田智成によれば、この活動は「(前略)市町村程度の行政区画を単位とし、その区域内の住民一般が、住民組織を結成し郷土の文化財を愛護する日常実践活動を行なうとともに、広く文化財一般に関する知識・理解を深めるための学習活動をとおして住民意識や郷土愛ひいては国民意識や祖国愛を培って行くことをねらいとするもの」(同上：33)としている。

　この事業の目標は教育・社会教育における文化財学習を強化して、国民としての文化財に関する知識・関心の根幹を培うこと、マス・コミを活用する広報活動を強化して、文化財保護思想の国民一般への浸透を図ること、地域

社会における住民組織を育成して、日常身近なところでの文化財愛護活動の実践を推進することとしている（金田、1966b：26）。

　また、開発部局である経済企画庁の開発計画でも、1973（昭和48）年の「新全国総合開発計画（増補）」をみると「歴史的環境の保護保存」の一項が設けられ、「（前略）文化財のもつ伝統と文化に対する関心はいっそう増大し、現代ならびに次の世代のために価値ある文化財とその歴史的環境を保護、保存することは、きわめて重要な課題である。」（経済企画庁、1973：30）と述べられている。こうした国側の動きは開発への反省とも捉えられ、開発一辺倒の施策から徐々にではあるが、文化財保護を視野に入れたものに変化していることがわかる。

　ただ、文化財保護委員会の普及事業は文化庁へ移行した後も続けられるが、地域住民が主体となる文化財保護事例を紹介するに留まり、文化財保存運動の動向にふれることはなく、また、具体的に地域住民が主体となる文化財保護施策を新たに構想するという動きにも至っていない。

　また、「新全国総合開発計画」について梶浦恒男は、「歴史的環境の保護保存」の項目は初期案には含まれず、後に付け加えられたもので、地域別の構想ではふれている地域は少なく、ふれていたとしても文化財を観光資源として開発する主旨であり、文化財保護が軽視されていると批判している（梶浦、1971：41-42）。

　このように文化財保存運動の展開と国側の施策は噛み合ったものでないことがわかる。その後も運動自体は低下することはなく、文化財保護制度やそれを取り巻く環境についての主張が1970年代に入り登場していくことになる。

第6節　1970年代の地域主義にもとづく 文化財保存と活用に関わる議論

　1970年代に入ると、60年代から活発化していた文化財保存運動についての事例報告や保存運動の評価が関連分野の研究者等からなされるようになる。例えば、1970（昭和45）年に埋蔵文化財保存の全国的な組織として結成された文化財保存全国協議会では、1971（昭和46）年に『文化遺産の危機と保存運動』

と題した各地の文化財保存運動の動向をまとめた論集を刊行している（甘粕、1971：15）。また、地方史研究協議会においても1973（昭和48）年に大阪歴史学会と共同で「地域概念の変遷と文化財保護」という共通論題のもと公開講演、研究発表が行われており（大阪歴史学会・地方史研究協議会、1975：1）、同年の『地方史研究』第125号においても「遺跡破壊の現状と保存運動」というタイトルで文化財保存運動の特集が組まれている（地方史研究協議会編集委員会、1973：2）。

　こうした動向の中、70年代には、文化財に関連する分野の研究者が文化財保存運動を振り返る形で個々に地域住民が主体となり文化財保護に取り組むことの重要性を訴えている。ここに地域主義にもとづく文化財保存と活用の主張が登場することになる。以下に各分野の主張をみていく。

1. 建築・都市計画

　建築・都市計画分野においては、西川幸治の主張がある。1960（昭和35）年頃、京都盆地の一帯の宅地開発が進み、京都大学建築史研究室では福山敏男を主任に長岡京跡の発掘調査が行われ（山崎、1975：23）、1965（昭和40）年に発行された『国際建築』には福山・西川・野口英雄によって「歴史的遺産保存への新提案」と題し、長岡宮跡について史跡保存への新提案が掲載された（福山・西川・野口、1965：57-60）。この当時西川は京都大学に所属していた（山崎、1975：23）。

　同時期、同大学の建築学教室では都市に関心をもつ若手研究者たちによってInter-Semi-Urban Studyという研究会が立ち上げられ、こうした歴史的環境保全も議論されるようになり、1964（昭和39）年には、この研究会での経験から西川らが中心となって、滋賀県文化財懇談会が結成された（同上：23）。その後、Inter-Semi-Urban Study、滋賀県文化財懇談会に参加して大学を卒業した学生らもその方面の研究の継続と相互交流のための場を望んでいたこと、新分野である保存修景計画の具体的作業を継続させることを目的に1969（昭和44）年に保存修景計画研究会が発足した（同上：24）。研究会は西川らを中心に発足したものであった（市川、2013：64）。西川の研究は、都市の史的研究と計画を新しい方向に拓いたという業績により1970（昭和45）年度の日本建築学

第1章　文化財保存と活用の沿革と研究者の主張　41

会賞を受賞した（西川、1971：634）。

西川は、70年代には京都大学工学部で教鞭を執っていた（西川、1973：著者略歴）。当時、1973（昭和48）年に発行された『都市の思想―保存修景への指標―』の「保存修景計画と地域社会」の章で次のことを述べている（西川、1973：366-368）。

（前略）じっさい、調査や学習を通じて、人々は地域の文化遺産や歴史的環境への関心をたかめ、その認識を深めている。「草の根の民主主義」という言葉があるが、「草の根の保存」とよぶべき動きが各地にうまれている。（中略）

　そこで、文化遺産や歴史的環境が地域社会にとってどんな意義をもち、どんな役割をはたすべきかについてかんがえてみよう。文化財には国指定の国宝・重要文化財をはじめ、都道府県、市町村の各地方自治体指定の文化財がある。そこには、ともすればそれぞれ上位機関による指定ほどすぐれた文化財だとする格付けの考え方がとられがちである。しかし、こうした格付けをこえて地域にはそれぞれ独自のかけがえのない文化財があるはずである。たとえば、野の石仏をみるがよい。村のはずれにたつ野の石仏は、たとえそれが美術史的にみて価値の少ないものであったとしても、親から子へ、子から孫へとうけつがれ、そこに住む村人たちを結びつける文化財として、その村のかけがえのない貴重な文化財であり、動かすことのできない文化財なのである。

　このようにみるならば、地域に根ざした文化財遺産や歴史的景観を正しく把えなおして評価しなければならない。市町村の地方自治体のもつ文化財保護条例は、この意味でもっとも重要な意義をもっといわなければならない。その上にたち、より広い地域的拡がりをもって文化財を保存していくためにこそ、上位機関の指定はあるのだということになる。こうして、文化財は地域に根ざした文化遺産として位置づけられ、その上にたって下から積み上げていく方式でくみこまれ、上位機関の文化財指定が決定されることになる。

西川は日本各地で取り組まれる文化財保存運動を「草の根の保存」と呼称し、この運動に着目し、指定文化財制度の格付けを問題視し、文化財の地域の中での価値を明らかにする必要性を訴え、ボトムアップ型の文化財保護の在り方を主張している。

また、西川は妻籠の町並み保存運動を例に「文化遺産や歴史的環境は地域的連帯感をつちかい、人間的交流をかわす積極的な役割をはたすにちがいない。その地域に固有な文化遺産や歴史的環境こそ、近代的な生活環境の中でちぢに分断された人間関係を回復し、その再結合をはかり、地域社会を再構成する有力な要素となるにちがいない。」(同上：375-376)と述べ、文化財が地域のつながりを再生することで、地域社会を再構成する要素になることを主張している。

2. 歴史学

史料保存利用運動をけん引していた地方史を対象とした歴史学の分野からも同時に様々な主張がなされている。以下では、芳賀登、林英夫、色川大吉の主張を紹介する。

まず、芳賀登の主張をみることにする。芳賀は日本近世史を専門とし、国学研究に取り組み、平田篤胤の研究で多くの著書・論文を残した(圭室、2013：78)。谷田部隆博は芳賀の研究について、国学を受容し、学問との機縁をつくろうとした人々の存在した近世庶民社会への史的考察が本領であったとしている(谷田部、2012)。国学研究以外にも、豪農古橋家の古文書調査を50年にわたり続け、その他にも地方豪商の経理の調査も行い(同上)、地方史研究に従事した。また、日本風俗史学会の会長も務めるなどした(圭室、2013：79)。70年代には筑波大学の創立に参加し(芳賀、2004：1)、同大学で教鞭を執っていた(同上：18)。

芳賀は1975(昭和50)年に雑誌『都市問題研究』に「地方都市伝統と地方文化保存」という文章を寄せている。この中で、芳賀は古都保存を起点とした文化財保存運動にふれた後に次のように述べている(芳賀、1975b：15)。

ここで一番われわれが問題としなければならないのは明治国家の古器古

第 1 章　文化財保存と活用の沿革と研究者の主張　43

物保存の動きと、名品保存主義のため、その上に国宝さらに今日では重文
指定にあるもののみの保存、いなそれへの限定を問題としなければならな
いこと、文化財とは何か、そのことこそ大きな課題である。とくに近代国
家のランク付けを問題とし、少なくとも近世地誌の姿位は学ぶ対象とすべ
きではないか、民俗のごとき生活文化への関心、それは民俗芸能の保存を
求める声として結集すべきではなかろうか。

　芳賀は優品主義的な保護の在り方と、文化財のランク付けを問題としてお
り、民衆の文化財の保存がなおざりにされていることを訴えている。このよ
うに、芳賀の主張は文化財のランク付けを問題とするなど、西川の主張と符
合するのがわかる。また、この文章の最後では次のことを述べる（同上：25-
26）。

　ここで私どもが考えなければならないのは文化財の保存が観光資源とし
て保存されるべきものかということである。その点からも、保存修景がも
っと現代の生活とつなげたものとならねばならない。大阪の中之島の保存
もそうしたこととつながる問題提起であったと考えたい。しかしこれらの
ことは、実は歴史の各時代に実は存在していたのではなかろうか、その点
で改めて文化財の継承と保存の過程を、各市町村史で一項目もうけてかく
べきではないか。その様な地味な研究活動が実は迂遠だが文化財保存の主
体的にない手となろうとする人々の参考となる。

　芳賀は、文化財の保存が観光資源として保存されるべきものか疑問を呈し、
保存が現代の生活とつながるものである必要性を訴えており、地域が主体と
なる文化財の継承と保存の過程を書き残す重要性を述べている。
　次に林英夫の主張をみる。林は日本近世史を専門とし、社会経済史や交通
史を中心とする論考を多く残した（鈴木、2007：95）。戦後の混乱期に各地の
旧家の古文書が放出され、売買される状況を鑑み、岐阜や名古屋の業者のも
とに集まった古文書を私費や科研費によって買い上げ、自身が教鞭を執って
いた立教大学に寄贈するなど（藤木、2007：88-89）、地方の史料保存にも精力

的に取り組んでいた。また、地方史研究協議会の会長を務め(地方史研究協議会、2001：370)、地方史の裾野を広げるため、朝日カルチャーセンターで古文書講座を30年以上続けた(小川、2007：92-93)。

林は芳賀と同様に『都市問題研究』の同号に「地方文化の保存とその意義」という文章を寄せて、次のことを述べている(林、1975：29)。

　文化庁や県市町村は、それぞれの文化財を指定して保存に当たっているが、指定文化財は、また一級品主義である。これが、まちがっているというのではなく、さらに大切なことは民衆の史的痕跡が、対象とされることが少ないことである。たとえば、ライト氏設計の帝国ホテルの保存も重要であろうが、昭和初期のアパート・明治大正期の裏長屋・昭和前期の食堂など各業種の建物、戦後のバラック、闇市のマーケットなどの方が、民衆生活と結びついて、保存すべき重要な建築物であることは、帝国ホテルと同様なのである。さらに、その地方特有の建築や遺物は、地方文化を育て護り発展させるためには極力保存対策がとられなければならないことは言うまでもあるまい。

林の主張は民衆側の史的痕跡が残された事物が低俗なものに扱われていることにふれ、地方文化を発展させるためにはこれら事物を保存する対策が図らなければならないことを訴えている。林はこうした考えのもと、文化財保護制度について次のように3つの指摘と提言をしている(同上：35-36)。

(1)(中略)文化財の一級品指定・選別指定は、史観や価値観の一方的押しつけであると共に、物に対する価値基準は時代とともに変わってくるのであるから、民衆の世紀に入った今日、価値観も大きく変ってきている。そのことは、かつて、まれであった妻籠や馬籠が、島崎藤村で知られた木曽の宿場町であるという理由だけで人が人を呼ぶという現象からも、観光価値の変化を知ることができよう。

(2)文化財を護ってきたのは国ではなく、その主体は、地域の住民であった。

芸能や民俗行事は住民なくして護れないものである。百姓一揆の首謀者の暮しや、古い寺や社を護ったのも住民であった。トキや白鳥を護り、古い城の石垣の保存に心をくだいてきたのも住民であった。破壊したのは何度も述べたように自治体と企業であったのである。だから文化財保存は住民の民主的な意志を尊重し、国や自治体が、百年千年の先を見通した保護のための財政的措置を勇断をもって決することが強く要請されるのである。

(3)文化財の指定を国指定・県指定・市町村指定という格差をつける指定制度は排除される必要がある。すべての文化財は「登録制度」とし、必要に応じて国や自治体が保護のための予算措置をとることである。とともに登録制度によって大幅に登録点数を拡大して保存の対処を図ることである。現在、市町村段階の末端でこれを担当している人の定員を増大しなければ、今日の破壊から文化財を護り、後世に伝えていく責務を果たすことは不可能なのである。

　林は文化財保護制度の優品的価値が押し付けであること、文化財保護の担い手は古来、地域住民であり、そのことがおざなりになっていることを挙げ、指定文化財の格差の廃止のため文化財登録制度の導入を訴えている。林の主張は民衆側に立脚した視座で文化財保存と活用の在り方を訴えたものであり、この点は芳賀の主張に符合する。また、文化財登録制度の導入を訴えるなど具体性をもった提言も行っている。

　最後に色川大吉の主張をみる。色川は日本近代史・思想史を専門とし、日本の自由民権運動史の研究に取り組み、現在、東京都有形文化財に指定されている「五日市憲法草案」の発見にも携わった（長谷川、1997：3）。学術研究に限らず、住民運動の組織や支援、水俣病の公害の調査などの活動に取り組み、1962（昭和37）年から30年以上、東京経済大学で教員として教鞭を執った（同上）。

　色川は、1975（昭和50）年11月19日に林と芳賀を交えて「地方史研究と民衆」というテーマで行われた座談会の中、「地方文化財はどのように守られてきたか」という話題で次のことを述べている（色川他、1976：17-18）。

村境や町の辻にある道祖神から始まって、お地蔵さんでも、つい二十年
ほど前までは、その地域の人びとによって重要文化財よりも大切にされて
いた。お地蔵さんの前かけが汚れていれば赤い端切れを持ってきてとりか
えてあげたり、お堂を建てたりして大切に守って来た。また百姓一揆で倒
れたような人には、花や線香を絶やさぬようにしてひそかに住民が祭って
きた。石碑にしても義民の墓にしても、そういった類の文化財というのは、
国の文化財の概念からはずれていますが、新しく拾いあげたら非常に膨大
なものになるんじゃないかと思います。私は国だとか県だとか東京都だと
かが文化財を指定するのに対応して、その自治体の住民自身が民衆文化財
とか民衆史跡という形でどしどし指定する運動を始めたらよいと思うんで
す。地方史研究者は、住民にとって価値あるものを発見すると同時に、そ
れの検証をし、史跡指定をし、同時にそれがかけがえのない民衆の財宝で
あるということを訴える運動をすべきだと思うんです。

　私たちは十年ほど前から多摩で民衆史跡指定運動というものをやってお
り、歴史散歩のようなものにおいても、その精神を変えてしまうんです。
(中略)そして気付いたのは、民衆がこれは文化財だと思い込んでいたもの
は、ほとんど明治以降に文部省が官製で作ったものじゃないか。そういう
批判精神がいつの間にか養われた。文部省が明治以降に作った文化財意識
を逆立ちさせ、ひっくりかえすような運動なり、文化財の発掘なり、論文
なりというものが痛切に求められているように思うんです。

　色川は国や都道府県等により価値付けられた文化財と異なる民衆側の文化
財を民衆の手で指定する運動を提言し、民衆史跡指定運動として、その実践
に取り組んでいたようだ。「文化財意識を逆立ちさせ、ひっくりかえすような
運動」という、まさにボトムアップ型の文化財保護を目的にしていたことが
わかる。この運動は、1950年代に多摩地方で橋本義夫によって行われていた
運動を引き継いだものとされ(色川、1970：26-30)、多摩地方では、すでにこ
うした議論が登場する以前からの実践があったようだ。

　以上が歴史学者のとくに地方史研究に取り組んでいた研究者の主張である。

いずれも西川の主張に符合するものであるが、「民衆」という言葉をいくつか確認でき、そこに立脚した主張に特徴があるといえる。歴史学者で日本村落史研究を専門としていた木村礎は、地方史研究の成果として「日本の高みから地方を見下すのではなく、地方という個別から全体を考察できるようなすぐれた研究が出現してきている。『視座の逆転』である」(6)と述べているが、これは、以上にみてきた各研究者の地域主義にもとづく文化財保存と活用の主張に一致する。こうした文化財保護を求める主張は、地方史研究のもつ視座から生まれたともいえる。

3. 考古学

　地域主義にもとづく文化財保存と活用に関する主張は、高度経済成長の最中、開発で危機に瀕した埋蔵文化財の保護に努めてきた考古学を専門とする研究者によるものもみられる。とくに文化財保存全国協議会に所属していた甘粕健や岡本勇らの主張や、その他にも自ら文化財保存運動に参加した金井塚良一の主張が確認できる。まず、甘粕の主張をみていく。

　甘粕は、古墳研究におもに取り組み(橋本、2015：39)、また長年、文化財保存運動にも携わり、こうした功績によって2005年(平成17)年に第6回和島誠一賞を受賞した(文化財保存新潟県協議会、2012：1)。2000(平成12)年から2004(平成16)年まで日本考古学協会の会長も務め、旧石器時代ねつ造問題の解決にあたった(橋本、2015：46)。

　1970年代当時、甘粕は東京女子大学をはじめとした大学で非常勤講師を務めており(甘粕健先生退官記念論集刊行会、1996：439)、研究者に埋蔵文化財保存のための組織づくりを訴え、「文化財保存全国協議会」の発起に関与し(甘粕、1970：123)、事務局長に就任した(橋本、2015：44)。甘粕は先にふれた『文化遺産の危機と保存運動』の中で、次のことを述べる(甘粕、1971：16)。

　　埋蔵文化財の大量破壊が全国に拡大する一方、政府が飛鳥古京や風土記の丘など一部特定の遺跡を積極的に「保存」する政策を打ちだしてくるという新しい情勢のもとで、文化財保存運動は、かつての平城京跡の保存運

動に代表されるような国民周知の遺跡を対象にして広範な国民の世論を盛り上げていくというかたちではやっていけなくなった。現実に、各地の住民は、右のような政府の「選択保存」に反対し、それぞれの地域の文化財の保存を要求して立ち上がり、じつに多面的なたたかいをくり広げつつある。全国をおおう文化財の破壊に反対してたたかうためには、このような国民の力に依拠し、その運動を全面的に発展させていく以外に道はない。

　文化財、とくに埋蔵文化財の価値はそれを継承・享受する国民の側の自覚によってはじめて実現し、国民の知的成長によって無限にたかまる性質のものである。そして、現在は、かつてない激しい文化財の破壊に直面するなかで、はじめて広範な国民が自国の埋蔵文化財の価値に急速にめざめつつある時期だといえる。

　甘粕は政府の埋蔵文化財「選択保存」の在り方に対し、地域住民がそれに反対し、文化財保存運動が各地で起きている状況から文化財の価値に地域住民が目覚めつつあると述べる。こうした現状から、研究者は保存運動に応え、個々の遺跡の位置付けを明らかにする必要性を訴えている。甘粕がいう文化財は埋蔵文化財に限定されているが、その価値が政府に選択されるものでなく、地域住民側によるものであることを訴えており、建築・都市計画や地方史の分野の主張とこの点で合致している。

　次に岡本勇の主張をみる。岡本は戦後、横須賀考古学会に参加し、三浦半島をフィールドに活動し、ここでの調査活動は、南関東の縄文時代早期の編年研究を充実化させた（釼持、1999：221）。こうした発掘調査の活動以外にも千代ヶ崎の自然と文化財を守る運動、「一本松遺跡発掘の記録」「失われゆく神金城跡」といった8ミリ映像の制作・上映、市民向け冊子「うえのだい」の発行など文化財保存運動にも取り組んでいた（同上：223）。1970（昭和45）年に発足した文化財保存全国協議会にも参加し、埋蔵文化財の保護に積極的に関与していた（石部、1999：140）。70年代には、こうした発掘調査や文化財保存運動と並行して、立教大学で教鞭を執っていた（岡本勇先生追悼文集刊行会、1999：409）。

　岡本は1973（昭和48）年に雑誌『ジュリスト』で特集された「文化財保護」

の中で「文化財保護の意義」という文章を寄せている。岡本はこの中で文化財保護法に規定される文化財について次のことを述べている（岡本、1973：16-17）。

　以上の文化財の定義として、さらに各資料には「わが国にとつて」、「歴史上」・「芸術上」・「学術上」・「観賞上」価値の高いもの、あるいは「国民の生活の推移の理解のため欠くことのできないもの」などといった条件が付されているが、これは疑問とせざるをえない点である。字句どおりに読めば、価値の低いものは文化財とはみとめられないし、したがって法的には保護の対象とはならないことになる。これでは一定のものしか保存できない。いったい文化財としての価値の高い低いは、だれがどのような基準にもとづいて決めるのであろうか。評価の比較的固定した資料ならともかく、それ以外のものについては問題をはらんでいる。現在の文化財の危機のなかで、この価値評価の件は意味を失いつつあるといってよい。

　岡本は、文化財保護法上に規定された文言をそのままの意味合いでとれば、価値の低いものは文化財でなくなることについて疑問を呈し、その文化財を文化財たらしめる価値評価は、文化財が危機的状況にある中、意味をなさないと主張している。
　岡本はまた「（前略）法のなかで規定された文化財の概念と、今日破壊の危機にひんしている文化財の実態とのあいだには、大きな隔りが感ぜられる。そして、現実に生きるわれわれにとって、いったい文化財とはなんなのかが、あらためて問われてくるのである。」（同上：16）と述べ、保護法が対象とする文化財は開発の波で破壊されていく文化財と一致せず、保護の網の目から漏れてしまう危機を示唆している。
　こうしたことを念頭に文化財保護の意義について岡本は次のように述べる（同上：17）。

（前略）国民共有の財産としての文化財に具体的な、科学的な意味づけを行い、さらにそれを地域の歴史のなかに位置づけ、今日的な問題に結合させ

なければならない。いわば土地にねざした民衆の歴史が要求されるわけである。また、別のいいかたをすれば、文化財に生命を与え、その背後にひそむ生きた歴史を語らせねばならぬのである。研究者とその学問は、この仕事のなかで、真に国民のための科学の名にふさわしいものに鍛えられていくであろう。

　一方、国民はそれと積極的に呼応しうる姿勢を示している。文化財保存のそれをふくむ市民・住民運動は、その明白なあかしである。

　岡本は文化財を地域の歴史の中に位置付け、今日的問題に結合させる必要性を論じている。つまり、文化財が地域住民の生活においてどのような意味をもつものか研究者は明らかにする必要性を述べており、文化財保存運動は文化財が地域住民の生活に結びつくものの証であることを示している。岡本の文化財を捉える視点は、埋蔵文化財を超えたものであり、この点で甘粕の主張と異なり、現行の文化財保護制度に言及するなど建築・都市計画や地方史の分野の主張と一致する点が多い。

　最後に金井塚良一の主張をみる。金井塚は、日本の古墳時代の性格と古代国家の形成の研究を行い、1975（昭和50）年まで埼玉県内で高校の教員を務め、歴史教師として郷土研究部で発掘調査に取り組んでいた（金井塚、2010：223-224）。これ以降は、埼玉県教育委員会で文化財保護行政に携わるようになり（同上：224）、埋蔵文化財保護について、自ら住民とともに、比企の自然と文化財を守る会を立ち上げ、文化財保存運動にも取り組んだ（金井塚、1971：18）。金井塚はこの会の基本方針にふれて次のことを述べている（同上：16-17）。

　自然と文化財が本来そこで生活している地域住民の共通の財産である以上、地域住民の現実の生活とのかかわりの中で、自然と文化財の存在意義──現実的価値をあらためて考え、それを保存運動の中核とすることはむしろ当然のことであった。この基本的な主張を貫くために、守る会は自然と文化財の新たな価値の創造──地域住民の立場に立った研究活動と、地域住民の立場から措定された重要性の追求という実践的な課題を追うことにな

ったのである(しかもその研究成果は、すべて住民に還元され、住民の共感が得られるものでなければならなかった)。これは、いいかえれば従来の研究者本位の重要性を克服して、地域住民の立場から重要性を見直していくことであり、地域住民の生活と遊離した研究活動を止揚して、地域住民の生活に根ざした科学研究を発展させ、破壊的環境に抵抗できる研究成果を生み出していくことであった。これをわれわれは住民の立場に立つ(人民的な)科学研究と考えているが、このような科学研究を中軸にして地域社会の側に回復し、自然と文化財の地域における存在意義(今までの抽象的・感覚的に措定されていた価値観を捨象して)を明らかにしていかなければ、守る会が地域住民の共感に支えられた住民運動(地域に根ざした科学運動)に発展していくことは不可能であろう。

　金井塚は、文化財の価値は地域住民から導かれ、文化財の地域における存在意義を明らかにする必要性を訴え、研究者本位の文化財の価値付けを反省的に捉えている。また、金井塚は「われわれは守る会が目指す、地域に根ざした科学運動こそ、文化財の保存問題を含めて、地域の諸問題を解決し、住民の地域社会を復活させる唯一の方法であると考えている。」(同上：18)と述べており、文化財の地域における存在意義を明らかにする文化財保存運動が破壊的環境から地域社会を復活させる手段であると主張する。

　このように考古学の分野からの主張は、建築・都市計画や歴史学の分野の主張と地域からの視点による文化財保護という点では一致するが、文化財保護に対する研究者の責任に言及している点で、他分野の主張と異なるといえる。また、いずれの主張も文化財保存運動に依拠しているが、考古学の分野ではこの点がとくに強調されている特徴がある。これは、保護対象とする埋蔵文化財が不動産で地域に密着した存在であり、その保護に関しては、地域住民の文化財保存運動に最も接近した立場にあったことが考えられる。そして、各保存運動を間近にしたことは、各研究者の中で、研究の在り方を考えさせる機会になったといえる。

　以上をみると、それぞれの分野の主張は、文化財の捉え方やその視座に相違点はみられるものの、従来の文化財に内在する優品的・厳選的価値観に対

し、地域住民側からみた文化財とは何かを問い、その主体性がないことを問題視している点が類似していることがわかる。また、西川や岡本、金井塚からは開発によって失われた地域が、こうした文化財保護によって再生されることが述べられている点が共通している。これは文化財が地域住民の自身の歴史認識や地域づくりのために必要なものであることが、運動を通し、研究者の中で明らかになったことによるものと考えられる。このように、地域主義にもとづく文化財保存と活用の思想は1960年代の文化財保存運動を通して育まれ、70年代に入り、保存運動を振り返る形で、各分野の研究者によって訴えられたといえる。

　椎名慎太郎は、1970年代になると開発に伴い各地で文化財保存運動と開発機関・開発業者との対立が生じ、保護体制の改善が急務であるという認識が強くなったことで、文化財保護法改正の気運が生まれ、次第に具体化への道をたどったと述べており（椎名、1977：44）、この当時の主張は文化財保護法改正に少なからず影響したことを示している。では、地域主義にもとづく文化財保存と活用を求める主張は、文化財保護法改正時にどの程度反映されたのであろうか。以下でその経緯と文化財保護法改正への影響をみる。

第7節　文化財保護法の改正と 地域主義にもとづく文化財保存と活用

　文化財保護法改正前の1973（昭和48）年11月15日付で内閣総理大臣宛に日本学術会議によって文化財保護法について勧告がなされている。

　この勧告は文化財保護法改正にあたって「制定当初の精神を発展させ、更に現実に適応できるものでなくてはならない。」とし、改正にあたって以下の原則が尊重されることを要望している（日本学術会議、1975：83-84）。

　1. 文化財が自然とともに国民ひとりひとりの生活環境を構成する精神的並びに物質的文化の永遠の共有遺産であることにかんがみ、これの破壊は単に歴史資料の消失にとどまるものではなく、将来にわたって国民の人格が形成される基本的環境の崩壊を意味するものである。よって、同法は生活

環境を破壊する力に対して、それを阻止する機能をもつとともに、更に安易な機械文明の暴走に対する抑止力を果たすものとして考慮されなくてはならない。

2. 従来の文化財の指定は、有形文化財にみられる精選主義、あるいは記念物にみられる代表主義になる傾向がみられた。そして指定された文化財についてすら消滅にひんしているものがあり、まして未指定の文化財においては、消失したり、消失寸前のものの多いことは知られるとおりである。これを阻止するためには、土地に結びつくすべての文化財は、それを「点」として保護するのではなく「面」として捉え、その歴史環境と自然環境とを一体として保護し、現在の破壊力から自然と文化財を人間の基本的環境として守ることができるように広域保存の措置がとられなければならない。

3. 文化財は地域住民の生活環境とともに一体として守られるべきものであるから、住民の意志が十分に尊重されなければ文化財を国民共有の遺産として守ることはできない。よって地域社会と密接に結びつく文化財の保護については、住民の意志と広く科学者の意見を尊重する民主的な保護体制が確立されねばならない。

4. 法改正に際しては文化財行政を円滑、かつ徹底して実施できるような、十分な財政上の配慮が不可欠である。ことに現状変更に制限を加える場合には十分な財政上の措置がとられ制度上の整備が図られねばならない。

この原則に従い、(1)不動産文化財の環境保護の確立、(2)建造物群(町並・集落)の保護、(3)文化財登録目録の制度化、(4)埋蔵文化財保護の強化、付記として「歴史資料保存法」の制定、が勧告に謳われた。

この勧告では、文化財を「生活環境を構成する精神的並びに物質的文化の永遠の共有遺産」、「地域住民の生活環境とともに一体として守られるべきもの」、「人間の基本的環境として守る」というように美術的および学術的価値とは別に人間の生活にとって欠かせない存在であることが強調されている。ま

た、従来の文化財の指定のもつ精選主義、代表主義的性格にふれ、「指定文化財だけを保護するのではなく、広く文化財を『文化財登録目録』に登録し、新しく文化財登録という概念を設けて、これを保護する制度を新設する必要がある」(同上：84)と述べた。

これら勧告は、従来の文化財保護制度の在り方のみならず、文化財そのものの概念を新しく捉えたものであり、人間の生活にとって欠かせない存在という認識のもと、いかに文化財を保護すべきか具体的措置を文化財登録制度や未指定文化財を含む面的保存という形で訴えたものといえる。

この勧告から2年後の1975(昭和50)年3月4日には、第75回国会衆議院文教委員会文化財保護に関する小委員会が開催され、その中で文化財保護法改正について関係者から意見聴取がなされ、参考人として考古学者の江上波夫や歴史学者の林英夫、民俗芸能研究者の本田安次などが招かれた(衆議院文教委員会調査室、1975：219-220)。林は意見聴取の答弁の中で日本学術会議の勧告に関して、次のように述べている[7]。

　　この日本学術会議の環境問題特別委員会の中に、文化的環境の保全と育成という小委員会をつくりまして、そして特にここにおきまして、文化財はどうあるべきかという問題について検討してまいりました。この小委員会では、学会の意見を反映させるために、先ほどの江上先生の日本考古学協会あるいは地方史研究協議会、歴史学研究会あるいは歴史教育者協議会、日本建築学会、日本美術史学会など、挙げると切りがありませんが、十一の学会の代表を加えまして小委員会を成立させました。そして十数回の委員会のほか、直接市町村段階の末端で文化財行政を担当なさっておる方々、あるいは文化財を守る運動を進めている方々などのお集まりをいただきまして、シンポジウムを三回にわたって開きました。これらの集大成として、先ほど申し上げました四十八年十一月のいわゆる文化財保護法についての学術会議の勧告が作成されたのでございます。ですから、この勧告文は、申すまでもなく日本学術会議、つまり学会の総意あるいは文化財保護の諸団体の総意を代表する見解と思っていただいてよいかと存じます。

林が「この勧告文は、申すまでもなく日本学術会議、つまり学会の総意あるいは文化財保護の諸団体の総意を代表する見解と思っていただいてよい」と述べているように、実際に勧告の内容と70年代の各分野の主張と照らし合わせると、歴史的環境の保全や文化財登録制度の導入、そして３つ目の原則の「地域社会と密接に結びつく文化財の保護」にみられるように、地域主義にもとづく文化財保存と活用の在り方が反映されており、この勧告は文化財保存運動に関与した各分野の研究者の総意であったといえる。

　また、林は現行の文化財保護行政の在り方について、いくつかの問題点を述べるとし、それらを７つの要点にまとめている。以下にその発言を引用する。

　まず第一に、土地に結びついた文化財、たとえば名勝とかあるいは天然記念物の植物とかあるいは土地の上にある建築物——建てられた建て物ですね、あるいは庭園などは、たとえば庭だけを保護し指定するのではなく、周辺の自然の環境を含めて保護する必要があることでございます。つまり、歴史的環境と自然環境とを一体として、広域保護体制をとる必要があることであります。ごみための中で鶴を保護するのではなく、やはり青い海あるいは緑の松の中で鶴を守らなくては、守り切れるものではございません。（中略）

　さらに第二番目に、従来の文化財の指定が、いわゆる精選主義と言いましょうか、優品主義と言いましょうか、あるいは一級品主義とでも申しましょうか、そしてさらに、美術品あるいは芸術品を偏重するという傾向がきわめて強いように思われます。歴史的に重要な意義を持つものでも、民衆側の史料を軽視する傾向がございます。これは戦前の点の中心主義的な歴史観が、いまでも根強く残っているように思われるのでございます。（中略）

　第三番目、現在文化庁において指定されている文化財は４万点弱のはずでありますが、これは先進国の何十万点という指定数に比べますときわめて少ないのでございます。このため、指定からはずれたものが隠滅しつつあるというのが現状でございます。ですから、この際、広く文化財の所在

を調査、確認いたしまして、文化財目録、仮称でございますが、文化財目録を作成して、この登録された文化財については、何らかの規制を設ける必要があるということでございます。(中略)

　第四番目に、文化財は、そもそもその本来の歴史的価値を発揮できるような、つまり本来的な機能を発揮し得るような現地に、原則的に保存するということが大切だと存じます。(中略)

　次に、第五番目に、法の改正に際しまして、文化財行政を円滑かつ徹底して実施できるためには、十分の財政上の配慮が不可欠であると存じます。(中略)

　第六番目に、開発と保存という問題でございます。ことに問題になっておりますのは、埋蔵文化財、土中に埋もれている遺物のことでございますが、私たちは開発を否定するものではなく、開発もまた国民の生活を向上させるために必要の場合があることは、言うまでもございません。(中略)現行の文化財保護法の最大の欠陥は、罰則規定が弱いことです。(中略)これでは常に開発が優先して、保存は後手に回ってしまいます。開発よりも保存が常に先行するという体制の確立が、文化財保護の上で非常に大事なことだと思います。

　林の意見の内容は、日本学術会議の勧告内容をほぼ要約したものといえるが、２番目の答弁内容は現行の文化財保護制度がもつ、優品主義的性格にふれ、民衆側の史料を軽視する傾向があることを述べており、自身の主張を加えている。

　林はこれに加えて、第７番目にこの委員会にとくにお願いしたいことと断りを入れた上で次のように述べている。

　文化財は行政面だけではなく、これを守ってきたのは多くは地域の住民によって守られてきました。そしてこの文化財を守る先頭に立ってきた方々の貴重な経験と、そしてまた積み重ねられた歴史を法改正に当たって十分に生かしていただくために、この文化財保護団体の代表者あるいは学会の方々を加えて民主的立場を貫いて国民的な規模で保護法を改正していただ

第1章　文化財保存と活用の沿革と研究者の主張　57

きたいということでございます。このためには、できることならば懇談会
形式の会合を持っていただく。それが無理のようでしたならば、学術会議
の小委員会との間において懇談会形式でより突っ込んだ意見の交換の場を
持つことによって、この文化財保護法のよりよい改正の方向を定めていた
だきたいということがまず一つのお願いでございます。

　この林の意見は、日本学術会議勧告の中では表立って確認することはでき
ないが、地域が主体となる文化財保存の在り方を強く訴えたものであり、林
がとくにお願いしたいと断りを入れているように、この発言は勧告内容の本
質を表したものと考えられる。

　1975(昭和50)年6月14日には、日本学術会議の環境科学特別委員会におい
て「文化財保護の総括的再検討のためのシンポジウム」が開催された[8]。協
力学会は、日本歴史学協会文化財問題特別委員会・日本史研究会・歴史学研
究会・歴史教育者協議会・歴史科学協議会・日本民俗学会・芸能史研究会・
日本考古学協会・美術史学会・地方史研究協議会・文化財保存全国協議会・
日本建築学会・日本第四期学会の13学会である。

　このシンポジウムでは伝統的建造物保存について稲垣栄三から有効確実な
保存法として登録制度の採用の必要が報告され、民俗保存文化財について山
路興造によっても芸は生活の変化とともに変容するものであり、指定が凍結
になるおそれがあるから指定でなく登録制にすべきという意見があった。ま
た、歴史資料保存について木村礎は、歴史資料保存法の制定の必要性と従来
の選択保存に対する批判から登録制の採用の必要性が述べられた。そして、埋
蔵文化財については、甘粕健から改正法案の中身に言及し、今回の法案が文
化財破壊の歯止めにはならないことと、文化財保存の国民の権利が不明確で
あるなどの点が指摘された。

　このように、ほとんどの分野で登録制度の導入が熱望されていることがわ
かる。環境科学特別委員会幹事であった林英夫はこのシンポジウムについて
「活発と云えなかったのは、報告の内容が諸学会で充分に検討され、疑念をさ
しはさむ余地のないものであったことによろう。」と評価しているように、登
録制度の導入は学会で充分議論のされた末に行きついた結論であることが考

えられる。

なお、改正法案はその後、参議院文教委員会において以下の附帯決議が表明され、全会一致で可決された(椎名、1977：50)。

今日の社会的経済的条件の激しい変化の中で、文化及び自然の遺産は、破壊の危機にさらされている。これらの文化財は、国民全体の貴重な共同財産であり、日本文化の豊かな発展の基礎であることにかんがみ、その保護についての国民の理解協力と行政施策の徹底が図られなければならない。

本改正は当面の緊急課題に対処するものであり、今後、文化財保護の理念の確立、重要な埋蔵文化財包蔵地の発掘に関する許可制の実現等その根本改正に取り組まなければならない。（後略）

こうした附帯決議は、文化財保護法改正についての各分野からの要望が広範であり、要望の全てを改正法に反映することが難しいと判断されたために、表明されたものと考えられる。以上の審議を経て、文化財保護法は、1975(昭和50)年10月に改正に至った。

改正文化財保護法では、有形文化財の中に新たに「学術上価値の高い歴史資料」が加わり、民俗資料が「民俗文化財」と改称され、その民俗文化財の概念の中に民俗芸能が含まれることになった。さらに「伝統的建造物群」が文化財の定義の中に加えられるなど法制上の文化財概念の拡大が図られた(馬場、2013：3)。また、埋蔵文化財に関する制度の整備、文化財の保存技術の保護制度の設定、地方公共団体における文化財保護行財政体制の整備も盛り込まれ、従来の文化財保護法の内容を大幅に変えることとなった(文化財保護法研究会、2009：264)。この中で勧告にあった地域主義にもとづく文化財保存と活用の在り方はどう反映されたのか。

例えば、改正によって追加された「伝統的建造物群」について、当時文化庁に在任していた伊藤延男は「法律の枠を組み立てるに当たって、従来の国指定とは全く逆の発想をもった。すなわち、地元の人びとが保存したいという熱意を市町村教育委員会において受けとめていただき、市町村レベルで自発的に制度をきめてもらうこととした。国と県はいわば黒子としてこれを援

助していく。これが基本的な発想であった。」(伊藤、1988：27)と述べていることから、地域住民側からのボトムアップの保護体制の確立を意識していることがわかる。

　ただ、法改正で熱望された文化財登録制度の導入は実現することはなかった。文化財登録制度はこれより21年後の1996(平成8)年の文化財保護法改正時に建造物の登録制度が導入され、実現することとなった(文化財保護法研究会、2009：283)。

第8節　文化財保護法の改正後の動向

　1960年代の文化財保存運動から育まれてきた地域主義にもとづく文化財保存と活用の思想は1970年前半に発展し、1975(昭和50)年の法改正に帰結することとなった。しかし、改正文化財保護法にみる地域主義にもとづく文化財保存と活用の在り方は希薄であり、その主張が全て反映されることはなかったといえる。

　ただ、文化財保護法改正後に地方公共団体のレベルで文化財登録制度を導入する動きがあった。例えば、その先駆けが東京都江戸川区である。1980(昭和55)年に文化財保護条例が制定された江戸川区では、その前年の1979(昭和54)年9月に江戸川区社会教育課によって「文化財保護条例制定に当っての基本的な考え方」がまとめられ、文化財登録制度に関して次のように述べられている(江戸川区教育委員会社会教育課文化財係、1981：76)。

　(前略)これらの法律や条例の底流をなすものは、優品主義、重点指定主義である。逆の表現をすれば、指定されない文化財は、行政として保護の手をさしのべないことも意味する。つまり指定主義は文化財のうち歴史上、学術上価値の高いもののみを重点的に指定して保護を図ろうとしているものであって、選定から漏れたものの保護について問題が残り、それでは、十分な文化財保護はむずかしい。それらを反省し、その欠点を補うものとして考えられるのが登録制度であり、この制度の導入によって文化財保護は確実に一歩前進すると考えられる。(後略)

学術会議の勧告にあったように従来の優品主義的な文化財指定制度を補完するものとして文化財登録制度を導入しようとしている意図が明らかである。また、文化財登録制度の導入にあたって以下のように説明がなされている（同上：76-77）。

（前略）文化財登録制度とは、指定主義でいう指定の文化財よりも、その範囲を拡張して捉え、文化財に広い網の目をかぶせ、それを台帳に登録することによって、行政として正確に把握し、専門的技術的な援助指導を行いながら、保護しようとするものである。外国にはこの制度による文化財保護を実施している国も多くある。わが国では種々の理由から未だこの制度が導入されていない。最近京都府の文化財保護審議会が、同教育委員会に対する答申の中で、登録制度の必要性を強調していることは注目すべきである。これに類するものとして、昭和52年制定された世田谷区の文化財保護条例中に教育委員会の責務として、文化財の目録を作成するよう規定しているが、その意図もこれに近いものと思われる。

　このように文化財登録制度は、わが国ではいまだ定着していない制度であり、これを江戸川区の条例に導入することは、いろいろ困難を伴うことも予想されるが、文化財保護制度にとって画期的な方策となろう。従って登録制度の導入に当っては、区の実態に則したものであることが第一の条件であり、本区の登録制度の導入にあたっては次のような点について検討しておく必要がある。

　第一は、文化財保護行政の対象を特に重要な文化財のみにとどめることなくその範囲を広く考えること。

　第二は、地域に根ざして育った文化、ないしは文化遺産について特に保護の対象とすること。

　第三は、従来の文化財保護制度では特別な場合を除き二重指定が排除されているのであるが、区内に存する国や都の指定文化財についても区が保護の対象として把握できるように配慮すること。

　以上述べたような諸点について登録制度が応じられるならば、区の文化

財保護制度は文字通り地域に根ざしたものとして、区内の文化財を網羅的に把握した総合的な文化財保護行政となるであろう。

　今日、地方の文化が論じられ、地域文化の振興或は自然を保護することが強調されている折柄、広く文化財を保護活用することは豊かな地域文化の創造の源泉となるものであるから、これらを発掘し、隠れた文化財の価値を見直し保護し活用しながら、後世に伝えることは行政の重要な責務と考える。これらの点を考慮すると、文化財登録制度の導入は今後の文化財保護制度として適切な施策であり、これと指定主義とを併せながら条例に規定することは当区の現実に則し、かつ文化財保護行政の一層の飛躍につながるものと思われる。（後略）

　このように文化財登録制度導入は、京都府や東京都世田谷区においても、この当時その動きがあったことがわかる。また、登録制度の導入を地域に根ざした文化財保護を可能にすると述べているように、登録制度を地域主義にもとづく文化財保存と活用の手段として捉えており、指定制度を補完する制度として捉えていることが明らかである。江戸川区と同年に文化財保護条例が制定された東京都江東区でも条例制定の際に、文化財登録制度が導入された。制度導入の趣旨は、以下の文化財審議会の答申に確認できる(江東区文化財調査委員会、1990：45)。

　(前略)従来の文化財保護の考え方は、優品主義・重点指定主義をとり、文化財のうち芸術上、学術上価値の高いもののみを重点的に保護してきたものであった。このような考え方では、指定の範囲外に置かれた多くの文化財が保護されず、ややもすると美的観点に偏り、郷土の歴史資料や民俗資料が忘れ去られる等十分な文化財の保護が行われにくかった。

　これらの欠点を補うものとして、文化財をできる限り広範囲に把え、それを台帳に登録してより充実した保護を行う登録制度がある。これは、保護の必要があっても直ちに指定できない場合や、文化財の性質上指定よりも登録を適当とするものを保護できるばかりでなく、文化財の実態の把握を可能にし、その活用上大きな役割を果たすものと考える。

文化財は、郷土の歴史、文化等の正しい理解に欠くことのできないものであり、かつ、将来の文化の向上発展の基礎をなすものである。江東区の現状を踏まえ、区民の文化的向上を図るため、従来の指定制度と併せ、登録制度を導入することが適当と考える。(後略)

　このように江東区では、1975(昭和50)年の段階で文化財保護法に反映されなかった文化財登録制度を導入しており、その理由を従来の文化財保護制度のもつ優品主義・重点指定主義では地域の文化財を保護しきれないこととしている。この主張もまた、文化財保護法改正時の学術会議の勧告内容に一致するものである。

　また、世田谷区では、1977(昭和52)年に文化財保護条例を制定した際、文化財登録制度を導入はしていないものの、保護範囲を未指定文化財まで広げる方針を条文で採用している(世田谷区、1979：48)。世田谷区ではこの条例制定について次のように説明している(同上：49)。

　この制定にあたっては、広く各方面の方々の意見を反映させ、世田谷区の地域的特色のあるものになるよう努めました。

　文化財保護団体による議会への請願や陳情、区史編さん委員の意見書、文化財保護関係団体の代表(約30名)からの意見聴取、更には「文化財保護条例を考えるシンポジウム」の開催(約200名の区民が参加)等、様々な形で出された意見や考え方を集約しました。このような経過で、文化財の保護と活用に関する区民及び行政双方の権利と義務の関係が条例に明記されました。(中略)

　従来、文化財の保護についての一般的な考え方は、文化財保護法にみられるように、指定した価値の高い文化財のみ保護してゆく、指定主義や優品主義になっています。しかし、このように行政によって重要な文化財だけを保護してゆく方法では、地域に根ざしたすべての文化財を守ってゆくという、自治の精神を生かすことはできません。

　そこで、当区の条例では、これから一歩踏みだし、行政が保護の対象とすべき範囲を未指定文化財にまで広げ、区内の文化財を調査して、文化財

目録を作成してゆくことにしました。このことは、文化財保護法の改正の際、学界等から強い要望がありながら果たせなかった登録文化財制度へ、区条例において半歩近づいたわけです。

このように、世田谷区でも江東区と同様に、現行の文化財保護制度の指定主義や優品主義だけで地域の文化財を保護していくことができないと主張し、未指定文化財も含めて保護対象とした。また、文化財登録制度について学会等から強い要望があったと、文化財保護法改正当時の動向を意識しており、改正で反映されなかった内容を盛り込むべく努めた様子がわかる。

また、文中に登場する「文化財保護条例を考えるシンポジウム」については、林英夫や甘粕健など70年代に地域主義にもとづく文化財保存と活用に関する主張を行った研究者を講師に招いている。

このシンポジウムで林は「地域文化の育成について」と題した講演で「(前略)ところで皆様方が学校の教科書で学ばれるところの本をご覧になりますと、その文化の欄に出てるところの文化は何んであるかといいますと、だいたい一級品主義ですね。(中略)私達が身近に、子供の頃に、あるいは一昔前まで使つて来たところの農民が生み出した文化については何も語られていない。(中略)こうしたことが次第に、私達の先祖が、残して来たものを軽視する風潮を次第に作くり上げるようになつて来たと云うことがあります」(林、1979：68)とした上で、柳宗悦らの民芸運動や柳田国男の業績にふれ「新しい民・百姓に対する認識として高く評価していい事」(同上：72)と述べている。

林はこの講演においても一級品主義にふれ、民衆の事物が軽視される風潮を指摘した。また、シンポジウムの記録では確認できないが、当時、世田谷区教育委員会の社会教育課文化振興係長であった倉島幸雄によれば、林が「指定文化財の多くが優品主義、支配階級中心主義に発想して選択されて来た現実をきびしく批判し、地域住民自から文化財登録を申請し、行政が保全のための財政的措置と専門家による指導を行うべき」(倉島、1979：50-51)と述べたとし、ここにおいても文化財登録制度の導入を訴えていることがわかる。

一方、甘粕は「埋蔵文化財について」と題した講演の中で、地域の遺跡の価値について「(前略)文化財保護法に代表される現在の国の文化財保護のシ

ステムでは、こうした価値を評価する観点が抜けているところに大きな問題
があります。文化財保護法では厳選主義、優品主義といいますか、全国的に
みて極めて価値が高いもの、これは誰れが認定するかということですが、そ
れはまあ学術的な評価を加えて国が認定する。それを重点的に手厚く守る。そ
ういう点になんといつても一番重点が置かれている。(中略)しかし、先程も
申しましたように、正しい科学的な歴史を地域の住民が学んでゆくためには、
全国的な観点で厳選された史跡だけを保存するというのではどうにもなりま
せん。」(甘粕、1979：78)と述べ、文化財保護制度の厳選主義、優品主義に言
及し、この観点からのみの保護が困難であることを主張した。また、「(前略)
住民の文化財、歴史的環境を形作っている埋蔵文化財を守るのは、その価値
を深く自覚した住民の力です。こうした住民の自覚を促がし、その要求に応
えて真に住民本位の町作りを行うのが民主的な自治体の役割だと思います。し
たがつて文化財保護条例は単なる文化財保護法の焼きなおしであってはなら
ず、豊かな地域性を持つ文化的な町作りの指針となり、住民の立場から国の
文化財行政をリードするものとなることが期待されるのであります。」(同上：
80)と発言し、文化財保護が地域住民の力によるところが大きいことと、そう
した動きが地域づくりの指針となり、地方の文化財保護条例が住民の立場か
ら国の文化財行政をけん引していくことを期待している。甘粕の主張は先に
みたような埋蔵文化財の文化財保存運動を中心とした主張から、文化財保護
制度全般を捉え、文化財保護と地域づくりの関連を示唆した主張に発展した
ことがわかる。

　こうした各研究者の主張は世田谷区に限らず、江東区の条例制定の趣旨を
みても文化財登録制度の導入という形で反映されたものといえる。段木一行
によれば、このように東京都23区を中心に導入された文化財登録制度はその
後、京都府が参考にして採用しており(段木、1997：112)、文化財登録制度は
地方へ広がっていくことになった。

　地域主義にもとづく文化財保存と活用の考えの一端を示す文化財登録制度
は、文化財保護法には反映されなかったものの、地方独自の取り組みとして
各地の文化財保護条例に反映されていくことになった。このことから、70年
代に高揚した地域主義にもとづく文化財保存と活用の思想は、文化財保護法

改正後も地方の文化財保護条例制定と改正という形で各地に浸透していったといえる。同時に地域主義にもとづく文化財保存と活用は地方において強く求められていることが明らかである。

　文化財保護法改正後も引き続いて、地域主義にもとづく文化財保存と活用を求める主張が各分野の研究者等からなされた。例えば、建築学者の伊藤延男は1978（昭和53）年に文化財保存事業が中央主導型でなく地域主導型に転換しなければ、文化財の完全な保存は期し難いと述べ（伊藤、1978：5）、歴史学者の一志茂樹は1979（昭和54）年に文化財の価値が国中心の価値であり、地方における価値を無視していることと、国、都道府県、市町村というように指定が序列化されていることを指摘した（一志、1979：5-8）。考古学者の十菱駿武は1977（昭和52）年に指定制度の文化財の序列意識を打破する必要と文化財登録制度の導入を訴えており（十菱、1977：247-252）、法改正では地域主義にもとづく文化財保存と活用の在り方を制度に一部採用されたのみといえる。

第9節　文化財保護制度をめぐる議論
―1980年代から現代にかけて―

　次に、1980年代における地域主義にもとづく文化財保存と活用について研究者の主張をみていく。80年代の前半には、70年代でみた都市史研究の西川の主張がある。西川は指定文化財について、学識経験者たちによって学問的・芸術的な観点から価値付けされたものであり、こうした価値が乏しくても地域にとってかけがえのない価値がある「地域文化財」が存在するという（西川、1986：13-14）。「地域文化財」とは、その地方のその地域の町や村の生活空間を構成し、それを魅力あるもの、活力ある生き生きとしたものにするために装置されたものと定義し、具体例に鎮守の森、寺院の庭、辻の祠、野辺の石仏、年中行事などを挙げている（同上：11）。

　西川は指定文化財を規制・補助金制の静態保存とするのに対し、「地域文化財」を登録、顕彰・啓発の動態保存というように対比させ（同上：14）、指定文化財のように綿密な調査によって文化財をある時期の姿のままに留めておく静態保存と、人間活動によってつくりだされた町並みをある時期に限定せ

ずに保存する動態保存の併用を主張し、町並み保存には2つの保存方法を有機的に結びあわせる必要があると述べた(同上：18)。

また、西川は「地域文化財」を地域の個性・特色を強調するものであることと、「地域文化財」が地域の連帯感を強め、失われた連帯感を回復するのに役立つとしている(同上：28)。

西川の「地域文化財」の考えは、指定文化財制度と異なる地域からの発想による文化財保護の在り方を示しているといえる。また、80年代前半は景気拡大を背景に地方から首都圏への人口流入数が増加し過疎化が進んでおり、こうした疲弊する地方に対し、文化財を核とした地域づくりに活用するという姿勢であることがわかる。

こうした主張は、同時期に文化財保護行政の立場から馬場憲一によってもなされている。80年代に東京都で文化財保護を担当していた馬場は、1983(昭和58)年に文化財が地域主義にもとづき新たに共同体を形成する人々の精神的支柱になることが、現代社会における文化財の果たす役割と主張した(馬場、1983：4)。

1984(昭和59)年には、歴史学者の児玉幸多が市区町村での文化財に対する考え方を国などの基準と変える必要があり、その地域にとってどのような文化的・歴史的意義をもっているかに基準の重点を置く必要を述べている(児玉、1984：24)。80年代に入ると、文化財保護制度に関する議論は70年代と比較すると少なくなり、西川や馬場、児玉の主張が主要なものとなる。文化財保護法改正後も70年代前半に活発化した文化財保護制度にまつわる議論は、80年代に入るまで残るものの、文化財保護法改正後から徐々に議論の過熱さを失っていったようにみえる。これは、一度は文化財保存運動という共通の交点をもった各分野の活動の方向性に変化が生じたことと、法改正が各分野の活動のひとつの区切りになった可能性が考えられる。

90年代に入ると80年代から引き続き、馬場の主張が確認できる。馬場は、文化財保護法には庶民生活に関する文化財保護の視点が欠落しており、地域にとって意味ある地方公共団体の指定文化財を二流、三流とみる優品至上主義の観念が存在すると主張され、こうした文化財のランク付けが国民に文化財の等級化や優品至上主義観念を植え付けることを指摘した(馬場、1998：60-

61)。

　ただ、馬場は優品主義にもとづく文化財保護の在り方は当然必要であると断りを入れた上で、文化財が地域にとってどのような意味をもつかという観点からの保護の必要性を主張している(同上：71)。また、文化財の保存と活用の意義は、文化財が地域社会に生きる人々の心の拠り所を与え、文化財を媒体として解体しつつある地域共同体(＝コミュニティ)の生成と地域で発生する諸問題の解決や地域づくりの上で大きな役割を果たし、コミュニティを形成する人々のアイデンティティの根幹をなすことにあると主張した(同上：58)。

　2000年代には、90年代に引き続いて馬場や朽木量、西山徳明らの主張が確認できる[9]。まず、馬場の主張についてみる。馬場は、2001(平成13)年に文化財を活用した地域づくりについて言及し、文化遺産を活用し、住民が文化財ガイドボランティアなどの文化遺産に関わるボランティア活動を通して地域づくりに参画していくことは、快適で住みよい文化的な生活空間を創造する第一歩であり、「福祉(well-being＝『健康で幸福なくらし』)社会」を実現させていく上で期待されると主張した(馬場、2001：47)。

　また、2013(平成25)年には、文化財に対する意識についてのアンケート調査を実施して、多くの市民が国を頂点とするピラミッド思考の中で文化財を認識しており、身近な「地域遺産」としての文化財という市民の意識はきわめて希薄であることを明らかにしている(馬場、2013：15)。ここから、馬場はヒエラルキー化し、硬直化した文化財保護行政に対し、個(個人)に関わる身近な場所・モノ・行為を文化財と捉え、個人にとって意味ある遺産として公認し、自らの文化(＝生活)への自信と生活する地域に誇りとをもたらす装置として文化財保護を稼働させていくことを提起した。このことにより、個(個人)の生きる活力を引き出し、結果として個(個人)の生活に対し支援していくという、従来の補助金制の文化財保護とは異なる公共政策としての文化財保護の在り方を示し、その必要性を主張した(同上：13)。

　朽木は、2009(平成21)年に文化政策の観点から、現在の文化財保護制度における文化財の扱いの軽重を決めるポイントが文化財の学術的価値にあり、地域の中における価値やニーズでないと指摘し、御物ならびに国宝を頂点とす

る現在の優品主義的な文化財保護制度は国家レベルの体系であり、個別性を有する地域の実情を無視して従来の制度の延長線上でのみ地域での活用を考えるのであれば、実情にそぐわないものになると述べる(朽木、2009：26)。朽木はここから、ポストモダンにおける「地域」の在り方について検討し、その上で、そうした地域で文化資産を活用していく術について論じた(同上)。

　朽木はポストモダンの中、様々な領域で主体と客体という二項対立の図式が不明瞭になっており、文化財保護の在り方は未だに国―地方(地域)といった国を中心とした軸によって語られており、国のもつ国―地方(地域)という行政秩序と、個々の場所性によって支えられる地域との乖離が明確になっていると主張する(同上：27)。こうしたポストモダンの状況において地域での文化的な主導権を握るのは、その場所における生活世界に根ざした地域の人々自身(地域住民だけでなくその場所に集う人々すべて)であり、遺蹟・遺物は大衆知による合意形成を経て、地域の価値観にもとづく文化資産として活用され、活用システムが構築される必要があると述べる(同上)。この実現のため、地域住民も巻き込む形での地域文化政策を模索する必要があるとし、具体的な取り組みとしてエコミュージアムとヴァーチャルミュージアムの要素を併せもつオープンミュージアムを構想している(同上：29)。オープンミュージアムとは「場所の歴史性を重視し、ヴァナキュラー(土地に根ざした)なウェブコンテンツを主体とするミュージアム」と定義され、未指定文化財への着目と、地域住民の昔語りなどによるメモリー・スケープの復元に重点を置いた取り組みとする(同上：29-30)。朽木はこうした地域の文化資産の活用が、国―地方(地域)の二元的枠組みを超えた新たな地域社会を築くことに期待を寄せている(同上：32)。

　最後に西山の主張をみる。西山は「歴史文化基本構想」の提言時に文化審議会文化財分科会企画調査会の委員であり、建築学・都市計画学の観点で主張がされている。西山は2006(平成18)年度の第5回企画調査会時に「文化財保護の地方分権とは」という報告を行い、その中で、「今後の文化財保護行政におけるボトムアップとは何かを考える際に是非議論してほしいのが、「文化遺産の喪失を食いとめる」こと。それから、「多種の文化財を一体の環境として総合的に把握、継承・活用する」こと。「地域が大切と考える無数の有形・無

形の文化財を地域の視点で拾い上げる」こと。「地域の人々の手によってマネジメントしていく枠組みを認め、それを支持していく」こと。これらが「ボトムアップ型」要するにこれまで文化財保護行政として余り取り組んでこられなかった内容」(10)と述べ、地域が主体となるボトムアップ型の文化財保存と活用の在り方を示した。

　2012(平成24)年には、西山は現行の文化財保護制度についてふれ、ここで設定された文化財類型の対象物を保護する制度として、日本の文化財保護法は世界にも誇れる優れた理念と技術を併せもつ制度であると評価する一方で、地域の資産をあるがままに把握し、評価するための体系としては、その性質から適しているとは言い難いと述べる(西山、2012：6)。そして、「文化財」は保護法にもとづく保護対象を確定するための資産の捉え方とし、一方、地域の資産を過不足なく拾い上げる資産把握の枠組みとして「文化資源」という概念を示している(同上)。「文化資源」とは有形・無形、動産・不動産といった資産の属性や周知されているか否かを問わず、地域に存在するあらゆる文化的資産の個別の要素を指し、こうした要素が一定のストーリーのもと結集されその全体としての意味が誰にでもわかるような価値として説明されるものを「文化遺産」と呼称している(同上)。また、「文化資源」を意識的に再発見し、衆目の知るところとし、社会全体の力をもって活用することで地域づくりの資源として生かし、未来に継承することを目的とした「文化資源マネジメント」の必要性を論じた(同上：12)。

　また西山は、文化財保護行政における保護とは、保存と活用を合わせた概念と認識されているにもかかわらず、国民にとっては希少・貴重な文化財を選定し、税金を用いて保存することとしか理解されていないのが現実であり、文化財保護の実際のプロセスが文化財保護行政の中で閉じたものになっていることを指摘した。

　こうした現状に対し、「文化資源マネジメント」は、地域の自然や歴史文化資産を保存・保全するだけでなく、様々な視点から新たに発見しようとすることを含むと述べる。そして、失われたものをときには再生し、意味を伝えるものを新たに創造しようとすること、さらにはそれらを継承し、生活や生産活動、観光などに活用すること、またこうした発見・調査・評価・保存・

保全・創造・維持・活用のサイクルを監視するプロセスを「文化資源マネジメント」は含むと主張する(同上：6)。

西山は「文化資源マネジメント」の方法論について「文化資源」をリストとして拾い上げる際の価値付けは学術的価値のみならず、客観性を担保した上で地域住民や地域組織の価値観も含めて行うとしている(同上：15)。このリストは都市計画、建設、農林等の行政部門で活用し、とくに重要なものは文化財保護、景観行政部門で保存・保全を図るとし、その他の要素は地域住民による任意の努力による管理を求めている(同上：16)。また、「歴史文化基本構想」や歴史まちづくり法が文化庁のみならず国土交通省や農林水産省など様々な分野と連携しているように、「文化資源マネジメント」においても地方自治体の文化財保護行政が全てを担うのではなく、都市政策として取り組む必要性を主張する(同上：7)。

西山はこうして「文化資源マネジメント」により充実した「文化遺産」は観光振興のみならず、遺産と暮らす地域住民にとって、生活環境に新たな見方が加わることで、地域の誇りやアイデンティティを高める作用をし、地域づくりの意欲につながることを期待している(同上：16)。

西山の「文化資源マネジメント」の概念は「歴史文化基本構想」に符合する点が多く、構想の提言にこの概念が活かされたと考えられる。また、西山は「遺産」概念の系譜において、西川の「地域文化財」の概念にふれており(同上：9)、「文化資源マネジメント」は西川の論の延長上にあると捉えられる。

第10節　地域主義にもとづく文化財保存と活用にまつわる議論のまとめ

以上のように、文化財保存運動を契機として1970年代に展開した地域主義にもとづく文化財保存と活用にまつわる議論は、昭和50(1975)年の文化財保護法改正の後に収束していくが、80年代、90年代と主張は続き、現代においても引き継がれることになった。以下でそれぞれの年代の議論をまとめる。

70年代の主張は、おもに文化財保存運動に関与した研究者たちの現場から

第1章　文化財保存と活用の沿革と研究者の主張　71

の声であり、保存運動の主体である地域住民の立場に立った主張であること
がわかる。主張は文化財指定制度のもつ厳選主義的性質を批判するものであ
り、文化財登録制度の導入により、これを是正するという内容が目立つ。ま
た、文化財が地域づくりに寄与するものであるという認識は全ての研究者で
はないが、一部の研究者の中で言及されはじめている。

　1975(昭和50)年の文化財保護法改正を画期として地域主義にもとづく文化
財保存と活用の議論は停滞するものの、80年代にも引き継がれている。登録
制度の導入は、文化財保護条例での制定が東京都23区を中心に70年代後半か
ら取り組まれ、浸透していったことにより、これを求める主張は80年代には
少なくなったものと考えられる。地域視点での文化財の価値を求める内容は
70年代から引き続いていくが、文化財が地域づくりに寄与するという内容は、
文化財が地域住民の精神的な拠り所となるという点において70年代よりも強
調されたものになっている。

　また、80年代に入ると地域主義にもとづく文化財保存と活用の在り方は、従
来の優品主義的な文化財保護を補完するもので、西川の論からは、文化財保
護には2つの保護の在り方が両輪として必要であるという見方がされるよう
になってきたことがわかる。

　こうした80年代の地域づくりと文化財保護の議論の背景には、文化財保存
運動のほか、先にみた地域主義研究集談会の発足が関係していると考えられ
る。また、1978(昭和53)年には、神奈川県知事の長洲一二による「地方の時
代」の提唱や1987(昭和62)年には、川崎市が「地方新時代・市町村シンポジ
ウム」の中で自治体の新しい展望を開く「地方新時代」の理念を前面に出す
などした。そして他にも大分県の「一村一品運動」や熊本県の「日本一運動」
といった地域振興運動が取り組まれており(丹羽・小暮、1992：6)、こうした
各自治体の独自の取り組みも背景にあるといえる。

　90年代の主張には、文化財が地域住民のアイデンティティの根幹をなすと
いう主張がみられ、文化財と地域づくりという内容は、80年代の議論を発展
的に継承していることがわかる。

　2000年代に入るとこれまでの地域主義にもとづく文化財保存と活用の具体
的方策が各研究者によって示され、主張だけでなく提言や実践的活動へと重

点が置かれていることがわかる。

　なお、2000年代は、2000（平成12）年4月に施行された地方分権の推進を図るための関係法律の整備等に関する法律（地方分権一括法）をはじめとする地方分権化の流れの中、本格的に地域の独自経営が求められはじめられた時期であり、2006（平成18）年度の『文化審議会文化財分科会企画調査会審議の中間まとめ（案）』にも「（前略）地方分権の流れの中、地域の活性化や個性あふれる地域づくりが重要な課題となっており、地域のアイデンティティを確保し、地域の絆を維持するものとして、文化財や伝統的な文化の価値は見直されつつある。」(11)とあるように、文化財保護の在り方もこうした方向性のもと、検討されるようになったと考えられる。

　また、従来の狭義の文化財概念と異なり、西川が80年代に示した「地域文化財」を嚆矢として、その後、馬場から「地域遺産」、西山から「文化資源」というように、未指定文化財を包括するような概念が示され、従来の文化財概念で捉えきれない事物を包括しようとする試みが継続していることがわかる。

　70年代からの主張で共通するのが文化財保護制度の優品主義的な性質を指摘するものである。文化財保護法の条文をみると、第2条内の文化財の定義には、「芸術上価値の高い」「学術上価値の高い」と付された条件をみつけることができ、その一端を知ることができる。これは、文化財指定が優品的価値を重んじ、その優劣の度合いで国宝・重要文化財等に指定され、価値付けされるのに加え、国指定文化財が最も重要で、都道府県指定や市町村指定の文化財はそれに劣るという序列意識が生まれ、この序列の中では地域にとっての文化財の価値は考慮されないことを指摘するものである。

　また、一連の主張は、優品的観点からの文化財保護が、いくら地域の中で重要であっても、有識者らによって優品的価値がないと判断されれば、指定されず保護を受けられず滅失してしまうことを危惧するものである。加えてこの主張は、優品的価値での枠組みによる文化財の捉え方が、文化財の美術的・学術的価値の優劣を示しているにすぎず、文化財は優劣がつけられる単なる鑑賞物でなく、地域の歴史や文化を伝え、地域住民の生活に寄与することに本質があることを訴えたものであるといえる。

第1章　文化財保存と活用の沿革と研究者の主張　73

　先に2007(平成19)年の文化審議会文化財分科会企画調査会委員の意見を、(1)地域と文化財の乖離とその是正を求めるもの、(2)優品主義によらない、地域での価値に重きを置いた地域主体の文化財保護を求めるもの、(3)現行の指定文化財制度の限界と登録制度などの別の保護制度を求めるもの、としたが、これらは、70年代にはじまる地域主義にもとづく文化財保存と活用の主張の内容と一致しているといえる。

　また、先にみたとおり2007(平成19)年度の『文化審議会文化財分科会企画調査会報告書』においても、未指定文化財を包括する保護の視点を盛り込んでおり、70年代からの主張と一致していることがわかる。このことから、企画調査会報告とそこで提言された「歴史文化基本構想」は、70年代からの議論の延長上にあり、地域主義にもとづく文化財保存と活用の取り組みに向けた具体策を示したものといえる。

　ただ、「歴史文化基本構想」の提言後の2010(平成22)年に文化庁に設置された第8期文化政策部会の文化財ワーキンググループの委員からは、現行の文化財保護について「登録制度を広げるなどにより、頂点だけでなく、もっと裾野を拡大し、文化財を国民に身近なものとし、応援団をつくることが必要」、「市民参加やNPO等が自発的に登録できるようになれば裾野が広がり、文化財に対する理解に繋がるのではないか。」、「地域の文化財が自分達の生活に結びついていることを示すことが必要。」、「優品主義、厳選主義ではなく、国の役割として文化財の範囲をもう少し広げることができるのではないか。」、「国と地方において国指定文化財、地方指定文化財の直接のつながりはなく関係が切れてしまっている。」等の意見が寄せられたり[12]、2013(平成25)年当時、文化庁の文化財部元記念物課長の矢野和彦からは「文化遺産、文化財は、『トップダウン』による『価値付け』だけで保護することは不可能であり、地域社会をはじめとする様々な機関、組織による様々な試み、工夫が必須である。」(矢野、2013)という意見が述べられたりしており、「歴史文化基本構想」の提言後も地域主義にもとづく文化財保存と活用の在り方を要請する主張が文化庁内部でも続いていることがわかる。

　こうした主張が続くのは、企画調査会が「歴史文化基本構想」を文化財保護法に規定すべき内容と考えていたものの、現状は、地域における歴史的風

致の維持及び向上に関する法律(歴史まちづくり法)に必要な「歴史的風致維持向上計画」を作り上げる役割に留まり(西山、2009：23)、現行の文化財保護制度において本来の役割が十分に発揮されていないことが背景にあると考えられる。また、2012(平成24)年に文化庁が策定した「歴史文化基本構想」の技術指針に対し、検討会では、指針が取り組みの手掛かりを与えないことと、文化財のリスト化に終始するという危惧が述べられており(池邊・斎藤・西村・西山・大和、2012)、「歴史文化基本構想」だけでは地域主義にもとづく文化財保存と活用の取り組みとして不十分であることが示されていると考えられる。

　また、2014(平成26)年5月17日に開催された第2回文化情報資源政策研究会シンポジウムにおいて、当時文化庁長官であった青柳正規は東日本大震災後の文化財保護について次のことを述べている[13]。

　3.11が起こった時に、思いがけなくも重要なことが明白になりました。それは、「指定物件だけでは、文化を守ることはできない」ということです。村々に伝わるお社に置かれている祭だけに使われる仮面とか、民俗資料というものも、地域コミュニティの連携を果たすために、非常に大きな役割を持っていたのです。そういうものが、いくつ失われたのか、傷ついてしまったのか把握できず、現在まで来てしまっています。しかも、そういうものが比較的よく残っていて、早くに地域のお祭り等を復興することのできた所では、コミュニティ全体の復興も早く立ち上がることができたというのが明らかになってきました。ですから、指定品だけでなく、みんなが文化財と考えるものを早く把握することが重要です。特に、NPO法人の歴史資料保全ネットワークが、3.11の直後から大活躍しました。国や行政だけでなく、民間の人々による草の根的な、自発的な活動がいかに重要であるかということが証明されたのです。

　そのことは以前からわかっていたので、文化庁でも平成18年から「NPOによる文化財建造物活用モデル事業」というものを開始していました。しかし、3.11の経験を踏まえると、もう一度、建造物だけでなく文化財全般に、NPOが活躍できるような場や、助成するような事業が必要になってい

るのではないかと思います。市民文化財ネットワークのようなものを、もっと各地に広げていく必要性が高まっている状況です。平成18年から22年まで行った事業の結果、色々な所で新しいNPOが立ち上がり、既存NPOは新しい事業を行うようになりました。例えば、宮崎の都城島津邸は、NPOが文化財の活用を担って運営されています。

　この基調講演では、東日本大震災を契機に地域主義にもとづく文化財保存および活用とNPO法人が文化財保護に果たす役割の重要性が明白になったことが述べられている。従来からこうした認識はあったものの、東日本大震災を契機にしているということは、ごく最近になって改めて地域主義にもとづく文化財保存と活用の在り方に関心が寄せられたといえ、「歴史文化基本構想」提言後もこうした考えにもとづく文化財保存と活用の在り方は、それほど関心の的とならなかったことが考えられる。

　このことから、「歴史文化基本構想」は地域主義にもとづく文化財保存と活用への具体的な取り組みを示したひとつの到達点であり、その発露であることは間違いないが、地域主義にもとづく文化財保存と活用をさらに浸透・発展させるために取り組むべき課題は残されているといえる。

　また、地域主義にもとづく文化財保存と活用を求める主張は、遡ると1970年代から文化財に関連する分野の研究者によるものが確認できる。当時の議論はいずれも各分野で展開していた地域住民を巻き込んだ文化財保存運動に端を発し、地域主義にもとづく文化財保存と活用の精神は、こうした運動に触発されて発展してきたものと考えられる。

　しかし、70年代から40年以上経過した現在においても地域主義にもとづく文化財保存と活用を求める主張は変わらず続いているわけで、70年代以降、こうした議論は何らかの課題を含んだまま、空転している可能性が考えられる。このことから、70年代当時の議論に残された課題が現在に引き継がれていないことが推測され、以下ではこれを明らかにするため、改めて70年代の議論を振り返る。

第11節　1970年代の議論で残された課題

1970年代当時、文化財保存運動の事例報告や運動の評価がなされたことは先に述べた。こうした当時の傾向に対し、芳賀登は先にみたように文化財の継承と保存の過程を書き記すべきと主張しているが、芳賀は別の機会でも同様の主張をしている。例えば、1973年（昭和48）10月14日に大阪市立青年教育センターで開催された討論「文化財保存の問題」において次のことを述べている（大阪歴史学会・地方史研究協議会、1975：346）。

　　わたくしは文化財保護のことをやっていながら、ひじょうに疑問を感じてることを申し上げたいと思います。なんでも保存しろ保存しろということであれば、問題はやさしい。しかしなぜこんにち、なんでも保存しなければならないかという議論を抜きにして、またどうして現状においてそういうふうにしなければならないのかということを抜きにして、単に文化財を保存しろ、埋蔵文化財を保存しろというだけで、はたしていいのだろうかという問題を強く感じるわけです。

　　たとえば寺内町の町並みがこんにちまで保存されたのは、保存する主体として富田林の人たちがどういうふうな条件でそれを保存してきたかということが問題にされなければならない。寺内町として大阪の中に組み込まれた寺内町もあるのではないかと思うのです。たとえば久宝寺などは寺内町としてあったにかかわらず大阪の久宝寺という地名の中に移されてる、そういうところはおそらく寺内町のおもかげすらなくしたのではないか。

　　もしそういうところと富田林とが、どういうところでどう違うから富田林の寺内町はこんにちまで残ったという話ならば、歴史というものの上において、保存してきた力というものの関連の中で考えられて、極めて有意義だと思うのですが、こんにちわれわれが保存しなければならないということは、どういう条件があったら保存できるのか、ということを考える主体の継続性を歴史的な諸条件の中で闘いとった伝統を、どう受け止めるかということを認識することなしに、いま保存しろということは、いまわれ

われの状況がひじょうに体制的な中において不利な条件にあるから抵抗運動としてしかものができないんだという形でしかいえない。

　それから文化財というものの価値がハッキリしないからだということがいわれている。率直にいえばなにが立派な文化財であるかということは、簡単に即断できないことなのだということならば、わからないことはないのですが、たとえば片方では文化価値論に対する疑念を呈しているにもかかわらず、民衆文化財は保存するといいながら、宮廷文化財だって保存するのだということとの論理をどういうふうにかみ合わせるかという議論がなくていいのだろうかという問題を感じるわけです。

　事例報告はまことに結構だし、ほうぼうで盛んになるようにわれわれも努めてきましたが、いつの時点になってもそういうことばかりをいっていてもいいような状況にあるのだろうか。わたくしは、こういうことにちょっと問題がありはしないかと思うのです。

　このように芳賀は、各地で文化財保存運動の事例報告がなされるようになったものの、未だその運動の主体性や文化財保存の意義まで踏み込んだ議論に到達していないことを危惧し、そうした問いの答えを運動の中から導き、文化財保存運動を抵抗運動として終わらせるのでなく、内容の分析の必要性を示唆している。その後も芳賀は、1975(昭和50)年に刊行された『郷土資料の活用』の中で次のことを述べている(芳賀、1975c：49)。

　なぜか今まで保存施設設立を含む文化財保存のごとき文化運動が、市町村史の叙述にみられないのはなぜか。県史にもないのはどういうことか。いや史学史にも叙述を欠くのはなぜか。あらためて考えてみる必要がないだろうか。

　これは『都市問題研究』で述べられた内容と一致するものである。また、先述した色川と林を交えて「地方史研究と民衆」というテーマで1976(昭和51)年行われた座談会の中では次のことを述べている(色川他、1976：19)。

民衆は自分たちの生活を豊かにした人に対しては、その人の生まれを探そうと努めたりして一生懸命やった。例えば大原幽学はどこの生まれかということが、なかなかわからないものだから、長部の人たちは名古屋まで行って探し歩いている。また磐城平藩の井堰を作った人については転封された延岡まで出かけていって、子孫を探しあてている。その人の子孫に対して保護を与えようというような意識、自分の土地を豊かにした人たちを顕彰しようとした努力、そういう意識や顕彰の動きそのものも学問として評価しないといけない。明治以前の、たとえば水戸が紀元二千五百年祭をやったような、また神武天皇陵を修築したような民衆意識というものについて、戦前の学者はそれをやっているわけです。われわれはなぜそういうことをじっくり明らかにしないのか。文化財保存運動とからめて、なぜその種の研究を具体化しないのか。大きな問題だと思うのです。このような研究は学問的な論文でないのかということまで含めて、よく考えてもらわないと困ると思う。学術論文というのはいったい何なのかという問題にもぼくはかかわってくると思うんです。

　このように、芳賀は文化財を保存する民衆意識を明らかにすることを文化財保存運動と絡めて研究することの重要性を訴えた。同年に刊行された『地方史の思想と視点』でも「地方史研究協議会は文化財保存運動を展開しながらも、全面保存かどのような保存かの問題についてもまだ解決がされていない、遺跡保存か記録保存かについてもなお検討の余地があるのが現状である。このことを思うとき、過去の歴史的転換期における文化財の保存と継承運動の検討がされてよいのではないか。ところがそのような視角にたつ文化史研究は、まだ生まれていない。（後略）」（芳賀、1976：165）と述べ、文化財保存の在り方について、過去の歴史的転換期における文化財保存運動を対象とする研究を実施することを繰り返し訴えていることがわかる。
　芳賀は実際に1971（昭和46）年に発行された『国学運動の思想』の中で解説として「幕末変革期における国学者の運動と論理―とくに世直し状況と関連させて―」という文章を掲載し、そこに「古文化保存運動、山陵補修運動」という1項目を設けて江戸期の史料保存や史跡保護の様子について記した（芳

第1章　文化財保存と活用の沿革と研究者の主張　79

賀、1971：690-692)。こうした研究が芳賀の発言に結びついていると考えられる。

　ただ、こうした視点で文化財保存運動が研究対象となり、研究が活発化することもなく、芳賀が危惧したように、運動から文化財保護に対する知見を得ないまま、文化財保存運動はキャンペーンのまま低下してしまったことが考えられる(14)。

　もうひとつ課題に挙げられるのは、日本学術会議の勧告にあった文化財が国民ひとりひとりの生活環境を構成する精神的並びに物質的文化の永遠の共有遺産であり、国民の人格が形成される基本的環境をなすという文化財に対する認識についてである。学術会議の勧告は文化財が地域住民の精神的な豊かさの充溢をかなえる源泉にあることを示すものであり、これは「歴史文化基本構想」の文化財概念に類似するものである。ただ、先述のとおり、「歴史文化基本構想」の提言後の現状の文化財保護に対する「地域の文化財が自分達の生活に結びついていることを示すことが必要。」等の意見に代表されるように、文化財が地域住民の精神的な豊かさに結びつくという認識は、現状の施策の中にそれほど反映されていないように捉えられ、地域主義にもとづく文化財保存と活用の在り方は、国レベルでは十分に浸透していないと考えられる。

　これは芳賀が危惧したように文化財保存運動がキャンペーンに終始してしまい、文化財保存運動にあらわれた地域主義にもとづく文化財保存と活用の実態と運動によって保護された文化財が地域住民の精神的拠り所として、その後地域へいかなる影響を与えたか明確に示すことがないままに現在に至り、地域主義にもとづく文化財保存と活用を展開させるまでに到達しなかったと考えられる。このように、2点の課題はそれぞれが個別のものでなく、相関性をもつものと考えられる。

　小　結

　本章では、高度経済成長期に活発化した文化財保存運動を振り返り、これら運動が、文化財の関連分野である建築学・考古学・歴史学等の研究者が地

域住民を巻き込む形で展開していったことを明らかにした。これを発端とし、1970年代に各分野で地域主義にもとづく文化財保存と活用をめぐる主張や議論が活発になり、1973（昭和48）年に各分野の総意として日本学術会議に文化財保護が勧告され、それを踏まえて1975（昭和50）年に文化財保護法は改正に至ったことがわかった。文化財保護法改正に反映された地域主義にもとづく文化財保存と活用の主張は一部であり、1980年代に入ると、70年代の主張や議論は引き継がれていったものの、芳賀が指摘したように文化財保存運動が研究対象として分析がなされず、地域住民の文化財の保護意識と精神的拠り所としての文化財像が明確に示されないまま、現在まで引き継がれたといえる。

　地域主義にもとづく文化財保存と活用が要請され続けるのは、文化財保護法自体が優品主義的、厳選主義的観点および、政治的・宗教的中立の観点からの指定による保護を前提としており、地域主義的な観点による保護とは馴染まず、国レベルでの対応が進まないことをひとつの要因として考えた。しかし、文化財保護法改正とその後にみた文化財登録制度の導入は、1980（昭和55）年の東京都江戸川区と1996（平成8）年の国では導入に16年の開きがあるものの、実現しており、その後の「歴史文化基本構想」の提言など近年に入り、国レベルで地域主義にもとづく文化財保存と活用の姿勢を強めてきているといえる。つまり、地域主義にもとづく文化財保存と活用の在り方が現状の文化財保護施策に浸透しない別の要因が考えられる。

　それは、現状の文化財保護施策をみる限り、観光振興施策に重点を置いており、現在の国の施策において地域主義にもとづく文化財保存と活用の在り方が矮小化し、軽視されている可能性が考えられる。この点については、第4章で明らかにすることにする。

　このように、現状の国の文化財保護施策における地域主義にもとづく文化財保存と活用の在り方が矮小化した要因のひとつは、地域主義にもとづく文化財保存と活用の実証的研究が取り組まれず、地域住民の文化財の保護意識と精神的拠り所としての文化財像が明示されず、理念のみが示されたことで、観光振興施策の前でその存在が霞んでしまったことにあるといえる。

　以上から、本書では、地域における文化財の成立から地域住民が能動性を

第1章　文化財保存と活用の沿革と研究者の主張　81

もった文化財保護までの一連の動向を事例に、文化財保護の主体や条件を分析し、文化財が地域住民の精神的拠り所としての性質を検証すべく、地域住民の文化財保護の動機付けとその保護が地域住民や地域づくりにいかに作用するか明らかにする研究に取り組むことが、地域主義にもとづく文化財保存と活用を展開させていく上で、まず求められると考えられる。このような視点での研究は、地域主義にもとづく文化財保存と活用を成立させる要因を明らかにするために必要な研究と捉えられるが、現在までほとんど行われていないのが現状である。本書ではこうした視点による研究を通し、まずは地域主義にもとづく文化財保存と活用の実態を明らかにする。

註

(1)　文化庁「国民の文化財保護への理解と参加を促進するための施策について（主な論点）平成18年度第4回文化審議会文化財分科会企画調査会資料10（2007年3月2日）」http://www.bunka.go.jp/seisaku/bunkashingikai/bunkazai/kikaku/h18/04/shiryo_10.html（2014年4月21日閲覧）。

(2)　西村幸夫も「歴史文化基本構想」が従来の優品主義とは対極にあるとし、この構想の提起の背景には、従来型の文化財保護と地域の文化政策との間の距離がなかなか埋まらないことにあると述べる（西村、2011；5-7）。

(3)　本節の文化財保護制度の成立過程については、省庁などで作成した資料（文化財保護委員会、1960；文部省、1974a；文化庁、2001）をおもに参照し、この他、文化財保護行政史に関する文献（段木、1999；川村、2002；中村、2007）を参照した。

(4)　文化財保護関係者による史蹟名勝天然紀念物保存法における一類と二類についての議論が座談会「文化財保護と開発をめぐって」の中で確認できる。この中で田中琢は「この点では必ずしも戦後の保護体制は進歩したとはいえない」と述べ、木原啓吉の「一類が価値が高くて二類が低いという意味じゃないんですか。」という問いに仲野浩は「現在は国が指定できる。都道府県や市区町村も指定できるというふうになってしまったので、二類的なものを復活させたいと思いながらもできないわけです。」と答え、本書と同様の見解を示している（児玉・仲野、1979：824）。

(5)　国立国会図書館「第43回国会参議院文教委員会会議録第25号（1963年6月18日）」http://kokkai.ndl.go.jp/SENTAKU/sangiin/043/0462/04306180462025.

pdf（2015年 8 月12日閲覧）。

(6) 木村礎「地方史研究を振り返る『日本史』を変えた実証性」朝日新聞、1999
年12月28日付夕刊、4 面。

(7) 林英夫の意見は、全て次の会議録を参照し引用した。国立国会図書館「第75
回国会衆議院文教委員会文化財保護に関する小委員会議録第 3 号(1975年 3 月 4
日)」http://kokkai.ndl.go.jp/SENTAKU/syugiin/075/0173/07503040173003.
pdf（2015年 8 月12日閲覧）。

(8) 「文化財保護の総括的再検討のためのシンポジウム」の内容は、『日本学術会
議月報 8・9 月号(1975年)』(日本学術会議広報委員会、1975：1)を参照した。

(9) これ以外にも、小泉雅弘(2005)や福島正樹(2005)によっても同様の主張がな
されている。

(10) 文化庁「文化審議会文化財分科会企画調査会(第 5 回)議事概要(案)　平成18
年度第 6 回文化審議会文化財分科会企画調査会資料 2 (2007年 5 月15日)」http://
www.bunka.go.jp/seisaku/bunkashingikai/bunkazai/kikaku/h18/06/
shiryo_2.html（2016年 4 月17日閲覧）。

(11) 文化庁「文化審議会文化財分科会企画調査会審議の中間まとめ(案)　平成18
年度第 7 回文化審議会文化財分科会企画調査会資料 5 - 1 (2007年 6 月27日)」
http://www.bunka.go.jp/seisaku/bunkashingikai/bunkazai/kikaku/h18/07/
pdf/siryou_5_1.pdf（2016年 7 月11日閲覧）。

(12) 文化庁「文化財ワーキンググループ論点についての御意見　第 2 回文化政策
部会文化財ワーキンググループ資料 2 (2010年 4 月20日)」http://www.bunka.
go.jp/seisaku/bunkashingikai/seisaku/08/wg/bunkazai_02/pdf/shiryo_2.pdf
（2016年 4 月17日閲覧）。

(13) 青柳正規「第 2 回文化情報資源政策研究会シンポジウム基調講演『我が国の
文化資源活用に関わる課題について』(2014年 5 月17日)」https://bunkasigen.
wordpress.com/2014/11/14/20140517-aoyagi-keynote/（2015年 5 月17日閲覧）。

(14) 日本の現代の文化財保存運動を対象とした研究は、管見の限り確認できない
が、近代の文化財保存運動を対象とした研究などは散見される(大森、2014)。

第 2 章

地域主義にもとづく
文化財保存と活用の歴史的経緯と実態

はじめに

　前章でみたように、地域主義にもとづく文化財保存と活用は理念として示されるに留まり、具体的な事例を通してその保護の実態は明らかにされてこなかったのが現状といえる。前章では、地域住民の文化財の保護意識と精神的拠り所としての文化財像が明確に示されなかったことが、地域主義にもとづく文化財保存と活用を発展させることにつながらなかったとし、まずは地域主義にもとづく文化財保存と活用の実態を明らかにする必要性を示した。

　そこで、本章では地域住民の関与が大きいと考えられる文化財を対象に、文化財の成立と保存、現在の活用という歴史的経緯において地域住民の関与をみて、地域主義にもとづく文化財保存と活用の実態を示す事例を抽出する。本章では、おもに地域住民の関与を文化財の成立と保存の経緯に重点を置いて検証し、次章で抽出された事例の文化財の活用に重点を置いて検証することで、地域住民が主体となる文化財保存と文化財を活用する地域づくりとの関係性について事例研究から実証的に明らかにし、地域主義にもとづく文化財保存と活用の実態を示すことにする。

第1節　事例選定について

　まず、地域住民との関与が大きいと考えられる性質の文化財を抽出する。文化財とひとことで言ってもその種類は多種多様ある。馬場憲一は地域に暮らす人（＝民衆）によって創造されたものや、地域に暮らす人々によって維持・保存されてきたものを「地域文化財」（馬場、2015a：13）と定義するが、まずは、このような地域住民との接点が大きいことが予測される性質の文化財を導く必要がある。

　例えば、後藤治は施設運営において、その施設が文化財かそれ以外かで比較する。文化財建造物等の場合、一般のハコモノ的な施設等に比較すると、地域住民が運営等に関わる事例が圧倒的に多い傾向があり、これは、長い年月を耐えたものへの愛着や地域住民による保存運動の結果として保存・活用が

図られたためとみている（後藤、2002：12-13）。

　つまり、文化財建造物は地域住民の利用頻度が多く、愛着が湧きやすく、老朽化で取り壊されそうになったとき、愛着をもつ人々から保存運動が起こり、運動を通してその愛着はさらに育まれ、地域住民の主体的な文化財への働きかけが増していくと考えられる。

　文化庁の国指定文化財等データベース上で国宝・重要文化財に指定されている文化財建造物の種別を確認すると、神社、寺院、城郭、住宅、民家、宗教、学校、官公庁舎、産業・交通・土木、住居、文化施設、商業・業務、その他、に分類されている[1]。

　藍澤宏は「常時、地域の人々の目に触れる施設でもある。親しみある施設、思い出のある施設、記憶に残る施設など、学校は人々の脳裏にいつまでも残っている施設でもある。」（廃校施設の実態及び有効活用状況等調査研究委員会、2003：62）と学校について述べているが、この分類の中で、学校は地域に広く親しまれ、愛着が生まれる建造物として存在している可能性が考えられる。また、1888（明治21）年に公布された市制・町村制に伴い、行政上の事務処理の都合により、約300戸から500戸を標準規模として町村合併が行われたが[2]、この事務処理の中には義務教育である小学校の設置と管理があり（横道、2006：2）、合併は町村による小学校の設置と管理を目的とした側面があるといえる。こうした事情を鑑みると、学校は合併による地域成立の要のひとつとして捉えられた建物といえ、地域の中心的な存在ともいえる。

　実際、廃校についての文部科学省の調査によれば、現在、廃校がコミュニティの活動の拠点や地域活性に寄与する拠点になっていると報告され（廃校施設の実態及び有効活用状況等調査研究委員会、2003：28）、2012（平成24）年5月1日現在、2002（平成14）年度から2011（平成23）年度に廃校となり、建物が現存する4,222校のうち、7割を超える2,963校が、社会体育施設、社会教育施設、体験交流施設、文化施設、老人福祉施設、保育所などの児童福祉施設などに転用され、活用が図られているという[3]。

　こうした転用は廃校活用を勧める国の施策成果の表れとも捉えられるが、権安理は、この施策は、地域に愛着の深かった学校を何とかして形のあるものとして残したいという地域からの要請に応えたものと指摘する（権、2011：

96)。つまり、文化財建造物の種別の内、学校は廃校の活用にみられるように地域住民の愛着により保存・活用される事例も存在すると考えられる。

　文部科学省では、2003（平成15）年4月に廃校の保存・活用の検討過程に特色のある事例を「廃校リニューアル50選」として全国から選定し、公表しており(4)、実際に選定された50事例の廃校の中には、山梨県甲府市に所在する国重要文化財の甲府市藤村記念館（旧睦沢学校）、山梨県北杜市に所在する三代校舎ふれあいの里（明治時代に建てられた校舎は、県指定有形文化財である旧津金学校）、秋田県男鹿市に所在する国登録有形文化財の加茂青砂ふるさと学習施設（旧加茂青砂小学校）、京都府京都市に所在する国登録有形文化財の京都芸術センター（旧明倫小学校）、といった4件の文化財が含まれている(5)。

　4件の文化財は地域住民の保存・活用の関与が強い可能性があるため、この4件を事例選定の手掛かりとする。「廃校リニューアル50選」の選定の基準となった特色をそれぞれみると、京都芸術センターは自治体の全体計画にもとづいて戦略的に活用された事例として取り上げられ、他の3事例は地域の歴史的・文化的資産として評価された結果、保存・活用された事例として取り上げられている（廃校施設の実態及び有効活用状況等調査研究委員会、2003：38）。4件の内、京都芸術センターは行政主導の活用事例であることから、本研究で扱う事例からは除外する。

　次に残された3件の文化財の現在の活用方法とその主体から地域住民の関与をみていく。なお、甲府市藤村記念館（旧睦沢学校）は「廃校リニューアル50選」選定時から別の場所に移転されているため、選定当時でなく、いずれの文化財も現状の活用についてみていくことにする。

　甲府市藤村記念館は旧睦沢学校校舎を資料館として活用した事例で、現在は甲府駅北口の地域住民からなるNPO法人甲府駅北口まちづくり委員会(6)が指定管理者として活用（管理運営）の主体になっている。旧津金学校校舎は、三代校舎ふれあいの里の中で資料館として活用され、地域住民からなるNPO法人文化資源活用協会が指定管理者として活用（管理運営）の主体になっている（鈴木、2005：234）。加茂青砂ふるさと学習施設は、旧加茂青砂小学校を学習施設として活用する事例で、男鹿市教育委員会生涯学習課が活用（管理運営）

の主体である[7]。

山梨県に所在する2事例は地域住民からなるNPO法人によって活用（管理運営）されているのに対し、加茂青砂ふるさと学習施設は自治体が主体であり、管理運営の主体で両者を比較すると後者の地域住民の関与は前者に比べ薄いといえる。また、山梨県の2事例のNPO法人は山梨県の美しい県土づくりのための先進的な取り組みを行い、将来成果を上げることが見込まれる個人または団体に贈られる「美しい県土づくり大賞」の奨励賞をそれぞれ受賞しており[8]、いずれのNPO法人も館の管理運営のみならず、その周辺の地域づくりに関連した活動に取り組んでいることがわかる。

3事例は保存について地域住民がどう関与したかは比較できないが、現状の文化財の活用という観点から活用の主体を比較すると、山梨県内の2事例を扱うのが地域主義にもとづく文化財保存と活用の事例を検討するものとして妥当と考えられる。

旧睦沢学校と旧津金学校の2事例は山梨県という同地域で、明治初期とほぼ同時期に建設された擬洋風建築の建造物である。山梨県における擬洋風建築は、明治初期に県令藤村紫朗が奨励したとされることから、藤村式建築と呼称されている（植松、1977：34）。このように呼称される建造物は山梨県内に200棟余りを数えたとされ（須玉町史編さん委員会、2001b：138）、現在、山梨県内には旧睦沢学校と旧津金学校に加え、旧春米学校（富士川町、現富士川町民俗資料館）、旧尾県学校（都留市、現尾県郷土資料館）、旧室伏学校（山梨市、現牧丘郷土文化館）の5棟が現存している[9]。いずれも県ないし市町村指定の文化財であり、廃校後に資料館などに転用されている（山梨県、2005：81）。なお、県内には所在しないが、国重要文化財である旧山梨県東山梨郡役所庁舎が愛知県犬山市に所在する博物館明治村に1964（昭和39）年9月に移設され、現存している（植松、1977：162）。

「廃校リニューアル50選」では旧春米学校、旧尾県学校、旧室伏学校は選定されていないが、山梨県という同地域で明治初期の同時期に成立した建造物であり、2事例同様に指定文化財で、資料館に転用されているという特徴が一致することから、この3事例も含めて、事例間で保存・活用の地域住民の関与などを比較して、地域主義にもとづく文化財保存と活用の実態を示す事

例を抽出するのが適当であると考える。

　以下では、同地域でほぼ同時期に成立した5棟の建造物について、それらがどのような経緯で成立し、保存され、現在に至るか調査し、文化財保存・活用の過程に地域住民がどう関与したかという観点で、5事例を比較し、地域主義にもとづく文化財保存と活用の実態を示す事例を導くことにする。

第2節　近代の学校教育制度の成立と小学校の建設

　まずは、これら文化財が成立した共通の背景である日本における近代の学校教育制度の成立と小学校建設の経緯にふれておく(10)。

　1871(明治4)年7月14日に実施された廃藩置県により、中央政府では行政機構が編成され、中央政府が地方を統一的に管掌することになり、同月18日には、全国の教育行政を統一的に管轄する文部省が設置された。1871(明治4)年11月25日の「府県学校ヲ文部省ニ管スルニ付同省ノ指揮ヲ受ケシム」という太政官布告により、文部省が全国の学校を管轄し、教育行政を総括することになり、1872(明治5)年8月3日に太政官の布告をもって学制を公布した。

　学制は、教育における学問の意味を明らかにし、従来の学問・学校観を批判するもので、新しい学校へ人民一般が入学して、新時代の有用の学を修めなければならないとし、子どもを就学させることは父兄の責任であり、これを必ず果たさなければならないとした。

　学制の条文のほとんどは学校制度の体系とこれを実施する行政組織を設立するための条章であり、学校制度の体系を小学・中学・大学の3段階を基本とし、この中で小学校は上等小学、下等小学各4年の8年制で、学校制度の基礎となる教育を施す機関であり、全ての者に入学を義務付ける学校として企画された。

　学制では学校を設立し、学校制度を運営する機構として学区制を採用し、全国を8大学区(1873〈明治6〉年4月に7大学区に改正)に区分し、各大学を32の中学区、各中学区を210の小学区に分け、それぞれ大学校・中学校・小学校を1校ずつ設けることとし、小学校は全国に53,760校が設置されることを目

標としていた。

　こうした教育行政を円滑に執り行うため各中学区には学区取締という役職を置き、各中学区には10から12、13程度の人数が置かれ、20から30程度の小学区を分担し、ここを指導・監督することになった。学区取締には地方官が土地の名望家を任命し、学区内の学校の設立や就学の督励、学校の経費などの学事に関する事務を担当した。

　これら学区制は、計画的に学校を設置していく基準であったが、小学・中学・大学が全国一斉に設置されたわけではなく、文部省はまず小学校の開設からはじめることとした。現に学制公布から明治10年代にかけての文教政策は小学校設置に集中しており、全国で小学校設置は急速に取り組まれ、学制公布から3、4年ほどで26,000校の小学校が設置された。

第3節　擬洋風建築の小学校の建設

　このように1872（明治5）年の学制公布を画期に全国各地で急速に小学校が設置されていった。学制公布直後に設立された小学校の中には洋風な外観をもつものが登場する。

　この当時、日本において都市圏を中心に小学校の他、ホテルや官公庁舎、病院などの新たな機能をもつ施設が建てられていった（清水、2003：28-30）。これら施設は西洋的な機能と堅牢性が要請され、洋式建築として建てられる必要があったと考えられていたが、木造建築の建築技術で育まれた各地域の大工にとって洋風建築は当時、未知の存在であり、建築様式やその用途への理解がない状況で、独自にこれら建築を解釈し、模して建設した（同上）。これが擬洋風建築である。こうした建築は上京して見聞した地方の大工によって、同様の建造物が各地に造られていった。

　錦絵や建物の見聞を通じて得た情報をもとに建てられた擬洋風建築は、偶然目の当たりにした建築を基盤にし、大工の自由な折衷や創造が加わり、塔屋や車寄せなど大まかな形は共通しながらも個々で異なるデザインが生まれた（同上）。こうした擬洋風建築は錦絵に刷られ、民衆反響を呼ぶとともに建物自体は地方の建築に影響したとされる（藤森、1993：90-96）。

こうして都市圏に登場した擬洋風建築は地方に広がり、各地にこの建築様式をもつ小学校が登場することになる。例えば、明治初頭の建築では長野県の開智学校や中込学校、静岡県の見付学校、先にみた山梨県内の事例が挙げられる。

擬洋風建築の小学校は学制公布の後、全国に普及するが、藤森照信はそれに偏りがあることを指摘し、擬洋風は東日本が数も質も高く、壊されたものでも目立つ例は東日本に多いとしている(同上：153)。

こうした傾向について藤森は「一つ建築の背景には、山形の擬洋風に見られるように政治的な意志、各地の小学校建設を推進したような制度、それらを受け入れた社会、さらに事業を可能とする経済力と技術力、また、表現の基となる美意識や文化、どれ一つ欠かせない」(同上：156)と述べ、それらが社会動向、意図的な政策、地域性などの条件が重なった結果と論じている。

橋本淳治と板倉聖宣は擬洋風建築建設の思想的・経済史的背景を探り、これがおもに蚕糸地帯や蚕糸業がさかんな地域にみられるとし、擬洋風建築を建てた地域住民たちに学校建設の経済的基盤があったことも要因として捉えている(橋本・板倉、1997：264-269)。また、清水重敦は山梨県と山形県はそれぞれの県令が民心を掌握する目的で支配装置として洋風色が強い建物を配置したと述べる(清水、2003：66-67)。

以上のように擬洋風建築の小学校の建設は、こうした時局を背景に、各地に地域性や政治性といった諸要件の中で成立していったといえ、山梨県の擬洋風建築もそのひとつに数えられる。ただ、この成立の諸要件の中身は論者によって指導者側の思惑であったり、地域住民の意思によるものであったりとばらつきがみられる。先にふれたように、藤村式建築である旧睦沢学校、旧津金学校には現在の活用に地域住民の関与が認められるが、その成立と保存への地域住民の関与はどのようなものであったのだろうか。成立から保存、そして活用まで一貫した地域住民の関与が確認されれば、その事例は地域主義にもとづく文化財保存と活用の実態をより強く示す事例といえる。

以下では、山梨県内における藤村式建築の校舎の成立過程と地域住民の関与をみていく。

第2章　文化財保存と活用の歴史的経緯と実態　91

第4節　山梨県における明治初期の小学校建設について

　藤村式建築の校舎の成立過程をみる前に、藤村式建築の成立の要となったとされる県令藤村紫朗についてふれ、当時の教育施策の展開から明治初期の小学校建設の様子をみていく。藤村紫朗の経歴については、とくに断りのない限り、有泉貞夫論文（有泉、1993：110-128）を参照した。

　藤村紫朗は1845（弘化2）年3月1日、肥後国熊本寺原瀬戸坂袋町（現熊本県熊本市）に藩士黒瀬市右衛門の次男として生まれ、同藩の萱野家の養嗣子になり、はじめ萱野嘉右衛門と称した。

　幕末に尊皇攘夷・討幕の運動に脱藩して活動し、長州藩とともに1864（元治元）年の禁門の変、1867（慶応3）年12月には大和の十津川郷士らと紀州高野山の挙兵に参加、1868（明治元）年の戊辰戦争では越後路に転戦している。

　戊辰戦争の頃に藤村姓に改め、明治維新後は明治政府に仕えた。1870（明治3）年1月に京都府少参事、1871（明治4）年11月に大阪府参事を経て、1872（明治5）年に山梨県で起きた農民一揆である大小切騒動をめぐり免官になった県令土肥実匡の後を受けて1873（明治6）年1月27日に山梨県権令に就任した。翌年10月22日には県令に昇任し、1887（明治20）年愛媛県知事に転任するまでの14年間、山梨県に在任した。

　男爵貴族議員になり、晩年は熊本へ戻り、育英事業に関係したとされ、1909（明治42）年1月に死去した。

　藤村紫朗は山梨の在任期間中に、おもに殖産産業と教育普及の政策を啓蒙したとされる（山梨県教育委員会、1976：218）。ここでは、藤村が啓蒙した教育政策から、明治初期の小学校建設の様子をみるため、当時の行政文書にもとづきこれをみていくことにする。

　藤村は、まず1873（明治6）年2月17日に県下区長に対し「学務掛ヨリ学資募集方ヲ各区々長ニ達ス日」を出し、学校運営費の徴収方法について指示している（山梨県立図書館、1960：111-113）。このことについては後ほど詳しくみることにする。

　1873（明治6）年3月3日には「中学区々分ノ議ヲ督学局ニ具申ス本日指令

日」という山梨県から督学局に対する伺書があり（同上）、各大学区の教育を指導・監督するため文部省に設置された督学局に山梨県内の中学の学区区分を具申するという内容で各中学区の内訳が記されている。このことで、山梨県は第一大学区に属し、第四十三番中学区、第四十四番中学区、第四十五番中学区の３つの中学区をもつことになった。

また、1872（明治５）年11月に16人の学区取締が任命されていたが（山梨県教育委員会、1976：266）、1873（明治６）年３月28日に藤村紫朗から第一大学区督学局に学区取締を改めて設置することの協議書が提出されている（山梨県立図書館、1960：114-115）。これは、山梨県には山間地が多いという地形的事情を理由として、それら地域事情に精通している各区長にこれを兼任することを申し出たもので、許可されている（同上：115）。このように着任して約２か月あまりで、次々と学校建設に向けた準備が進んでいることがわかる。

そして、1873（明治６）年３月30日に藤村紫朗は、小学校建設について具体的に各区戸長に以下の達書を出している（同上）。

　　　　小学校設立ニ際シ、各区々戸長ニ達スル書ニ日

　　　　　　　　　　　　　　　　　　　　　　　　区長　　戸長

小学校設立ノ儀ハ、兼テ相達置候次第モ有之候処、即今草創ノ際一時ニ数校ヲ設クルハ難キ事ニテ、又是ヲ設立スル共其力能ハサレハ、自然体裁モ不レ整、学校ハ惟其名ノミニ属シ候様ノ儀ニテハ、幼童ノ進歩ニ関リ候事ニ付、即今先ツ一区一校ヲ目的トシ其中区内ノ広狭遠近ニヨリ、幼童通学ノ便否ヲ計リ、或ハ二三四校ヲ設立スルモ可レ有レ之、右校数設立場所等ハ、昨今取調中ニテ不日確定ノ上、可ニ相達ニ候条、仮令一区ニ三四校ヲ設クルモ、都テ壱区内ノ全力ヲ以取建可レ申、主意ニ付壱区限リ夫々合議即チ壱区中ノ儀ハ区長盟主ト相心得、正副戸長ハ区長ヲ輔ケ設立方法無レ怠遂、心配不日ノ指令ヲ可ニ相待一、此段為心得相達候事、

　　　　明治六年三月三十日　　　　　　　　山梨県権令　　藤村　　紫朗

この達書は学校が児童の成長に不可欠であるから、まずは１区に１校の建設を目標にして、学校建設を努力するよう各区長に指示したものである。ま

た、設立にあたり、区内の面積や通学距離によって児童の通学の便を考慮し、1区に複数建設する場合については取調中とし、決まり次第また知らせるとしている。

そこから20日ばかり経った4月18日に各区長に対し、次の達書が出されている（同上：116）。

　　　各区々長ヲシテ小学校建設地及幼童ノ数ヲ点定具申セシム其達書ニ曰
　　　　　　　　　　　　　　　　　　　　　　　　各区　区長
兼テ相達置候各区小学校建設場所幷校数既ニ決定致シ候処、建設ニ至リテハ実地ノ便否モ有レ之事ニ付、再応下問致シ候条、篤ト考窮ノ上別紙各区校数表ニ依準シ、区限雛形通建設場所幷附属村名・幼童人員取調、来ル廿五日限無ニ相違一可ニ差出一事、
　　　明治六年四月十八日　　　　　　　　　　山梨県権令　藤村　紫朗

この達書は各区長宛に小学校建設地と幼児数を調査報告するよう命じたもので、雛形も用意されていたようだ。調査報告の提出期限を4月25日としており、1週間の猶予が与えられているのみで、事の性急さが窺える。

この達書とほぼ同時の4月19日付には第一大学校区の督学局に対し、学制の規定では人口600人に対し1校の基準だが、実態から児童の通学の都合を考え、1区に複数校設置したいと申し出ている（同上：117）。

藤村はここから1か月後の5月に「小学校創建心得」という達書を各区長、戸長に出している。その中で、「校舎ハ新築又ハ寺院等ヲ以之ニ充ルモ、其区ノ情態ニ任スト雖モ、凡ソ先ツ入学スヘキ其所属村々男女幼童ノ数ヲ算シテ、後日差支ナキヲ要ス（後略）」（同上：130-132）とし、校舎を新築や寺院とするのは、区の情勢に任せるが、村々の児童数に考慮して小学校を建設するよう指示したものである。ただ、心得としながらも校内の教室や備品類の仕様、生徒名簿の雛形等、詳細な指示内容になっている。

一連の文書の内容から、藤村が着任して間もなく、県からの指示で学校建設が順調に進められているようにみえる。ただ、1873（明治6）年5月23日の藤村権令から第一大学区督学局へ提出した具申書からは、政府や県の督励で

あるにもかかわらず、教員の確保が困難であったこともあり、学校創設や開校が順調に進まなかった様子が窺える（同上：129-130）。

　また、学制の学校教育重視と義務教育普及の意図は、一般庶民には必ずしも理解されるものでなかった。そこで、藤村は「右学制ヲ解釈シ、之ニ叙跋ヲ加ヘ、反復其意ヲ述ヘ、上木ノ上毎村ヘ一冊宛ヲ頒布セシメ候条」という趣旨で同年6月『学制解釈』を各村へ頒布した（同上：453-458）。『学制解釈』の叙（序文）を藤村紫朗が記し、学務官の三谷恒が跋（後書き）を記している。この達書には「夜分或ハ農間ヲ見テ、戸長ニ於テ村内ノ者ヲ集メ、懇ニ読聞セ」（同上：453）とあり、学制の内容の周知は徹底したものであったことがわかる。

　1874（明治7）年2月10日には、学校の標榜標柱および提灯などを設置するよう各区長に指示が出されており（同上：707）、学校建設を促進させる意図があったと考えられている（山梨県教育委員会、1976：232）。

　先にみた1873（明治6）年5月23日の藤村権令から第一大学区督学局へ提出した具申書には「現今校舎設立場所或ハ新築或ハ在来ノ寺院修繕等順次着手中ニテ」という一文が記されているように、この時期は寺院等を修築して学校として開校させた事例もあったようだ。また大石村（現富士河口湖町）では「当村農加藤玄庵居宅」を借りて、農家を仮校舎として開校を願い出ている事例もある（同上：247-248）。

　こうした事情から、学校の建設を進めるための用地確保を目的に、1874（明治7）年10月12日に各区長・戸長に対し、次の達書が出されている（山梨県立図書館、1960：728）。

　　各区々戸長ヲシテ小学校用地（官有地五百坪以内）ヲ表記具状セシム
　　其達書ニ日

　　　　　　　　　　　　　　　　　　　　　各区正副区長
　　　　　　　　　　　　　　　　　　　　　同　　戸長
　　小学校用地トシテ社寺上地其他無税官有地ノ内ニテ、各区内別紙表面ノ村々
　　ニ於テ五百坪以内ノ地所無代価ヲ以可￣下渡￣筈ニ付、便宜ノ場所取調至急
　　可￣差出￣、尤右地ハ向年設立スヘキ学校用地ノ目的ニ付、表面掲示ノ箇所
　　区内各村ニ於テ一ヶ所限リ可￣取調￣儀ニ候得共、万一便宜ノ地所無之候ハ、

一ケ所ノ地ニテ二三ヶ所（譬ハ千五百坪ノ地ヲ三ヶ所ニ取調フル類ナリ）ヲ
合シ取調候共又ハ表面外ノ村内ニ有ㇾ之地所タリトモ不ㇾ苦此旨相違候事、
　　但　即今既ニ宮有無税地ニ設立有ㇾ之分ハ、表面ヶ所内ニ組入共訳記載可
　ㇾ出事、
　　　明治七年十月十二日　　　　　　　　　山梨県権令　藤村　紫朗

　この達書は小学校用地として、社寺上地（1871〈明治4〉年に明治政府が神
社・寺院に返納させた境内以外の朱印地・除地等）、無税地等の官有地500坪
以内の土地であれば、具状さえすれば無償での支給を許可するという内容で
ある。

　こうした取り組みが功を奏してか、1874（明治7）年3月の第一大学区管内
山梨県学校統計表によれば、この時点で開校した小学校数は185校あったとさ
れる（同上：712-715）。1874（明治7）年頃から学校建設は以上のように県の指
揮のもと軌道に乗りはじめた。

　一連の文書の内容から、藤村が着任して間もなく、県からの指示で学校建
設が進められていたことと、学校建設は細部にわたり県の意向が反映されて
いたことがわかり、県の強い管理のもとで学校建設が進められていたことが
わかる。ここからは、当時の地域住民と学校建設の関わりについてみていく
ことにする。

第5節　学校建設と地域住民

　当時の学校建設の費用は学制に「教育ノ設ハ人々自ラ其身ヲ立ルノ基タル
ヲ以テ、其費用ノ如キ悉ク政府ノ正租ニ仰クヘカラサル論ヲ待タス」（文部省、
1974b：17）とあり、学校の経費は住民の負担、つまり受益者負担の原則がと
られていた。

　山梨県もこの原則に従った対応をしており、学校建設、運営費、教員の給
料等の費用を住民が負担することになっていた。具体的には、1873（明治6）
年2月17日の達書に区内全区が学校運営費を負担する戸掛[11]と就学児がい
る世帯からは月謝という集金方法が各区長宛に指示されている（同上：111-

96

112)。

　学校運営費は、おもにこの戸掛と月謝に加え、学区の人々から拠出された資本金が充てられていた。この資本金は学校が保有していたのでなく、学校に対しある金額を寄付するという約束を各人からとった上で、名義上、学校の金になっている約束金額を当人に借用させ、その利子を徴収したようだ(大月市史編纂室、1978：729)。また、有志による献金は大きな財源になっていたようで、1875(明治8)年11月13日の達書には、学校資金の献金者とその金額などを県に報告するよう指示がされており(山梨県立図書館、1961a：295)、高額の者を表彰することによって献金を競わせる意図があったと考えられている(山梨県教育委員会、1976：241)。

　1873(明治6)年の「学事報告」には「貧村ニシテ正補費トモ充分ナラス維持成リ難キモノハ、隣区ヨリ補助シ或ハ御委託金ヲ以テ、幾部分ヲ助ケ一時ヲ維持セシム、而シテ如レ此ハ、別ニ民産富殖ノ方法ヲ設ケ、桑茶ノ培養製紙等其他土地ノ便否ト地味トニ依テ、授産ノ儀専ラ着手中ナリ」(山梨県立図書館、1960：719)とあり、貧しい村でも隣区から補助を受けさせたり、あるいは産業を興させたりしてでも、各町村に学費を捻出させるつもりであったことがわかる。

　県では1873(明治6)年4月18日付で「断髪以テ其結束費ヲ積ミ之ヲ学校資金ニ補充セシメン事ヲ告示ニ示ス」という告示を出している(同上：449)。告示には「男子タルモノハ壱人モ無レ洩斬髪トナリ、結髪ノ冗費ヲ積テ学校設立ノ要資ヲ補ヒ、一日モ早ク落成ノ運ヒ肝要タルヘシ」(同上)とあり、結髪に費用をかけるのでなく、男子は斬髪し、学校建設の費用に充てよという内容である。この告示は冒頭に「静岡県管下ニ於テハ此度小学校設立ニ付其入用ヲ助ン為、村中申合男子ハ不レ残斬髪トナリ、結髪ノ費ヲ積テ学校盛大ノ基ヲ図ル」(同上)とあり、静岡県の動きに同調してのこととわかる。これは1871(明治4)年に断髪脱刀令が出された時勢を反映しているともいえる。翌月の5月9日には「日常冗費ヲ省キニ以テ学資ヲ補足セシムル布達ニ日」の布達を出している(同上：372)。文中には「旧習ヲ矯正シ、無益ノ散財ヲ転シテ有用進歩ノ途ニ供シ、学校隆盛ノ資ケトナシ」(同上)とあり、古い習俗に無駄遣いするのでなく、その費用を学校建設に充てるよう指示がある。これは、前者の

斬髪もそうであるが、前代の旧習への支出を無駄遣いとみなしていることが
わかり、これに金銭を費やさず、これを学校建設に回すという発想である。

　こうした趣旨は『学制解釈』頒布の達書の中にも「劇場ハ取毀チ可レ用レ立
分ハ、即今取設ノ小学校ノ用材ニ供シ候歟、又ハ売却シ右入費ニ充テ可レ申
候」(同上：453-454)と、劇場は取り壊し小学校の用材にしたり、売却して建
設費用にするよう述べている。また、『学制解釈』を頒布した同月9日には
「婚姻葬祭挙児禳厄等ノ冗費ヲ節シ学資ニ充テシメンコトヲ令ス」(山梨県、
1997：15)、28日には「劇場ヲ建テ戯劇ヲ演ズルヲ禁ズ」(同上：16)という達
書が出され、冠婚葬祭の旧習や祭事、娯楽といった日常生活における贅沢の
出費をやめさせ、県民に繰り返し学費の捻出を徹底させていることがわかる。

　ただ、こうした掛金や資本金利子の徴収については、1878(明治11)年3月
30日の県令の文書には「小学校戸掛金資本利子等徒ニ収納日限ヲ怠リ候者有
レ之」(山梨県立図書館、1963：160-161)とあり、納付を怠る者もいて、これを
取締りをするよう各区や村に対し、指示しており、区戸長や学校幹事等の努
力にもかかわらず、徴収は困難だったようである。

　このように資金繰りに苦慮しながら学校を建設し、開校まで漕ぎ着けなけ
ればならなかったと考えられる。建設にあたっては土地と資材が必要となる
わけだが、土地については1874(明治7)年に社寺上地等の官有地は500坪以内
にかぎり無償提供できると県が達したように、確保は容易にみえる。学校建
設にあたっての土地と資材の調達について岩間村(現市川三郷町)の事例をみ
てみる。

　岩間村では、1875(明治8)年6月4日付で藤村県令宛に「学校新築ニ付上
地御払下願」を出している(山梨日日新聞社、1982：1039)。この内容は昌寿
院上地字上町西裏の土地「一、反別合弐反八畝九歩　内畑七畝拾五歩昌寿院
私墾地ニ付除」の払下げについて県に許可を得るものであり、地価は「金四
拾円弐銭六厘」となっており、同年6月7日に「書面旧寺領弐反弐拾四歩ハ
願之間届候」と認可が下りている(同上)。これをみると、払下げを願い出て
いる「弐反弐拾四歩」は、1874(明治7)年に県が達した社寺上地等の官有地
を無償提供できるとした範囲である500坪を超える面積であり、有償となって
いることがわかる。県で提示した500坪は岩間村に限らず、学校建設用地の面

積としては不足する町村が他にもあったと考えられる。

　また、1877(明治10)年に岩間村は岩間学校建設のため、「小学校新築用材伐木御払下ヶ願」を藤村県令宛に出し、定林寺他三か寺の境外地の立木の払下げを願い出ている(同上：1040)。このように、県で土地の無償提供を提示はしたものの、現状に沿わない町村もあり、学校新築にあたっての土地や資材の購入は、町村の負担となっていたことがわかる。

　甲府総町(現甲府市)の相生学校建設にあたっては、これとは別に町村の負担の実態がわかる史料がある。「相生学校建築費償却之義ニ付御伺」という1879(明治12)年に作成された史料であるが、この中には「去ル明治八年中御繰替金ヲ以所轄旧相生学校建築ニ相成、該費額金四千三百四拾六円四拾一銭三厘八悉皆旧第壱区中之負債トナリ、右償却方法タルヤ旧区長高橋安貴及ヒ窪田高寧ニ於テモ殊之外心痛罷在候得共、何分償却之方法難二相立一」(甲府市市史編さん委員会、1989：640)と記されている。この内容は1875(明治8)年の相生学校建設にあたって、区が債務を負い、高橋・窪田区長時代には負債を償却できずにいて、その償却方法に苦慮している様子がわかる。学校が完成してもその後負債を抱え込んでいた実態を伝える史料といえる。こうした状況は相生学校に限ったことではなかったと考えられる。

　以上のように、学校建設には多くの場面で出費を要することがわかり、また場合によっては債務を抱えることになり、地域住民にとって必ずしも歓迎されるものでなく、むしろ苦労の種であったことが窺える。こうしてみると、学校建設への地域住民の主体性や関与は消極的なものになるように捉えられるが、実態は地域住民が学校建設へ主体的に取り組んでいたようだ。

第6節　藤村式建築の学校成立と藤村紫朗の接点

　学校の開校が軌道に乗った1874(明治7)年の2月に甲府の工町に琢美学校、柳町に梁木学校がそれぞれ建設された。いずれも擬洋風建築の校舎である。翌年の1875(明治8)年に入ると現存する睦沢学校、津金学校などが建設された。この頃から県内各地に藤村式建築の校舎が登場しはじめる。上にみてきたとおり、県は1873(明治6)年3月の達書を皮切りに県民に対し、次々と学校建

設に関する達書を出したり、学校教育の必要性を説いたりしてきた。ただ、この中で、建物は洋風に造らなければならないという具体的指示をした直接的な史料をみつけることはできない。

県令藤村紫朗が擬洋風建築の校舎を奨励したというのは通説であり、直接の接点は明らかになっていないのが現状である。両者の接点は以下のように2つの説が述べられている。

ひとつは、藤村紫朗は1870（明治3）年1月9日に京都府少参事の任に就くが（山梨県、1995：82）、当時京都府では学制発布に先駆けて小学校教育の確立に力を込めており、庁内で学制確立の中心になっていた権大参事の槇村正直のもとで任にあたっていたので、教育行政に明るく、こうした教育施策で1869（明治2）年には洋風の柳池学校が完成しており、藤村がこれを学校の基本として山梨にもち込んだというものである（藤森、1993：108）。ただ、この説は、1869（明治2）年の柳池学校の設立年代を、その際に撮影されたという写真を根拠としているが、この写真は1878（明治11）年の様子を撮影したもので、設立当時の柳池学校は洋風建築でなく、その後の改修で洋風にしつらえられたという指摘がされている（橋本・板倉、1997：273）。

もうひとつは、藤村紫朗が1871（明治4）年11月から1872（明治5）年末まで大阪府で参事の職に就いていた時代に、洋風の学校を目にしていたというものである。大阪府は1873（明治6）年2月に竣工した東大組第15区小学校を洋風に建設しており、この小学校建設の検地には参事であった藤村紫朗が訪れ、学校建築について指示をしたようだ（同上：278-279）。1924（大正13）年刊行の『甲府市立琢美学校同窓会創立五十周年記念会誌』に掲載された大木喬命による琢美学校建設の懐旧談は、藤村紫朗が1873（明治6）年の3月5日に校舎建築の督励する以前の1月には地元で建設準備に着手していたことが伝えられる（大木、1924：79）。このことから、藤村紫朗は1873（明治6）年の1月下旬に山梨に入ってはいるが、完成間近の東大組第15区小学校を目にしているはずであり、琢美学校建設の準備に着手した頃に校舎建築の督励に先行して、擬洋風建築のアイディアを出した可能性が指摘されている（橋本・板倉、1997：278-279）。近年では『山梨県史』もこの説を採用している（山梨県、2005：81）。

こうした事情に加えて考えられるのが、山梨で実際に擬洋風建築の建設に携わった棟梁の存在である。藤村式建築に携わった代表的な存在として小宮山弥太郎と松木輝殷が挙げられる。以下でその経歴を紹介する(12)。

小宮山弥太郎は1828(文政11)年10月17日に甲斐塩山塩後(現甲州市)に生まれ、15歳の時に大工島村半平に付き社寺建築および彫刻を学び、幕末には東郡地域(現在の東山梨地域)を支配していた御三卿田安家の作事頭(棟梁)となった。明治維新後には県内の官公庁建設に従事した。1872(明治5)年には、小宮山が山梨県の公共建設工事の多くに関与しており、1874(明治7)年の2月に建てられた琢美学校、梁木学校の建設にはそれぞれ小宮山が携わった。小宮山の菩提寺である甲府市愛宕町の妙遠寺の境内には、1926(大正15)年5月8日の日付が刻まれた「日蓮宗管長大増正杉田日布篆額」と題された村松甚蔵選、秀島醇三書による顕彰碑が立っている。この碑文には「(前略)明治維新後官衙建築概模$_=$洋風$_⌐$、翁潜$_∨$心折$_=$衷彼技術$_⌐$大有$_∨$所$_∨$得逮、藤村紫朗氏為$_=$我県令$_⌐$盛興$_=$土木之工$_⌐$使$_∨$翁董焉(後略)」とあり、小宮山が洋風建築の技術に関心があり、そのことで藤村紫朗が建設工事に任用したことを示す一文がある。藤森照信も小宮山が先行して清水喜助や林忠如などによって東京に建築された洋風建築を見聞しているに違いないと述べており(藤森、1993：107)、小宮山が積極的に洋風建築の技術習得に努めていた可能性が考えられる。小宮山は、琢美学校、梁木学校を建設した同年には県営官営製糸場、翌年には師範学校、県立病院を建設し、1877(明治10)年には山梨県庁を建設するなど次々に擬洋風建築の建設を手掛けていった。

県内のみならず、1875(明治8)年に静岡裁判所の設計を手掛けたり、1874(明治7)年には長野県松本の小学校建設の依頼が来たりするなど、小宮山の擬洋風建築建設の技術は広く県外にも広まっていた。

妙遠寺の碑文には「(前略)二十年藤村県令転$_=$任愛媛県$_⌐$翁亦応$_∨$聘赴$_∨$之董$_=$督其県新築工事$_⌐$(後略)」とあり、1887(明治20)年に藤村が愛媛県知事に着任した際、藤村の招きに応じて愛媛で擬洋風建築を手掛けたことがわかる。愛媛では愛媛師範学校などの設計を手掛けるなどし、5年後の1892(明治25)年に山梨へ戻ったとされる。その後は大工組合を組織し、後進の指導にあたるなどしていたようで、1920(大正9)年5月8日に死去、享年93歳であった。

もうひとり、山梨県内の擬洋風建築建設に携わった代表的な人物として松木輝殷が挙げられる。松木は1843（天保14）年1月16日、宮大工の松木運四郎の長男として甲斐国下山村（福居村〈現南巨摩郡身延町下山〉）に生まれた。松木が生まれた集落は「下山大工」と呼ばれる中世から続く、大工集団の地である。こうした伝統ある名工を輩出した集落で、松木は父親の運四郎に付いて堂宮大工の技術を学んだ。

明治維新後に全国各地で起きた廃仏毀釈運動によって、堂宮建築の需要は減ったため、「下山大工」は災害による堂宮の再建や修復を行う者や、中には離職する者も多くいたとされる。こうした中、松木は1875（明治8）年に日川学校（現山梨市）の建設に携わり、これを皮切りに同年、睦沢村（現甲斐市）の睦沢学校など、次々に擬洋風建築の建設に携わっていった。1911（明治44）年9月に死去、享年68歳であった。

山梨県内の擬洋風建築建設に携わった小宮山と松木の両者を結ぶ直接的な史料は残されていないが、中富町（現身延町）八日市場の「八幡神社御殿天保十四年上棟棟札」に小宮山の師である島村半平（嶋村半兵衛玄良）と連名で松木の父、松木運四郎宣絹の名が確認でき、小宮山の師と松木の父親は接点をもっていたことがわかる（山梨県教育委員会、1997：120）。また、「勝沼学校新築事務所判取帳　明治十一年寅七月」には、松木が携わっていた勝沼学校（現甲州市）の建設現場で小宮山の代理の者が木材を購入した記録が残されていることから、両者は何らかの接点をもち、擬洋風建築の建設にあたっていた可能性が示唆されている（道村、2009）。

こうしたことから、松木が擬洋風建築を手掛けるようになったのは、小宮山の手引きがあった可能性も考えられる。ともかく、小宮山や松木のように洋風建築に興味関心を示し、技術習得に努めた人材が山梨県内に存在したからこそ、藤村紫朗が奨励したであろう擬洋風建築の建設を現実にしていくことができたと考えられ、山梨県内での著しい普及につながったと推測される。

また当時、民権派の新聞である『峡中新報』が連載した「峡人ノ進度」（山梨県、2005：32）には「（前略）氏ガ最モ好メル所ハ道路橋梁ノ改設、学校警察署ノ新築、勧業上ノ興業等是レナリ。而シテ其好メル所ロ皆ナ甚ダシキ干渉ヲ用ヒザル者ハアラジ、夫レ干渉ニアラズンバ焉ンゾ能ク此卑屈無気力ノ人

民ヲシテ、平坦砥ノ如キ新道ヲ開キ、至ル所四通五達馬車ヲ疾駆セシムルノ道路タルニ至ラシメ、行ク所白堊空ニ聳テ巍然タル校舎・官衙ヲ新築スルコトヲ得ンヤ（後略）」（山梨県、1997：73-74）と藤村県政が評されている。ここで、学校・警察署の新築は藤村が好み主導するものであるからこれらに干渉し、そのことにより、県内の至る所で白亜の校舎や庁舎がみられるようになったと述べている。白亜の建物とは藤村式建築のことと考えられ、藤村の意志が働いて建築されたという主張であることがわかる。藤村紫朗が擬洋風建築を奨励した直接的な史料はないものの、それらの出現に藤村紫朗の関与があったことは上にみてきた内容から考えて確かなものといえる。

　藤村式建築の小学校校舎は県内で、現在数えられるだけで37校が建設されたことがわかっている(13)。藤村式建築は近代建築が本格化する1887(明治20)年頃に衰退していくようで（植松、1977：35）、藤村式建築の校舎も1891(明治24)年の石和学校を最後に建てられておらず(14)、そのほとんどは1880(明治13)年までに建てられたもので、この時点で33校を数える(15)。この年代付近の県内の学校数をみると1878(明治11)年の第一大学区山梨県管内公学校表に275校（師範学校および付属校は除く）を数え（山梨県立図書館、1965：374-388)、未確認の藤村式校舎がこの中に含まれている可能性もあるが、全体でみると、藤村式建築の校舎が占める割合はわずかであることがわかる。

　藤村紫朗の奨励がありながらも、擬洋風建築の校舎を建てることは、町村にとって莫大な経費がかかり、負担となるもので敬遠されたことも考えられる。

　そう考えると藤村式建築の校舎建設への地域住民の主体的かつ能動的な関与はますます遠のくように思える。学校の具体的な建築様式にふれた文書は1876(明治9)年以降に確認できるので、このことにあわせて、一連の文書から藤村式建築の建設に県や地域住民がどう関与したかみていく。

第7節　藤村式建築建設への県の具体的指示

　藤村紫朗は1876(明治9)年11月28日に区長、学区取締、戸長、学校事務掛に対し、以下の達書を出している（山梨県立図書館、1962：138)。

第2章　文化財保存と活用の歴史的経緯と実態　103

　　　小学校新築目途ヲ定ムヘキ事ヲ区戸長学区取締等ニ達ス曰　乙第百州
　　一号
　　　　　　　　　　　各区　区長　学区取締　戸長　学校事務掛
各小学校ノ儀創設ノ際一時仮ニ寺院等ヲ用ヒ略普及ニ至リ候処、追々教授
ノ方法モ改正、生徒モ又増殖致シ候ニ付テハ、随テ教場等其体裁ニ適ヒ又
生徒ヲ入ルヘキノ設ケナカルヘカラス、到底寺院等ヲ以テ永久ノ学校トナ
スヲ得サルハ勿論ニ付漸ヲ以校舎新築不┗致テハ難┗叶、然ル処熟区村ノ景
況ヲ視ルニ、<u>学校ト云ヘハ必ス洋風模擬ノ構造ニアラサレハ其用ヲナサヽ
ル事ト心得候ヨリ</u>、資力充分ノ村々ニ至リテハ、自然其経費課出ノ目途不二
相定二ヨリ不┗得┗止、等閑ニ打過候情態ナキニシモアラス、固ヨリ力アル区
村ニ於テハ充分美麗巨大ナル構造ヲナスモ、其力ナキノ区村ニ至テハ、校
舎ノ位置其宜キヲ得、新鮮ノ空気ヲ流通シ、教場等其体裁ニ適ヒ、所属村々
ノ生徒ヲシテ悉皆入学セシムルニ差支ナキ丈ケニサヘ建設セハ、仮令日本
風ノ構造ト雖モ敢テ差問無之、<u>必スシモ洋風模擬ノ巨大ナル構造ヲナスニ
及ハサルナリ</u>、右ノ次第ナルヲ以テ未建設ノ村々ニ於テハ、其心得ヲ以応
分ノ校舎建設候様可┗致、且日ヲ追テ生徒ノ学業進歩ニ付テハ随テ校費モ増
加シ貧弱ノ小村ニシテ一校設立候テハ、終ニ資力支ヘ難キニ至ルヘキニ付、
傍独立建設シ能ハサルカ或ハ建設難行届ノミナラス現今資本ニ乏敷学校ノ
体裁ヲナシ難キ村々ハ、模寄新築学校ニ併合スルカ又ハ力ヲ合セ更ニ一校
ヲ建設スルカ、何レトモ協議ヲ遂ケ教育行届候様尽力致シ、見込ノ趣速ニ
可二申出二旨相達候事
　　　明治九年十一月廿八日　　　　山梨県令　藤村　紫朗

　この達書は小学校建設時に寺院等を校舎として開校するところがあったが、
授業の方法や児童が増加している現状からすると、収容人数などの関係で寺
院等を学校とするのは相応しくなく、新築校舎でなければ対応は到底できな
いと述べている。
　加えて、区村の様子をみると、学校といえば必ず洋風を模した構造でなけ
れば学校としての用を足さないという心得により、資力が充実している村々

では、十分に美麗かつ巨大な構造をなすものでよいとしている。ただ、資力に乏しい村々は校舎の場所や風通しがよく、教場としての体裁を整えていれば、例えば和風の構造でも差支えなく、必ずしも洋風を模した巨大な構造にすることはないと述べられる。そして、まだ建設できていない村々には、こうした心得のもと校舎を建設するよう指示し、資力の乏しい村には最寄りの学校に併合するか、共同建設を奨めていることがわかる。

　洋風を模した構造でなければ学校としての用が足りないという心得が県令によるものか、あるいは村々によるものかは定かでないが、擬洋風建築にしなければならないという意識が村々に広がっており、このことによって、学校建設が遅々として進まず、これを推進させるため、和風建築でも構わないとしたことが可能性として考えられる。

　この達書から半年後の1877(明治10)年5月2日に藤村紫朗は学校建築法を制定し、達書を各学校宛に出している。準拠すべき校舎の建築法を全25条(附録を加えると27条)に示している。その内容は学校建設の位置から内装や外装、設置すべき教場や運動場、器具類の仕様を事細かに指示している。外装に関係する条文を以下に抜粋する(山梨県立図書館、1963：230-234)。

　　　　学校建築法ヲ定メ各校ニ達ス曰

　　　　　　　　　　　　　　　　　　　　各　学　校

　　　　乙第七十六号

　　　別冊学校建築法頒布候条校舎新築ノ向ハ右ニ照準経営スヘシ此旨相達候事、

　　　　但　新築ノ節具状撿定ヲ受ルハ学則第三章第十二条ノ通可心得事、

　　　　　　明治十年五月二日　　　　　　　　　山梨県令　藤村　紫朗

　　　　学校建築法ノ概略

　　　（中略）

　　　第三条　小学校ハ平屋ニ建築スルヲ良トス然レトモ已ムヲ得スシテ狭隘ナ
　　　　　　　ル土地ヲトスル時ハ二階ヲ設クルモ妨ケナシ

　　　（中略）

　　　第五条　建家ノ外部ハ白堊ニテ塗リ内部即チ教場等ハ石色　薄鼠色ノ事　ヲ
　　　　　　　良トス

第2章　文化財保存と活用の歴史的経緯と実態　105

第六条　窓ハ硝子戸ヲ用ヰ開閉ハ滑車ヲ以テ上下スヘシ　但シ日本風ニスル時ハ外部ノ窓ハ縦横共ニ三尺ナル硝子張リノ透シ戸トシ内部ハ縦二尺横三尺ニシテ同シク硝子張リノ透シ戸トスヘシ而シテ其外部ハ床ヨリ窓ノ敷居マデ三尺五寸内部ハ五尺トスヘシ

（中略）

第十四条　学校ノ構造ハ左ノ数条ニ注意スヘシ

一　二階造リハ軒ノ高サ二丈七尺以上タルヘシ

一　二階床上ヨリ桁ノ上端マテ一丈三尺タルヘシ　但　軒高サ二丈七尺以上ナル時ハ随テ二階床上ヲ高クスヘシ

一　平屋造リハ軒ノ高サ一丈五尺以上タルヘシ

一　二階平屋共床下二尺以上三尺以下タルヘシ

一　正面出入口ハ横内法五尺竪七尺五寸タルヘシ

一　間仕切出入口横内法三尺教場ハ三尺五寸竪ハ何レモ内法七尺タルヘシ

一　窓ハ西洋風ニ造ル時ハ横内法三尺竪内法六尺五寸トシ窓下ハ床上端ヨリ窓枠上端マテ二尺四寸トシ窓ト窓ト距離ハ三尺ヨリ五尺マテタルヘシ

一　第十条ニ依リ教場ヲ以試験席ヲ兼用スル為取外ス坂戸ノ敷居鴨居ハ高内法六尺以上タルヘシ

（後略）

　これをみると、擬洋風建築を推奨する条文はみつからず、代わりに第3条に土地が狭小でない限りは平屋を推奨していることがわかる。擬洋風建築に関連する内容は、外装は白壁にし、教場等を灰色系統で塗装する指示が第5条にあるのみである。第6条は「但シ日本風ニスル時ハ」とこちらは洋風で造ることを前提としているものの、第14条の窓の造りについては、洋風に造る場合はとひとこと付け足してあり、和風で造ることを前提としていることがわかる。

　これは資力が充分ある村々では擬洋風建築のように美麗かつ巨大な構造でも構わず、資力に乏しい村々は和風の構造にするという1876（明治9）年の達

書の内容のとおり、どちらの建築でも構わない内容にしていることがわかる。学校建築法の県からの建築様式への具体的な指示をみても擬洋風建築への積極的な指示はみられないことがわかる。これは1876（明治9）年の達書以降、建築様式にこだわらず、学校建設を推進しようとした県の姿勢の表れと考えられる。

学校建築法を出した翌年の1878（明治11）年8月1日には藤村紫朗より学区取締、戸長、学校幹事宛に次のような達書が出されている（山梨県立図書館、1964：496-497）。

　　　校舎ノ構造ハ、虚飾ニ流レスシテ堅牢ヲ要スヘキ旨、学区取締及ヒ
　　　戸長学校幹事等ニ達日
　　　　乙第六拾号

　　　　　　　　　　　　　　　　　　　　　　　　　学区取締
　　　　　　　　　　　　　　　　　　　　　　　　　戸　　長
　　　　　　　　　　　　　　　　　　　　　　　　　学校幹事

小学校建築方法得失ノ儀ニ付テハ、明治九年乙第百三拾壱号ヲ以テ及論達置候趣モ有レ之候処、猶其旨趣貫徹セサルカ、爾来資力不十分ナル村落ノ新築モ洋風模擬ノ構造不レ少、抑学舎建築ノ要ハ明治十年乙第七拾六号ヲ以テ相達候建築法ニ掲示ノ通、位地其宜ヲ得、教場等其体裁ニ適ヒ、新気ヲ流通シ、築造堅牢其久キニ耐ルヲ主トシ、外観ノ美ヲ飾ルハ決シテ本意ニ無レ之、然ルニ即今、建築既成ノ学舎ヲ観ルニ、或ハ要用ナラサル層楼ヲ結構シ、或ハ窓牖戸壁ヲ彩飾スト雖トモ、其構造ハ粗薄ニシテ堅牢ナラス、所謂外観ノ美ヲ競ヒ、実用ノ如何ヲ顧ミサル状況ナキニシモ非ス、其弊ヤ目下ニアツテハ、無用ノ層楼又ハ外観虚飾ノ為ニ幾分ノ増費ヲ要シ、向来ニアツテハ其構造堅牢ナラサルカ為ノ、多年ヲ経スシテ修繕改築等ノ費用ヲ要スルニ至ルヘシ、之ヲ日本風ノ質素堅牢ナル構造ニ比スレハ、其得失利害如何ソヤ、固ヨリ力アル村落ニ於テハ、洋風ヲ模擬シ堅牢美麗ナル学舎ヲ建設スルモ妨ケナシト雖トモ、其力充分ナラスシテ、今日ノ如キ築造ヲナスハ、啻ニ冗費ノミナラス、為ニ向来維持ノ方法ヲ障碍シ、教育ノ衰頽ヲ来タスモ難レ計ニ付、右等得失猶篤ト研窮シ、不都合無之様取計フヘシ、

第2章　文化財保存と活用の歴史的経緯と実態　107

此旨再応相達候事、
　　　明治十一年八月一日　　　　　　　　　　　山梨県令　藤村　紫朗

　この達書は前文に1876（明治9）年の達書の内容にふれ、資力が乏しい村で
も擬洋風建築の校舎がみられるとし、1877（明治10）年の学校建築法では、学
校の立地が良く風通しがあり、堅牢であることが大切であるとしたのであっ
て、擬洋風な造りは本意でないと述べている。また、擬洋風な造りは外観の
美を競うもので、実用性や耐久性に乏しいと指摘し、将来的に修繕費や改築
費が嵩むと述べている。これに比べ、和風建築は質素で堅牢であるので、資
力が十分ある村々において擬洋風建築を建設することは妨げないが、資力が
乏しい村々にあっては、こうした建物を建設することは無駄遣いだけでなく、
建物維持の障害となり、ひいては教育の衰退を招くことにつながりかねない
ので、そうした事態にならないよう対処するよう指示している。

　この達書は1873（明治6）年に政府の意向により大阪府が出した通達の内容
に類似していると指摘され、政府の意向を反映したものである可能性が示唆
されているが（橋本・板倉、1997：299）、1876（明治9）年、1877（明治10）年か
らの達書との内容の連続性を考えるとこれが他の通達から独立して政府の意
向で出されたものとは考えにくいといえる。こうしてみると、1876（明治9）
年以降の県からの指示は、擬洋風建築は藤村紫朗が奨励したという内容と食
い違いが生じる。

　先にみた大木喬命による琢美学校建設の懐舊談では「（前略）私ども十人の
発起で有信会を起し、毎月一回必ず集合して之が協議をなし、甲府全体の学
校のことにつきて進まれた。（中略）そして工町へ琢美学校を建築する事に
なつて、第一区第二区共に寄附金を募集した。当時の建築係は主として区長が
その任に当つた。（中略）いよいよ琢美学校の建築といふことになつて、若尾
逸平氏、風間伊七氏、名取忠文氏、余大木、外一名の五人が百五拾円宛、他
は百円、五拾円と寄附して合計金参千五百円の金が集まつて建築に取懸つた。
（後略）」（大木、1924：80）とあり、この内容から学校建設の主導権は町民側に
あったと考えられている（橋本・板倉、1997：279）。

　また、1878（明治11）年の達書には「外観ノ美ヲ競ヒ実用ノ如何ヲ顧ミサル

状況」とあり、擬洋風建築の様式美をめぐって村々が競い合っていたことが窺える一文があることから、建築様式の選択に対して地域住民の主体性があったと考えられる。このことについては、三浦卓也からも同様の指摘がなされている（三浦、1986：741）。1876(明治9)年以降の達書にみられるように、洋風建築でなくともよいという県の意向があったにもかかわらず、和風建築よりも建設費用がかかる様式を選択し、建設された学校は後を絶たないことから、建築様式に対し地域住民の意向が働いていたと考えられる。

　このようにみていくと、当初は確かに藤村県令が奨励したものであったかもしれないが、その建築様式が広まるにつれ、一部で受容され、様式美をめぐって村々の間の競争が過熱化していったと考えられる。1876(明治9)年以降の指示は、こうした競争に歯止めをかけ、様式美でなく、学校建設を優先した県の判断によるものと推測され、建設の主体性や能動性は地域住民側にもあったと考えられる。

　以上から、山梨県の擬洋風建築の成立は県令藤村紫朗という指導者による奨励だけでなく、地域住民が主体性や能動性をもって成立した建築である可能性が明らかになった。では、建物の保存に関して地域住民の関与はあったのだろうか。仮に成立からその保存、そして現在の活用まで一貫して地域住民が関与している事例ならば、地域主義にもとづく文化財保存と活用の実態を十分に示す事例と考えられる。

第8節　現存する藤村式建築
―建設から保存までの経緯と現在―

　ここからは、山梨県内に現存する5事例の藤村式建築の成立と保存・活用の経緯から地域住民の関与をみていく。事例は建物が建設された順にみていくことにする。各建物の立地と現在の利用状況における各館内の様子は、以下の日程で現地調査した結果にもとづくものである。

　現地調査は、津金学校(2014〈平成26〉年9月15日)、甲府市藤村記念館(2013〈平成25〉年11月30日)、牧丘郷土文化館(2013年〈平成25〉11月9日)、富士川町民俗資料館(2013〈平成25〉年11月6日)、尾県郷土資料館(2013〈平成25〉年10月

20日）の日程で実施した。なお、各建物の立地する地域の情報は、各自治体のホームページと2010（平成22）年国勢調査を参照した。

1. 旧津金学校（北杜市、現津金学校）

＜立地＞

　旧津金学校は北杜市須玉町下津金2963番地に所在する。北杜市は甲府盆地の北西部に位置し、北は八ヶ岳、南西は甲斐駒ヶ岳から連なる南アルプス、東は茅ヶ岳などの山岳に囲まれた人口48,682人の市である（2014〈平成26〉年4月1日現在）。

　建物が所在する下津金地区は市のおよそ中央に位置する。下津金地区は、山間の傾斜地に集落が形成され、南および西の方角には須玉川によって形成された平地に田畑が続いている。建物背面には諏訪八幡神社が位置する。2010（平成22）年現在、113世帯、293人が生活する集落である。北杜市は2004（平成16）年に7町村が合併し、2006（平成18）年に1町が編入され成立した市であり、建物は合併前の旧須玉町内に所在する。建物は下津金地区の中央北端に位置し、前方に旧校庭が広がり、同敷地には農業体験農園施設である「大正館」と総合観光施設である「おいしい学校」が併設されている。

＜学校の沿革(16)＞

　津金学校は1873（明治6）年8月16日に上津金村・下津金村・浅川村・樫山村の4か村を所属として下津金村の東泉院を仮校舎として開校した。1874（明治7）年3月に津金地区では、児童が増えて仮校舎が手狭であるので、校舎建設について話し合われ、同月に下津金村の神社地を学校建設地とすることが決められた。

写真1　旧津金学校（津金学校〈資料館〉）

この神社地は現在建物が建つ場所である。

1874(明治7)年11月には上津金村、下津金村の両村にて新築学校の献金額について話し合われた。これによれば、維持資本金として下津金村が827円75銭、上津金村が425円37銭5厘、校舎新築費用への献金として下津金村が425円37銭5厘、上津金村が286円93銭7厘5毛の額で各村承諾した。

1875(明治8)年10月には、津金学校校舎が落成し、藤村県令、赤星学務官他2人を来賓に招いて開校式を行った。また、この式では学区取締役、新築世話掛、正副戸長に対し、学校建設に対する尽力の慰労として賞書と褒金が渡された。学校建設費は総額1,662円余となり、その内訳は、津金村の献金712円余と棟祭見舞金その他雑収入が220円余で、負債が720円余であると伝える。設計は小宮山弥太郎によるものである。

1913(大正2)年に組合立の安都那高等小学校が解散し、清里村(現北杜市高根町)と組合を設け高等小学校を津金学校に置き、そのため、校舎を一部改修後、組合を解散し、独立して高等科を設置した。1924(大正13)年5月18日には新校舎が完成、翌日に移転した。なお、この校舎は藤村式校舎の隣に建てられたものである。

1941(昭和16)年には津金尋常高等小学校から、津金国民学校と改称し、1947(昭和22)年3月31日に学校教育法(法律第26号)が公布され、国民学校は廃止となり、津金村立津金小学校が発足した。1955(昭和30)年3月31日に近隣3村と合併して須玉町が成立し、町立津金小学校となった。

なお、1953(昭和28)年に同敷地内には津金中学校(昭和校舎)が落成している。この校舎は大正校舎の隣に建てられたものである。

明治時代に建てられた校舎は、1913(大正2)年には太鼓楼が取り外され、その後にはベランダが囲われて教室の一部となり、1957(昭和32)年10月28日に県教育庁より老朽校舎に認定されており(山梨県、1999：267)、1970(昭和45)年3月までは校舎として利用し、その後は物置として使われていたと考えられている(北杜市教育委員会、2010：57)。

町立津金小学校は1985(昭和60)年に若神子・穂足・多麻・江草・岩下の5校と統合され、須玉小学校が成立したことで廃校となった。

<廃校後の保存の動向>

　津金学校の廃校後の様子をみていく。廃校した同年の1985(昭和60)年1月25日に、須玉町長宛に津金地区協議会長並びに9人より津金学校跡地利用について陳情書が提出されている。この陳情書には藤村式校舎を文化遺産および資料館等として修復し、残してもらいたい旨が記されている[17]。

　この陳情書のメモ書きによれば、1985(昭和60)年1月25日新町長に陳情したが新任早々であったため、1985(昭和60)年3月15日に改めて陳情を町会議員2人、協議会3役、跡地部会長6人で行い、その場で保存に関しては、専門家にみてもらい、復元できるようにしたい旨の回答を得ている[18]。

　1985(昭和60)年2月1日の須玉町議会の全員協議会の議題「統合小学校への通学方法及び廃校問題等について」の審議でも、議員より藤村式校舎の存続について「(前略)校舎は藤村式という建築様式ということもあり、体育館の存続等についても再考願い度い。(後略)」[19]という要望がなされ、町長は「すでに各種の陳情を受けている。(中略)町の財政事情をも熟慮し、各方面の方々とも良く話し合い、現地を視察して解決してゆく所存であります。(後略)」[20]と述べている。

　このように地元の陳情から校舎保存が決定し、1986(昭和61)年2月13日に須玉町文化財に指定された(同上：5)。同年、町が山梨県考古学協会に「旧津金学校藤村式校舎復元活用調査」を委託し(同上：11)、1989(平成元)年1月23日に校舎の解体と復元を目的に津金学校藤村式校舎解体調査委員会が発足している[21]。委員会は町教育委員会教育長を会長とし、町文化財審議委員会長を副会長、県文化財審議委員・山梨県考古学協会員・山梨文化財研究所員を専門調査委員とし、町文化財審議委員会・津金地区協議会長・津金地区公民館長ら地域住民を調査委員に須玉町教育委員会が委嘱した[22]。同年9月より復元を開始し(同上：11)、1991(平成3)年3月に復元工事が完了し[23]、4月に津金地区公民館を開館(同上)、1992(平成4)年3月7日に歴史資料館を開館した[24]。当初は1階を公民館、2階を資料館として利用したようである[25]。1992(平成4)年6月22日に山梨県有形文化財に指定された(同上：5)。2011(平成23)年4月から資料館名を津金学校に改称した[26]。

＜現在の利用状況＞

　館の所有は北杜市、所管は北杜市教育委員会であり(27)、管理運営は先述のとおり、北杜市の指定管理者であるNPO法人文化資源活用協会が行う。

　資料館1階にNPO法人の事務室を置き、対面にはカフェ明治学校(通称明治カフェ)を運営し、カフェは地域住民の寄り合い場にもなっている(金山、2012：28)。2階は常設展示、企画展と復元教室になっており、3階は塔屋部分に該当する。毎週水曜日以外の日の9時30分から17時まで開館しており、入館は有料である(28)。

2. 旧睦沢学校(甲府市、現甲府市藤村記念館)

＜立地＞

　旧睦沢学校は甲府市北口二丁目2番地1に所在する。甲府市は山梨県中央部に位置し、山梨県の県庁所在地であり、人口193,812人の特例市である(2014〈平成26〉)年4月1日現在)。建物は甲府駅北口の多目的広場である「よっちゃばれ広場」の中心に立地する。

　甲府駅北口は、2002(平成12)年3月に甲府市によって策定された「甲府市中心市街地活性化基本計画」にもとづき(中澤、2009：90)、2007(平成19)年に着工した再開発事業によって整備が進められた一帯である(29)。建物の東は「甲府市歴史公園」「甲州夢小路」が位置し、北には県立図書館、西にはNHK甲府放送局が立地する市街地の中心に位置する。現在地は再開発事業によって2010(平成22)年に移設されたものであり、以前は、同市古府中町2614番地の武田神社外苑に所在していた(文化財建造物保存技術協会、2010：7-10)。

＜学校の沿革(30)＞

　睦沢学校は、巨摩郡睦沢村(現甲斐市亀沢3687番地、睦沢地域ふれあい館敷地)に所在した学校である(31)。学校の立地は中巨摩郡と北巨摩郡の郡境に近く、山間を南北に流れる亀沢川に沿った狭小な平坦地である。

　1873(明治6)年10月1日に亀沢村船形神社内参籠所をもって開校した亀沢学校が睦沢学校の起源である。1874(明治7)年7月23日に亀沢村を含む5村で合併し、睦沢村となり、校名も睦沢学校に改称された。学校の建設工事は

1873(明治6)年12月に端を発したようで、1874(明治7)年12月2日付で県に学校建設と用材の下付を願い出ている。学校建設については許可が下りたようだが、用材の下付は「聞届ガタク候事」と不許可であった。ただ、「薄資本ニテ困却」とし、同日付で再度用

写真2　旧睦沢学校(甲府市藤村記念館)

材の下付を願い出ており、その結果、1875(明治8)年1月7日付の「睦沢学校新築ニ付場所御見分御願」に「用材戴ケルト窺候」とあり、許可になったことがわかる。この見分願には仮校舎としている船形神社内の敷地を校地とする内容が記されている。

　1875(明治8)年3月には新築工事に着手し、1875(明治8)年12月4日に落成した。建設工事は敷地の岩盤の凹凸や岩石があり、木々や竹が生い茂っており、整地に苦労したようで、その費用は、ほぼ2,500有余円になったと伝えられる。

　翌1876(明治9)年6月4日に開校式が挙行された。設計・施工ともに松木輝殷による(山梨県教育委員会学術文化財課、1997：30)。

　1886(明治19)年には小学校令により、睦沢尋常小学校と改称し、1908(明治41)年4月1日には高等小学校と合併し、睦沢尋常高等小学校と改称した。1941(昭和16)年4月1日からは睦沢国民学校に改称し、戦後、1947(昭和22)年4月1日に睦沢小学校が発足した。1951(昭和26)年3月17日には、校舎保存を目的に総工費約55万円で大規模な改修工事が行われ、同年6月8日に竣工式が行われた。式には県知事・県教育長・県会議員などが来賓で参加している。この校舎保存の発案は当時の新藤一稔校長によるものとされる。

　睦沢村は1954(昭和29)年10月17日より、近隣の村との合併により敷島町となり、それに伴い、敷島町立睦沢小学校と改称している。1956(昭和31)年には新校舎建設のため旧校舎を南東へ移動させ(睦沢小学校、1972：31)、1957(昭和32)年4月に睦沢公民館に転用されたことから[32]、新校舎が完成した

段階で旧校舎は学校として利用されなくなったと考えられる。

<廃校後の保存の動向(33)>

　合併後、1955(昭和30)年4月1日付で敷島町長名から文化財保護委員会長宛に重要文化財指定申請がなされている。これは、当時の新藤一稔校長が校舎の保存対策に乗り出していたことによる。同月9日に、県により重要文化財指定のため校舎調査が行われ、同年12月8日にこの申請にもとづき文部省より建造物課長の関野克が来校し調査をしている。おそらく、新校舎建設に伴い、校舎取り壊しの可能性が出たため、その取り壊しを防ぐ目的で行われた可能性が考えられる。『敷島町誌』には「この校舎を永久に保存すべく文部省に対し文化財指定の申請をし、文部省の調査をも受けた結果、文部省も尊い建物である事は認めたが、文部省慣例で100年以下は指定できないという事であった。」(敷島町役場、1966：1078)とあり、指定の要件を満たさなかったことがわかる。

　その後、取り壊しはされず、公民館として利用されていたが、1961(昭和36)年に校舎の増築が必要となり、旧校舎を取り除く必要が生じた。

　当時、山梨県では旧山梨県東山梨郡役所と旧睦沢学校の2棟については、早急に県の指定を行い、保護措置を取ることが求められていたようだ。こうした状況から山梨県教育委員会では、県指定文化財審議に必要な資料を得るため、1961(昭和36)年4月25日に山梨県文化財調査委員の羽中田壮雄が調査を実施した。同年には、7月11日に山梨県文化財調査委員会議が開催され、「睦沢公民館の指定について」審議が行われた。その結果、指定候補として賛成は得られたが、指定には県文化財保護条例により所有者の同意が必要であり、保存の見通しがつかない現状を考慮し、保留とした。

　ただ、このままでは建物が取り壊される恐れがあったので、山梨県文化財調査委員会議では、文化財指定を前提に取り壊される予定の旧山梨県東山梨郡役所と旧睦沢学校の保存を目標に運動を推進することになった(山梨県立図書館、1961：70)。このことにより、山梨県教育委員会は保存の姿勢を取り、取り壊しの姿勢を貫く町側との交渉が続くことになった。

　同年7月14日付の山梨日日新聞には「取りこわしの運命　睦沢公民館」と

第2章　文化財保存と活用の歴史的経緯と実態　115

いう記事で町議会や地元有志との懇談会席上で保存と取り壊しの議論がなされてきたが、「文化財の意義は認めるが、学校営繕上やむを得ない」という結論に達し、大多数は保存を諦めており、2日後の地元懇談会で最終結論を出すと報じている(34)。ただ、7月18日には地区より町側へ校舎の増築および藤村式校舎の移転保存の陳情がなされており、地元懇談会では最終結論を得るに至らなかったことが考えられ、睦沢地区での保存の意向が強いことがわかる。

　山梨郷土研究会ではこうした事態に対し、保存に向けて適切に対応していく立場をとった。8月3日には山梨日日新聞社・山梨郷土研究会・甲府ワンダラーが主催した郷土史研究家が集う第19回「夏草御岳道中」の一行が睦沢公民館を視察し、「どのような手数を講じても後世に残すように、もしとりこわしをさけることができないなら再建可能のように解体をしてもらいたい」旨を記した要望書を窪田友薫敷島町長に渡し(山梨日日新聞社、1970：135)、同様の陳情を山梨県教育委員会に対しても行ったようだ。

　この要望に対処して睦沢地区でも現地保存を明確にしようと積極的に保存対策を行った。8月25日には町当局と睦沢地区代表による協議会が開催され、保存について議論し、その結果、地元で敷地提供と整地費負担をすることが確認され、8月28日には県教育長に指定の陳情を行うことが決定した。このときの敷地は、学校裏の船形神社境内を考えていたようだ(35)。

　8月28日の教育長への指定の陳情の他に、保存に際しては敷地を地元が負担するので、県教育委員会で移転費を出してもらいたいという要望を出していた(36)。また、敷島町では校舎増設の着手の都合からこの回答期限を9月10日までとした。これに対し、県教育委員会は同月30日に保存に必要な措置について調査を実施し、保存方法を検討したが、ここから前進するような動きはなかったようだ。

　9月10日の期限を過ぎても県では移転費についての結論が出ずにおり、文部省に働きかけているとしたものの(37)、その後、予算措置を含む保存対策は見込みが立たず停滞してしまい、取り壊しが目前に迫っていた。

　こうした事態から山梨郷土研究会では甲府市への移設を念頭にした準備会を9月25日に開催し、有志により藤村様式旧睦沢小学校舎保存委員会が結成

された。一方、県教育委員会は9月28日に敷島町および睦沢地区代表と保存対策会議を開き、藤村様式旧睦沢小学校舎保存委員会による甲府市への移設案を提案し、地元の合意を得て、9月30日に保存対策は藤村様式旧睦沢小学校舎保存委員会に一任されることになった。

その後、睦沢公民館は10月6日に県有形文化財に指定され、10月9日には県文化財保護委員によって校舎の実測が行われた。

藤村様式旧睦沢小学校舎保存委員会は町から無償で旧校舎を提供するよう交渉し、10月15日に藤村様式旧睦沢小学校舎保存委員会代表の野口二郎と窪田敷島町長の間で建物譲渡契約が成立した。この見返りとして保存委員会は30万円を町に寄付している。解体移設費は70万円の経費が見込まれ、山梨放送から県に50万円の寄付があり、不足分の20万円が県から支出された。

10月25日には校舎の解体がはじめられ、11月27日に作業が完了している。解体された校舎の用材は甲府市善光寺境内に収納していたようだ。

12月12日付で藤村様式旧睦沢小学校舎保存委員会は山梨郷土研究会、藤村県令顕彰委員会と連名で「藤村記念館建設についての陳情書」を県教育委員会に提出し、移設した建物は博物館として活用したいという趣旨で陳情している。

1962(昭和37)年1月20日に行われた山梨郷土研究会の総会では校舎を一刻も早く博物館として再建するように県に陳情することが決議され、1月27日に天野久知事に250人余の署名を提出し、これを陳情した。

その後、博物館の県営案は無くなり、民間において復元するのが望ましいという結論に達したようで、保存会では復元の場所を武田神社境内にお願いするとともに、県議会に対しても請願し、県費400万円の支出の了解を得た。また、再建費用を募るため保存会と甲府市観光協会とで募金活動も実施した。

1964(昭和39)年12月7日に武田神社外苑で地鎮祭が執り行われ、1965(昭和40)年3月9日には上棟式が挙行された。1966(昭和41)年8月15日に完成し、建物は保存委員会より甲府市に寄付された。

その後、甲府市教育委員会では文化財保護委員会(現文化庁)に重要文化財指定を申請し、1967(昭和42)年2月6日に調査官の伊藤延男によって実施調査がなされ、この調査の結果、6月15日には国重要文化財に指定された。

第2章　文化財保存と活用の歴史的経緯と実態　117

　同年9月より郷土の民俗や歴史、教育や考古資料の展示施設である甲府市藤村記念館として開館した。1990(平成2)年には教育資料館として展示内容を変更している(38)。

　2005(平成17)年に武田神社境内地にある国指定史跡武田氏館跡の整備基本計画において、同敷地内にある甲府市藤村記念館(旧睦沢学校)の移設の必要性が浮上し(39)、老朽化も進んでいたことから国より甲府市周辺地区まちづくり交付金を受け、2007(平成19)年11月より4か年で現在地へ移設・修復されることになり、2010(平成22)年7月竣工に至った(文化財建造物保存技術協会、2010：7-8)。同年10月1日に市民や観光客の交流ガイダンス施設として開館した(40)。

<現在の利用状況>

　現在、館の所有は甲府市、所管は甲府市教育委員会であり(41)、先述のとおり、館の運営と管理は甲府市の指定管理者であるNPO法人甲府駅北口まちづくり委員会が行っている。1階は事務室とイベントコーナー、藤村紫朗関係資料が展示されている。2階は復元教室がある。記念館は毎週月曜日以外の9時から17時まで開館しており、入館は無料である(42)。

　毎月第3木曜日に開催されるコンサートなど、様々なイベントや展示会を開催している(43)。また、申請をすればイベントなどで館を利用することが可能となった(44)。

3. 旧室伏学校(山梨市、現牧丘郷土文化館)

<立地>

　旧室伏学校は山梨市牧丘町室伏2120番地に所在する。山梨市は山梨県の北東部、甲府盆地の東部に位置し、北は埼玉県・長野県と接する人口36,978人の市である(2014〈平成26〉4月1日現在)。建物は山梨市中央の東端にある室伏地区に位置する。室伏地区は市街地から外れ、北に大久保山がそびえ、付近を南北に笛吹川が流れる一帯である。建物は国道140号沿いの「道の駅まきおか」の敷地内の西端に立地し、建物前方には「道の駅まきおか」の農産物直売施設、北には「彩甲斐公園」が位置する。地元では建物の形状から「イ

ンキ壺」(牧丘町誌編纂委員会、1980：1071)と通称される。

<学校の沿革(45)>

室伏学校は1873(明治6)年10月15日に円照寺を仮校舎として設立された。藤村式建築成立までの詳細は明らかになっていないが、1874(明治7)年には仮校舎を洋風に改修し

写真3　旧室伏学校(牧丘郷土文化館)

ようとし、途中で校舎新築に切り替えたとされ、これは校舎修繕の際には用材の下付を県が認めていなかったことが理由に考えられている。

新校舎は円照寺に法縁があった智福山地蔵寺の敷地に1875(明治8)年に落成、同年10月15日に開校されたとされる。ただ、開校日については1876(明治9)年5月付で室伏学校と杣口学校の「学校新築開業願」(武井家史料)が藤村県令宛に出されていることや、同年10月4日付で室伏学校と杣口学校の両校の学校新築功労者に褒賞が授与されていることにより、疑問が残り、1876(明治9)年の春ないし夏頃と考えるのが妥当という指摘がなされている。なお、建設場所は当初は現在地より南西に約700m離れた場所であり、現在は室伏公民館が立地している。

1879(明治12)年に一部は役場として利用されたが、地所が東に偏っていることと、学校生徒の騒音で、執務や村会議事が妨害されることから、役場は窪平地区堀の内に移転した。1887(明治20)年1月14日付「小学校令第二条ニ基キ小学校設置区域及位置指定」の制定により、室伏学校と杣口学校、窪平学校の3校が統合し、室伏学校を本校とし、諏訪尋常小学校が開校した。この時期から杣口および窪平学校を分校としていたが、1890(明治23)年10月7日に第2次小学校令(勅令第215号)が公布され、第1次小学校令が廃止されたことに伴い、一村一校制も廃止され、1892(明治25)年に各村の学校は再び分離し、室伏学校は一校で室伏尋常小学校となった。

同年に諏訪三富二ヶ村組合高等小学校を室伏尋常小学校に置き、1910(明治

43）年に組合を解除し、単独経営となった。1905（明治38）年には室伏農業補修学校が付設された。ただ、これについては、1921（大正10）年の農業補習学校調には1917（大正6）年1月12日創立ともあり、創立年は曖昧であるが、少なくとも大正初期には併置されていたと考えられている。1933（昭和8）年10月15日に近隣3校が合併し窪平地区に諏訪尋常高等小学校（現山梨市立牧丘第一小学校）が開校したことにより、室伏尋常小学校は廃校となった。

<廃校後の保存の動向(46)>

　廃校当初は室伏地区と成沢地区、千野々宮地区が共有していたが、室伏地区以外が権利を放棄したため、室伏地区の公会堂となったようだ。その後、1949（昭和24）年から1951（昭和26）年にかけて山梨高等学校諏訪分校（定時制）として利用された。

　1958（昭和33）年から1960（昭和35）年までは牧丘第一保育所として利用され、保育所閉鎖後に養蚕場として利用されはじめた。1959（昭和34）年頃には旧山梨県東山梨郡役所同様、博物館明治村への移設の話も起こったが、諸般の事情で当地に残ることになったとされる。

　1972（昭和47）年9月には折からの風雨で荒廃が進んでいたことから、地元室伏地区の三枝衛吉が改修費用に100万円を寄付し、このことがきっかけとなり、区長以下85軒で120万円の資金が集まり、総工費220万円で改修工事を行った（植松、1977：53）。その後は、室伏地区の公民館として利用され、1976（昭和51）年3月30日には牧丘町（現山梨市）有形文化財に指定された。1996（平成8）年には外壁補修工事が行われている。

　1999（平成11）年には中山間地域総合整備事業において室伏公民館を移設し、町の新しいシンボルとなる交流施設にするという話が町から室伏地区に対してなされ、2000（平成12）年には移設による新公民館建設を含め、数回にわたり、室伏地区と牧丘町役場で打ち合わせが行われた。また、2001（平成13）年1月の牧丘町議会では、中山間地域総合整備事業による室伏公民館の移設実施計画について説明がなされた。

　2001（平成13）年5月には町と県の間で県指定文化財を見越した移設について話し合いが行われ、6月には県教育委員会を交えた検討がなされ、県指定

文化財を見越した移設費の概算額が文化財審議委員によって見積られた。また、同月には町から室伏地区に対して、移設後県指定文化財にならなくても地区が移設に協力するということが確認され、移設後の公民館の規模について打ち合わせが行われている。見積りの結果、中山間地域総合整備事業の補助金の範疇を超える額であることから、9月の牧丘町議会では、移設後に県指定文化財とならなくとも事業を実施することが説明され、同月には移設の設計が開始され、2002(平成14)年2月には移設工事の入札が控えていた。

こうした動向を受けて、山梨郷土研究会と山梨県考古学協会は連名で「牧丘町旧室伏学校の移設整備に関する要望書」を2002(平成14)年2月22日付で牧丘町長と牧丘町教育委員会宛に提出した(47)。この要望書には、文化財建造物として専門家の指導のもと移設すること、移設後は県指定文化財候補物件になるよう努めること、調査検討委員会を設けることなどが謳われている。この要望を受けてか移設に対しての地元紙の取材に町振興課は「解体する際に建物をじっくり調査し、元の姿に戻せるよう努力したい」(48)とコメントし、その後、専門家を交えた調査委員会をつくり保存調査も実施したようだ(49)。2003(平成15)年1月には現在地へ移設が完了し、同年4月に展示施設、地域住民と「道の駅」利用客の交流施設として、牧丘郷土文化館が開館した(50)。

＜現在の利用状況＞

現在、館の所有は山梨市、所管は山梨市教育委員会である(51)。資料館は、毎週土曜日、日曜日、祝日の10時から15時まで開館しており、入館は有料である(52)。

1階は館長の事務室と復元教室、多目的室があり、復元教室に教育資料が展示されている。2階は旧牧丘町に縁のある人物の展示、ルーベンスの作品が展示されている。

4. 旧春米学校(富士川町、現富士川町民俗資料館)

＜立地＞

旧春米学校は南巨摩郡富士川町最勝寺320番地に所在する。富士川町は県西部に位置する人口16,162人の町である(2014〈平成26〉年4月1日現在)。建物

は町の中心に立地し、西は櫛形山が控え、東は釜無川と笛吹川が合流する富士川が流れる。周辺は町役場や中学校、文化ホールやホームセンターが立地する。建物は増穂小学校敷地内に位置し、建物の両側に体育館とプールがあり建物前方は校庭が広がる。地元では塔屋に時を告げる太鼓が吊るされていたことから、通称「太鼓堂」と呼ばれる（日本木造住宅産業協会、2013：27）。

＜学校の沿革[53]＞

　春米学校は通学の不便を理由にそれまでの天神中条学校から独立して、1875（明治8）年10月17日に宝林寺を仮校舎に開校した。校舎建設の機運が生まれたのは学制公布の頃にすでにあったと考えられており、仮校舎をもって独立したのも新築を念頭に置いたものと考えられる。校舎新築にあたっては、学校用地を地元の小林小太郎が自己所有地500坪をもって提供したところ、協議が進み、1875（明治8）年10月1に工事に着手して、1876（明治9）年9月に落成した。総工事費は3,861円15銭4厘と伝えられる。

　建設にあたっては春米地区からの献金が全てで、その内容をみると、1876（明治9）年9月4日付の献金は（副区長）小林小太郎、（副戸長）神田勇右衛門、（新築世話係）小林孝三・小林清一郎・神田庄次郎、（伍長）加賀美忠次郎・土屋茂右衛門・深沢佐兵衛・三枝唯右衛門・深沢忠平・神田平太郎らからなされ、開校日の9月24日には、土屋茂右衛門他808人が、1877（明治10）年3月22日には、小林八右衛門・坂本日逗ら64人から総計5,554円75銭4厘に上る献金が集まり、この内小林八右衛門は、1人で3,553円15銭4厘を拠出している。

　このように、地元からの献金によって学校建設と学校運営がなされたことがわかる。なお、施工は小宮山弥太郎（山梨県教育委員会学術文化財課、1997：144）と地元春米の大工が請負ったとされる。「明治九

写真4　旧春米学校（富士川町民俗資料館）

年小学校開業表」によれば、1876(明治9)年9月24日に開校しており(山梨県立図書館、1962：144)、当日は来賓を迎えての開校式が催された。

なお、当時の建築地は、現在地でなく、現在地より北西に約1.3km離れた、現在の春米公民館に位置していた。当時の立地は、標高300m付近の高台である。

1886(明治19)年4月9日に公布された小学校令(勅令第14号)を実施するため、県は先だって、1887(明治20)年1月14日付で県令4号「小学校令第二条ニ基キ小学校設置区域及位置指定」を制定した(山梨県教育委員会、1976：853)。この規定によって県内の学校は統合され、尋常・高等小学校として再編されることになり(同上：855)、実質、一村一校制になった。戸長の中島至恭はこれにもとづいて、1887(明治20)年2月の村議会で次のような決定をしている(増穂町誌編集委員会、1976：57)。

一、校名　増穂尋常小学校
一、学校位置　最勝寺組字外堀田
一、校舎模様　春米・青柳両校舎ヲ用ヒ、是ニ新築及増築ス
　　附添　天神・長里両校舎ハ入札払トシ、其入札金ハ新築費ヘ組込・小室分校ハ従前ノ儘・高下分校ハ新築金百円ヲ置キ該組ノ便宜ニ任ス。
一、建築経費予算細目　本館ハ春米学校左右ノ構造ヲ除キ、中ノ構造ノミ用ユ。此予算見積金弐百六円四拾銭。
　　東袖館ハ新築日本風ノ平屋、梁間五間桁間拾弐間。此予算見積金四百七拾七円九拾八銭七厘、
　　西袖館ハ青柳学校校舎全体ヲ用ユ。此予算見積金九拾九円七拾銭。
　　厠ハ天神・春米・青柳三学校ノ分ヲ用ユ。此予算見積金三拾円。
　　校舎営繕費金四拾五円九拾壱銭三厘
一、建築費賦課法、明治二十年度徴収金九百五拾円、同二十一年度上半期徴収金五百五拾円、但此分ハ最勝寺組金五拾円、春米組金三百円、青柳組金弐百円
　　　　　　　　　　　　　　　　　　　　　　　　　　　　　　以上

この決定によれば増穂村には増穂尋常小学校が設置され、春米学校、青柳

学校を用いてこれを新築増設するという内容がわかる。

増穂尋常小学校の新校舎は、中央に春米学校の2階建て校舎をそのまま移設し、西袖館は平屋建てで、青柳学校校舎を移設、東袖館は平屋建てを新築したもので、3棟の総工費は3,156円78銭1厘5毛であったとされ、1888(明治21)年5月1日に開校した。なお、春米学校が転用された本館は、現在の増穂小学校体育館付近にあたる。

増穂尋常小学校は、1919(大正8)年頃に本館(春米学校)のみが残されたようだ。その後1924(大正13)年から増穂村(町)役場の庁舎として転用されたとされ(増穂町役場総務課、1991：533)、1966(昭和41)年12月17日まで使用された。

役場の転用は、学校日誌の1887(明治20)年5月14日の記事に「本日本館ノ西側ニ戸長役場ヲ引移シ爾来爰ニ於テ事務ヲ取ル事トス」(増穂町誌編集委員会、1976：60)とあり、この時点で学校が戸長役場を兼ねることになり、このことが、その後、庁舎としての転用の契機になったと考えられる。

＜廃校後の保存の動向[54]＞

1966(昭和41)年の広報では「完成後の現在の庁舎の処置につきましても、存置していずれかに活用する考えです。」(増穂町役場総務課、1991：272)と町側が建物を取り壊す意思がなく、保存していくことを表明している。

1970(昭和45)年5月7日付の山梨日日新聞が、旧尾県学校保存に対しての県教育委員会のコメントを「いま増穂町の民俗資料館ともども詳しく調べているところです」[55]と伝えるように、1970(昭和45)年の時点で、県が文化財指定に向けて調査検討していることから、文化財指定を見据えた保存への動きがあったと考えられる。

『増穂町誌』下巻には、「役場庁舎として使用されていた旧春米学校を、明治初期を代表する建造物として保存する意味をもって、民俗資料館として活用するよう審議会の建議があって、民俗資料館工事が着工されたのは四九年二月一日であった。」(増穂町誌編集委員会、1976：286)とあり、本格的な保存と民俗資料館の活用は文化財審議会の建議があってのこととわかる。

ただ、増穂町において文化財保護条例が制定されたのは1971(昭和46)年10

月20日のことであり、町教育委員会では同年11月1日付で文化財審議委員を任命し審議会が発足していることから、町文化財審議会発足前より県が先行して指定に向けた調査を検討しており、町での審議はその後のことであることがわかる。

1973（昭和48）年6月20日の広報では、校舎を民俗資料館として整備する計画があることと、その予算として600万円が計上されていることを伝えていることから（同上：533）、文化財審議会での建議は、文化財審議会が発足した1971（昭和46）年から町が移設整備の予算を計上するに至った1973（昭和48）年の間に行われたものと考えられる。なお、広報には「すでに集められている民具を含め、民俗資料館として活用」（同上）とあり、この時期すでに民具が収集されていることが記されており、1970（昭和45）年の新聞記事にみたように、この段階で民俗資料館ないし民具の保管場所であった可能性が考えられる。

1972（昭和47）年3月4日に増穂小学校校舎2棟および体育館、便所を全焼しており、このためか、校舎はおよそ東側30mの地に移設されることになった。

1974（昭和49）年2月1日に工事に着手し、基礎・移転工事400万円、復元本体工事600万円で、外構・松移植等216万円、合計1,216万円の工事費をもって1974（昭和49）年10月に完成した。1階は生活・農耕等の資料を展示し、2階には教育・文化・歴史等の資料が展示された。1974（昭和49）年12月9日には国や県からの来賓を迎えた落成式が行われた（同上：594）。

『増穂町誌』下巻では、「完成した増穂小学校校舎の誇るべきものの第一は外観であろう。第二は一〇〇年前誕生した春米学校（民俗資料館）との共存である。第三は全館暖房施設であり、カラーテレビの放送と受像の設備であり、給食室設備の完備であろうか。」（増穂町誌編集委員会、1976：151-154）と述べていることから、旧春米学校の移設・修復は火災による校地再編の事業の一環という側面をもっている可能性が考えられる。

旧春米学校は、移設・修復を終えた翌年、1975（昭和50）年3月17日に山梨県有形文化財の指定を受けた（山梨県教育委員会学術文化財課、1997：144）。1987（昭和62）年には増穂小学校百周年を契機に教育資料の充実が図られた[56]。増穂町と鰍沢町が2010（平成22）年に合併した後に増穂町民俗資料館から富士

川町民俗資料館に改称した。

<現在の利用状況>
　館の所有は富士川町、所管は富士川町教育委員会で行う[57]。1階は復元教室と展示室に教育資料が展示され、2階は子どもの遊び道具や青い目の人形が展示されている。3階は塔屋部分に該当する。資料館は、毎週、日曜日・水曜日と第2土曜日の9時から14時まで開館しており、入館は無料である[58]。
　現在は、増穂小学校敷地内ということもあり、子供たちに利用され、3年生が総合的な学習の時間を使い、旧春米学校について学んでいる[58]。同町の「道の駅富士川」の外観は旧春米学校を模して設計されるなどし[60]、地域のシンボルとして扱われている。

5. 旧尾県学校（都留市、現尾県郷土資料館）

<立地>
　旧尾県学校は、都留市小形山1565番地1に所在する。都留市は県東部に位置する人口31,992人の市である（2014〈平成26〉年4月1日現在）。建物が所在する小形山地区は市内北部の標高420m付近の山間に位置し、276世帯、826人が生活する。建物の西には高川山がそびえ、付近はリニアモーターカーの実験線と見学施設が立地し、建物の背面は中央自動車道富士吉田線が通る。建物北の隣地には、稲村神社と市指定天然記念物である「稲村神社のエノキ」が所在する。

<学校の沿革[61]>
　尾県学校は1873（明治6）年9月2日に谷村学校の分校として小形山村の山本八郎兵衛宅を校舎として用い、1874（明治7）年9月1日には清水市右衛門宅に移転しており、当初は村民の自宅を仮校舎と

写真5　旧尾県学校（尾県郷土資料館）

していた。

　校舎の建設は、1875（明治8）年12月18日付で学校の左官工事の請負証文が残されていることから、少なくともこの時期には工事に取り掛かっていることがわかる。また、この請負証文には「一西洋作学校二階附一棟^{表口七間}_{奥行七間}」とあり、当初から擬洋風建築の学校建設を念頭に置いていたことがわかる。

　学校の用材は伝聞によれば、1874（明治7）年12月から翌年1月にかけて学校山と呼ばれる村持ちの山の木を伐採したとされ、清水市右衛門宅に仮校舎を移した頃には学校新築の機運があったものと考えられる。

　尾県学校建設の過程は「覚校人足記」に1875（明治8）年12月から1878（明治11）年6月24日の間の工程が断片的に記されており、少なくともこの間に工事が行われたことがわかる。この記録には「明治十丑季学校普請」、『禾生村誌』には「明治十年六月十日学校新築工事ニ着手」とあり、1877（明治10）年6月22日は「稲村大神領元除地（現稲村神社）」の払下げを受けていることから、工事は1877（明治10）年6月に本格化したものと考えられる。

　1877（明治10）年12月の「事務御達写帳」には「去ル九月十一日未曽有之大災ニテ当村尾県学校悉毀損仕候（後略）」とあり、1877（明治10）年9月に学校が災害で壊れてしまい、村でこれを補う余裕がないため、県に金百円の拝借金を願い出ている。

　その後、1878（明治11）年5月5日に開校した（山梨県立図書館、1964：528）。ただ、材木の切り出しや寄付金集めが1874（明治7）年に行われたり、1875（明治8）年12月には左官作業に入っていること、1877（明治10）年9月の災害を前年の1876（明治9）年9月に起きたものと捉え、学校は1876（明治9）年にはある程度完成していたという見方もされている（都留市教育委員会、1987：40）。また、これらを根拠に1877（明治10）年4月の谷村学校からの独立開校の際にすでに校舎として使用されていたとも考えられており（井上、1987：114）、その設立年については明らかになっていない点が多い。

　1878（明治11）年5月5日の開校式には、伝聞によれば当日県令藤村紫朗を招いて式が催されたという。建設費用は683円64銭とされるが、「概価金千二百円」とする史料もあるようだ（松本、1987：4）。

　1879（明治12）年1月4日には、学区に川茂区14戸を含めている。1887（明治

第2章　文化財保存と活用の歴史的経緯と実態　127

20年）1月14日付の県令4号「小学校令第二条ニ基キ小学校設置区域及位置指定」によって、5月1日に禾生村の内、小形山・田野倉・川茂の半分をもって学区とし、禾生第二尋常小学校と改称した。その後、1890（明治23）年の第2次小学校令（勅令第215号）により、1892（明治25）年7月1日に田野倉を分離させ、再び小形山と川茂の半分を学区とし、尾県尋常小学校と改称している。

　1924（大正13）年6月に南都留郡長より、尾県学校と田野倉学校を廃止し、昇小学校と統合して禾生小学校とする案に対する答申が求められたが、この統合は地域住民の反対により実現しなかった（同上：27）。

　1927（昭和2）年12月には校舎が増設されたが（山梨県、1999：259）、その後、尾県学校と田野倉学校の廃止統合が1941（昭和16）年に実現し、禾生尋常高等小学校に統合され、尾県学校は1941（昭和16）年3月31日に廃校になった。

＜廃校後の保存の動向[62]＞

　禾生尋常高等小学校は、1941（昭和16）年3月1日の国民学校令（勅令第148号）により、1941（昭和16）年4月1日に禾生国民学校に改称した。

　その後、禾生国民学校は1946（昭和21）年3月16日に火災で全焼し、そのため、校舎復旧までの間、臨時に小形山地区の児童は旧校舎である旧尾県学校で授業を受けることになった。1947（昭和22）年11月に新校舎が建設されたが、分教場の児童を収容することができず、1949（昭和24）年2月に分教場を田野倉地内に建設することになり、1950（昭和25）年4月に分教場完成と同時に独立し、本校を禾生第一小学校とし、分校を禾生第二小学校とした。児童は新設の禾生第二小学校へ移り、旧尾県学校はこの時点で学校としての利用はされなくなった。

　校舎として利用されなくなった旧尾県学校のその後についてみる。小形山区有文書の中の区民集会議事録の内容を確認すると、1951（昭和26）年7月4日に行われた役員会において、旧尾県学校の取り扱いが議題に挙げられ、決議事項として「旧小学校維持ニ就キ役員会ヲナス決議事項　一　青年ニ計リ世話ヲナサシムル事　二　間借ニ人ヲ置ク事等（後略）」[63]とある。

　学校の維持については青年団が関わることと、建物を貸して人を置くことが決議されたことがわかる。校舎が戦後引揚者の住居に使用されていたと伝

えられており（奥、2009：111）、この時期には住居として校舎を間貸ししたことが考えられる。

1956（昭和31）年10月3日には、小形山の婦人学級から区長宛に綿入れ講習を行うため同日借用したい旨の請願書が出されており[64]、単に住居だけでなく、様々な用途で学校が用いられていたことがわかる。

ただ、老朽化が進んでか、1960、1961（昭和35、36）年頃に学校の取り壊しの話が区民会議で出され、これに対し婦人会が反対をしたようだ[65]。このことを裏付けるように、地域住民の奥秋壱作は「建物も老朽化し又台風等で破損がひどくなり、区としても維持管理が困難となったので途中身売りの話も出たが、この校舎で勉強した老年の母校愛の切なる執念で、これを切り抜けたことも昔話である。」（奥秋、1978：35）と当時を振り返っている。

一時は取り壊しの話が出たようだが、1967（昭和42）年1月17日の小形山区定期総会では屋根の修理について実施することを決定し、地元で維持管理に努めている様子がわかる[66]。

同年5月14日には、市文化財審議会委員らが小形山を訪れ、「旧尾県小学校校舎を明治百年の記念事業として重要文化財として指定し、現在の破損個所の修理復元し、我々の先祖が如何にして生活して来たか其の当時の物を集めて陳列したら」[67]との提案があったようだ。これに対し、地元で協議された記録は出てこないが、同年12月24日には、県文化財審議委員2人と市教育長、市文化財審議会委員が県の文化財指定をするための調査に小形山地区を訪れたことが記録されている[68]。このことから、5月14日からここに至るまで、記録上には表れないが、地元で文化財審議会の文化財指定の提案を受け入れていたことが考えられる。

1968（昭和43）年の1月10日の区民会議では「一、旧尾県小学校県重要文化財指定の件」とあり、どのようなことが話し合われたか定かでないが、1月16日の会議録に「1. 旧尾県小学校文化財指定について　指定になった場合の維持費が地元に負担になるか否か県・市教育委員会と連絡調査の上検討する。」[69]とあり、建物の維持費が地元負担になるかが、文化財指定の論点になったと考えられる。

その後、同年5月26日に常会長会議を区長宅で開催し、「旧尾県小学校々舎

の山梨県文化財保護条例による県指定文化財候補について相談の結果、本年初寄合の結果、地元負擔が無ければ指定もよいとの総会の決定(後略)」(70)とあり、地元の総意が県指定になっても維持管理が地元負担にならなければ、構わないというところまで絞られてきたことがわかる。

同年10月2日には、市役所において教育長より市長を発起人とした小形山旧学校保存会設立について話があり、これを受け同日、常会長会議で「四. 尾縣旧小学校保存会について」という議題で、「四　尾県学校保存会を至急に作る　小形山一円と川茂の一部と地域の成功者発起人は市長、教育委員、市議、自治会」が決定事項として記される(71)。

さて、保存会設立のとき作成された『小形山学校保存会』(72)という綴に保存会の趣意文を確認することができる。以下がその内容である(73)。

　　　小形山学校保存会
　　趣意
　　明治五年新政府は学問の必要をとなえ学制を布いた。村々では小学校の建設がさかんになつた。その当時は学校の建設維持運営はすべて村民の負担として行われた。当小形山学校(後に尾県とした)も村の人たちの力で臼木の学校山から用材を伐りたて西欧の様式をとりいれたところのいわゆる藤村式小学校を建設して明治十一年五月に開校のはこびとなつた。まだ当時とすれば県下でもまれにしかなく近代日本を象徴するこの学校からすぐれた人たちがたくさん社会におくられていつた。こうして新しい日本そしてこの村に立派な学校をいちはやくもつことができたのも、わたくしたちの祖父曾祖父の郷土愛と人間形成の熱意あるすぐれた考えによるものであり、真に近代日本の文化財として大きな意義があります。
　　本年は明治百年といわれているが先人の努力になる由緒ある記念物としてこれを保存しまた活用してゆくことによつて、歴史を正しく知りこれからのきびしい社会生活への反省の資としてゆくため保存会をもうけて、教育文化をたかめるよう、心を同うする多数のみなさんのご賛同とご協力をおねがいする次第であります。
　　昭和四十三年十月一日発起人

都留市長　前田　清明

　常会長会議では、保存会は小形山一円と川茂の一部としているが、この綴には、発起人を市長とし、市議会議員・区長・各常会長・自治会長はじめ小形山のみならず、田野倉・古川渡・井倉地区の住民の名前を確認でき、384人の署名が確認できる。

　1970（昭和45）年3月30日に旧尾県学校は、都留市第1号の都留市文化財に指定された（都留市役所企画課、1979a：377）。同年5月7日付の山梨日日新聞の記事には、旧尾県学校が県有形文化財に指定される見通しがついたことが掲載され、都留市教育委員会は「2年ごしの希望がやっと認められ旧尾県学校を市文化財に指定することが出来」[74]とあり、保存会設立から文化財指定に向けて取り組んできたことがわかる。また記事には市が1970（昭和45）年度予算に修復費用として10万円を計上し、地元でも解体再建となれば200万円ほどは出資したいと報道されており[75]、市と地元が修復に前向きな姿勢であることがわかる。

　この記事には、県教育委員会ではこれまで3回の調査をし、増穂町の民俗資料館（旧役場藤村式建築）ともども「出来るだけ早く県文化財に指定したい」[76]との態度を示したと報道されている。数回の調査を実施し、増穂町の旧春米学校との同時の指定を検討していることから、県がかなり慎重に擬洋風建築の県文化財指定に取り組んでいる様子がわかる。

　市では同年に予算計上した10万円で応急的に一部修復を行い（同上：377）、修復して民俗資料館として開館するため、1973（昭和48）年2月から400万円をかけて復元工事を進め[77]、同年11月27日に落成式を行い、同年12月1日に地域の民俗資料を中心に展示する資料館として開館することになった（同上：545）。館内には小形山地区約50戸から収集した農具や民具、古文書などが展示された[78]。落成式には、資料館建設への寄付者や資料収集に協力した小形山自治会、展示ケースを寄付した小形山婦人会などに感謝状が贈られており、資料館建設に対しては地元の関与が多くあったことがわかる[79]。1975（昭和50）年3月17日には、山梨県有形文化財に指定された（井上、1990b：52）。

1979(昭和54)年3月の第2次都留市長期総合計画の「市民文化」の項目における現状と課題において、「尾県郷土資料館において文化財の保管・展示を行っているが、年々の資料点数の増加で展示場所が狭くなっており、新たに保管・展示する施設の設備が必要となっている」(都留市役所企画課、1979b：150)と資料館の現状に言及しており、開館して6年で、館内が資料増加で物置化しつつある状況がわかる。

　こうした課題は解決されなかったため、適当でないので地域住民が協議し(井上、1990b：52)、山梨県国体の開催を機に展示内容を改めることになった。そして、教育資料を中心とした資料館として開館するため、1985(昭和60)年5月に資料館内の展示物と内装の変更作業が開始され(都留市教育委員会、1987：35)、1986(昭和61)年5月26日に教育資料を中心とした展示施設として開館した(井上、1990b：52)。このリニューアルには、小形山地区住民の物心面での協力があったといい(都留市教育委員会、1987)、当時、地域住民の有志が小形山地区を回り、展示資料の収集を実施していたようだ[80]。

＜現在の利用状況＞

　館の所有は都留市、所管は都留市教育委員会で行い[81]、管理は都留市教育委員会が地域住民に館長を委託する形で運営し、開館時は館長が1人駐在する[82]。また1986(昭和61)年の資料館改装時に地域住民で独自に尾県郷土資料館協力会を組織し、館内の清掃・美化、防火活動など運営の様々な場面で協力を行っている(都留市社会福祉協議会・都留市ボランティア連絡会、2003：18)。なお、現在の館長は尾県郷土資料館協力会員も兼ねている[83]。

　1階には教育資料の展示室と復元教室、館長の事務室があり、事務室は地域住民や来館者が集う場となっている。事務室には、一坪図書館という市立図書館が行う遠隔地サービスの書庫が設置され、地域住民に本の貸し出しも行っている。2階は教育資料と子どもの遊び道具が展示されており、地域の子供たちの遊び場になっている[84]。資料館は、毎週火曜日、木曜日、土曜日、日曜日、祝日の10時から16時まで開館しており、入館は無料である[85]。

第9節　各地の藤村式建築、保存経緯、活用の比較

　以上、山梨県内の藤村式建築の成立と保存の経緯とそこにおける地域住民の関与をみてきた。ここからは、各地の建物について建設から廃校、そして保存までの経緯を地域住民の関与の観点から検証・比較し、地域主義にもとづく文化財保存と活用の実態としての事例を導く。

　そこで、廃校後から保存・活用までの経緯をまとめた表1と、それぞれの事例の所有や管理運営などに関する主体や時期などの情報をまとめた表2を作成し、これらにもとづいて検証と考察を進めることにする。

1. 保存への地域の関与

　各地の学校は明治維新以降、政府の方針で学制が施行され、国内で擬洋風建築の学校が建設されていく中、山梨県の県令藤村紫朗の影響のもとに登場した建築群であることを示した。ただ、それは政府や県の施策をただ受容して完成した建造物でなく、成立には地域住民の能動的な関与が明らかになった。表1をみると校舎保存へ至った経緯の中で、早々と移転し、役場に転用された旧春米学校以外では、修復など地域住民による建物保存に向けた取り組みが確認できる。表2をみると地域からの保存を望む声は、旧津金学校、旧睦沢学校、旧尾県学校から出され、残り2事例は行政主導で保存が行われている。この違いについて考察する。

　前者と後者の相違点として、ひとつ考えられるのが、校舎移設の有無である。とくに旧春米学校は建設後間もない段階で、当初の建設地から移設されており、建設に携わった地域住民との関係はここで断たれてしまっている。このことから、地域住民の校舎への愛着などの醸成に至らなかったと考えられる。また、1924（大正13）年から1966（昭和41）年までは増穂町役場であり、校舎として利用された期間とほぼ同じ期間、庁舎として利用されたことから、その後の保存・活用をそのまま町が主導して行うというのは、ごく自然な流れといえる。

　ただ、旧室伏学校の移設は各事例の中で最も新しく、旧春米学校の事例と

第2章　文化財保存と活用の歴史的経緯と実態　133

異なる。1972(昭和47)年には、地区住民らの寄付で修復されており、地元の強い保存の姿勢を確認できるが、2003(平成15)年の移設に関して地元の関与は町側からの要請に応えるだけで、主体的な保存への動きは確認できない。そこで、旧室伏学校の事例と他事例との相違点について考察する。表2で他の市町村がそれぞれの地区などから市町村に所有を切り替え、維持管理を行政が担う中、旧室伏学校は所有の移転時期が最後であることがわかる。

表1　各学校の廃校後の保存活用の動向

	旧津金学校	旧睦沢学校	旧室伏学校	旧春米学校	旧尾県学校
明治8年 (1875)	• 落成　開校	• 落成	• 落成		
明治9年 (1876)		• 開校	• 開校	• 開校	
明治11年 (1878)					• 開校
明治20年 (1887)				• 校舎移設	
大正13年 (1924)				• 学校利用停止、役場転用	
昭和8年 (1933)			• 廃校		
昭和16年 (1941)					• 廃校
昭和24年 (1949)			• 高校転用		• 学校利用停止、集会所転用
昭和26年 (1951)		• 修復工事	• 学校利用停止		
昭和30年 (1955)		• 国、県による文化財調査			
昭和32年 (1957)	• 老朽校舎認定	• 学校利用停止、公民館転用			
昭和33年 (1958)			• 保育所転用		
昭和34年 (1959)			• 明治村移設打診		
昭和35年 (1960)			• 保育所利用停止		
昭和36年 (1961)		• 保存委員会発足、県指定文化財、移設・修復工事開始			

昭和41年 (1966)		• 校舎移設、修復工事完了		• 役場利用停止	
昭和42年 (1967)		• 国重要文化財			• 保存会発足
昭和44年 (1969)		• 記念館開館			
昭和45年 (1970)	• 学校使用停止				• 修復工事、市指定文化財
昭和47年 (1972)			• 修復工事（室伏地区による）		
昭和48年 (1973)					• 復元開始および完了、資料館開館
昭和49年 (1974)				• 復元開始および完了、資料館開館	
昭和50年 (1975)				• 県指定文化財	• 県指定文化財
昭和51年 (1976)			• 町指定文化財		
昭和60年 (1985)	• 廃校				• 教育資料館改装
昭和61年 (1986)	• 町指定文化財				• 教育資料館開館
昭和62年 (1987)				• 教育資料充実化	
平成元年 (1989)	• 調査委員会発足、復元開始				
平成2年 (1990)		• 教育資料館へ改装			
平成3年 (1991)	• 復元完了、公民館開館				
平成4年 (1992)	• 資料館開館、県指定文化財				
平成14年 (2002)				• 移設、復元工事	
平成15年 (2003)				• 文化館開館	
平成19年 (2007)		• 移設、修復工事開始			
平成22年 (2010)		• 移設、修復工事完了、資料館開館			
平成26年 (2014)	• 津金学校として現在に至る	• 甲府市藤村記念館として現在に至る	• 牧丘郷土文化館として現在に至る	• 富士川町民俗資料館として現在に至る	• 尾県郷土資料館として現在に至る

第2章　文化財保存と活用の歴史的経緯と実態　135

表2　所有・管理運営・保存活用に関する主体と時期

	旧津金学校	旧睦沢学校	旧室伏学校	旧春米学校	旧尾県学校
所有者	北杜市	甲府市	山梨市	富士川町	都留市
所管	北杜市教育委員会	甲府市教育委員会	山梨市教育委員会	富士川町教育委員会	都留市教育委員会
保存の契機	地元から保存を望む声が上がったこと	地元と有識者から保存を望む声が上がったこと	行政主導	行政主導	地元と有識者から保存を望む声が上がったこと
保存調査団体	津金学校藤村式校舎解体調査委員会	藤村様式旧睦沢小学校保存委員会	調査委員会（名称不明）	不明	小形山学校保存会
移設の有無	なし	あり	あり	あり	なし
文化財の種別	県指定文化財	国重要文化財	市指定文化財	県指定文化財	県指定文化財
文化財指定の時期	1986（昭和61）年（町指定）	1961（昭和36）年（県指定）	1976（昭和51）年（町指定）	1975（昭和50）年（県指定）	1970（昭和45）年（市指定）
修復の時期	1991（平成3）年	1961（昭和36）年	1972（昭和47）年	1974（昭和49）年	1973（昭和48）年
所有の移転時期	1992（平成4）年頃か	①1961（昭和36）、②1969（昭和44）年	2003（平成15）年頃か	1887（明治20）年	1973（昭和48）年頃か
所有の移転	津金地区→須玉町	敷島町→保存会→甲府市	室伏地区→牧丘町	春米地区→増穂村	小形山地区→都留市
管理運営の方法	指定管理	指定管理	地元から館長を雇用	地元から館長を雇用	地元へ館長を委託
管理運営団体	NPO法人文化財資源活用協会	NPO法人甲府駅北口まちづくり委員会	なし	なし	なし
運営ボランティア団体	なし	なし	なし	なし	尾県郷土資料館協力会
現在の利用	津金学校（資料館）	甲府市藤村記念館	牧丘郷土文化館	富士川町民俗資料館	尾県郷土資料館

　旧津金学校、旧睦沢学校、旧尾県学校の事例をみると、行政が県および市や町の文化財に指定し、その前後で行政と地域住民や有識者で保存修復のための保存会や委員会を組織しており、共同で保存や修復に向けて取り組んでいる様子が伝えられる。

　ただ、旧睦沢学校の事例は保存運動の主体は途中で有識者（山梨郷土研究会）主導に切り替わっているため、この傾向は旧津金学校と旧尾県学校の事例でとくに強いといえる。一方、1972（昭和47）年の旧室伏学校の修復には行政

の関与がないが、これは当時、室伏地区が建物を乾繭所として利用しており、文化財としての保存を念頭に置いた修復でなかったため、町側が関与しにくい状況にあり、1976(昭和51)年の文化財指定は地域住民による改修により、藤村式建築の建築様式を保てなくなることが危惧され、苦肉の策として町側が行った経緯があったとされる(86)。このことから、地域住民と行政とで文化財保存に向けて足並みが揃っていない状況が確認でき、町が維持管理の主体になるのが、他事例に比べて遅れたと考えられる。また、1972(昭和47)年の地元が主体となる修復工事は、卒業生など学校の記憶や思い出をもち、建物に愛着を抱く人々によるものであったと考えられる。ただ、廃校から約70年が経過した2003(平成15)年の段階で、当時の卒業生はほとんど残っていなかったと考えられる。この時点では旧室伏学校にそれほど愛着を感じない世代に代わっていた可能性があり、保存への主体的な働きかけが確認できないのは、こうした理由にあるといえる。

2. 活用方法

表2の「現在の利用」をみると全てが現在、資料館として開館しており、活用方法が共通していることがわかる。この点について考察する。

表1をみると旧睦沢学校は1961(昭和36)年から藤村様式旧睦沢小学校保存委員会の働きによって移設・修復され、1967(昭和42)年に国重要文化財に指定され、1969年(昭和44)年に甲府市藤村記念館として開館した。旧睦沢学校が国重要文化財に指定された1967(昭和42)年時点で旧尾県学校に保存会が発足し、保存に向けた動きがみえ、甲府市藤村記念館が開館した1969(昭和44)年から4年後の1973(昭和48)年に尾県郷土資料館が開館した。尾県郷土資料館開館の翌年には、増穂町民俗資料館が開館し、1975(昭和50)年には、同時に2館は山梨県有形文化財に指定された。

旧春米学校では1966(昭和41)年に役場としての利用を終えており、旧尾県学校でも屋根が修理された1967(昭和42)年の時点で、学校は荒廃が進んでいたといえる。そんな中、旧睦沢学校が国重要文化財に指定され、資料館として開館したことは、荒廃した建造物に新たな利用価値を見出すきっかけになったといえる。旧春米学校と旧尾県学校の保存から資料館化という一連の動

きは、旧睦沢学校の保存を意識してのことと考えられる。また、2校が同時期に1975(昭和50)年の県指定文化財になったことは、旧睦沢学校の国重要文化財指定によって県が藤村式建築の学校校舎に文化財としての確かな価値が明示されたことによると考えられる。

この翌年、1976(昭和51)年に旧室伏学校が町指定文化財となっているが、これは、先に述べたように、地域住民による改修を進めさせないという町側の意図からすると、旧睦沢学校をはじめ藤村式建築が保存され、資料館化され、藤村式建築の価値が明らかになっていく中、その価値を保とうとしたことが考えられる。旧津金学校はこうした保存の動きの中、校舎が維持され続けており、廃校は5事例で最後であったため、保存・復元から資料館化までの過程は他事例が大きく影響しているといえる。ただ、その後の1990(平成2)年に行われた甲府市藤村記念館の教育資料館への改装は、1986(昭和61)年の旧尾県学校と翌1987(昭和62)年の旧春米学校の教育資料館改装に影響を受けた可能性が考えられる。

つまり、これら市町村の校舎保存から活用までの経緯は、表1をみる限り、旧睦沢学校の保存経緯をモデルにし、その後の活用方法は互いに影響を受ける形で発展してきた可能性が考えられる。

3. 活用への地域の関与

ここでは資料館の管理運営に対しての地域住民の関与をみていく。資料館の管理運営について、表2の「管理運営団体」をみると旧津金学校と旧睦沢学校に1団体ずつあり、加えて「運営ボランティア団体」は旧尾県学校に1団体ある。

それぞれのコミュニティに地域住民がどの程度含まれているか、その発足の経緯をみる。先にみたように「管理運営団体」のNPO法人文化財資源活用協会とNPO法人甲府駅北口まちづくり委員会は、地域住民を成員とした団体である。前者は旧津金学校保存に関与した地域住民の一部がその後、隣に建つ大正校舎取り壊しの際に保存運動を起こし[87]、取り壊しを免れた大正校舎を修復しようと参集したメンバーからどくだみの会が発足し、ここを核にNPO法人文化財資源活用協会が発足した(鈴木、2005：234)。後者は土地区

画整理事業を促進するため、1998(平成10)年1月に結成された甲府駅北口地区区画整理事業推進委員会が前身となっており、その後、甲府駅周辺地区新都市拠点整備事業の本格的な取り組みを機に2009(平成21)年1月、甲府駅北口まちづくり推進委員会が発足した[88]。2011(平成23)年に甲府市が管理する甲府駅北口12施設の指定管理を受け、同年10月1日にNPO法人化するとともに、甲府駅北口まちづくり委員会に改称した[89]。

　両者を比較すると、旧津金学校では現在、活用に関わるコミュニティが保存にも関与していることがわかる。一方、旧睦沢学校は現在の活用と保存に関与した地域住民は、建物が移設されているので、当然ではあるが、現在の睦沢地区の関与は確認できない。甲府市藤村記念館は睦沢村から甲府市の武田神社境内に移設され、さらに、新たに別の場所へ移設されているため、地域住民との歴史的なつながりは希薄といえ、両者は地域住民が関与するコミュニティではあるものの、保存からの地域住民の関与の継続性において相違がみられる。

　旧尾県学校にみられる「運営ボランティア団体」の尾県郷土資料館協力会は、1986(昭和61)年の資料館改装時に資料収集をした地域住民を核に発足しており[90]、建物の保存・活用に対して地域住民が能動的に働き掛けることで、建物が移設を免れ、現存した地域でコミュニティが発足したという点からみても、文化資源活用協会に類似したコミュニティといえる。

　旧津金学校と旧尾県学校は、現在地から移動しておらず、地域住民の建物への愛着は、他事例と比較すると長い時間をかけて醸成されているといえ、そのことがコミュニティ生成と現在の活動の要因になっている可能性が考えられる。

　ただ、移設されてもその地域に根差して、受け継がれ、新たに住民の愛着を育んでいく可能性を旧睦沢学校の事例は示しているといえる。

4. 藤村式建築の学校が地域に残された理由

　先述のとおり、藤村式建築は学校の他にも官公庁等の建物に用いられ、200棟余り建てられたとされるが、学校以外で現存する建物は旧山梨県東山梨郡役所のみであり、37校の藤村式建築の学校のうち5校が現存するという現状

から考えると、学校がいかに多く保存されたかわかる。表1で学校利用停止時期が重なる昭和20年代は戦後復興の最中で、修復して後世に残すという発想は少数であったことと考えられる。

　植松光宏も、藤村式建築のほとんどが昭和20年代、30年代に取り壊されている中で、5校が残されたのは奇跡と述べている（植松、1977：46-47）[91]。そのような中、山梨郷土研究会を中心に昭和30年代に行われた旧睦沢学校の保存運動は時代の流れに逆行する動きであったといえる。山梨郷土研究会は旧睦沢学校の他、旧山梨県東山梨郡役所の保存、そして、おそらく旧室伏学校の博物館明治村移転の話にも関与していると考えられ、こうした昭和30年代の一連の保存運動は藤村式建築が失われることを危惧してのことと捉えられ、結果として、この保存運動は藤村式建築の優品的価値を広く周知するきっかけになったといえる。

　こうした有識者の目にふれる以前は、藤村式建築は文化財としての価値があるとは見なされなかったため、校舎の経年劣化が進み、高度経済成長を迎えた時期に、老朽化した建物を保存するか否かの決定は、地域住民の保存への熱意にかかっていたといえる。この保存への機運は、学校が地域に広く親しまれ、地域住民の愛着が強い建物であり、こうした感情が発端にあると考えられる。

　たとえ地域住民の意志で保存できたとしても、都留郡明見村（現富士吉田市明見）に1876（明治9）年10月に建設された明見学校のように、学校として利用されなくなった後、民間に引き取られ倉庫に利用されていたものの、2013（平成25）年10月に取り壊された事例もある（山梨県教育委員会学術文化財課、2015：152-153）。これは個人や民間で維持管理するには限界があり、行政の関与が恒久的な保存に不可欠であることを示す事例といえる。このことを示すように表2の「所有者」をみると5事例のいずれもが自治体の所有になっていることがわかる。

　また、学校が残された理由として他に考えられるのが、学校のほとんどが神社の境内地に建設され、もともと公共性の高い場所が建設地に選択されていることから、表1のとおり、廃校後に集会所や公民館、役場に転用されやすかったといえる。このことにより、取り壊しを免れたとも考えられる。

小 結

　本章では、山梨県内に現存する藤村式建築の成立と保存・活用について、建物の成立背景と地域住民の関与を明らかにした。建物成立には地域住民が強く関与しており、保存・活用に関して各事例を比較した結果、保存と活用に対する地域の関与は旧津金学校・旧睦沢学校・旧尾県学校の事例で強いことが明らかになった。ただ、活用に関して旧睦沢学校は移設した際に保存に関与した地域住民とのつながりが断たれているため、旧津金学校・旧尾県学校のように活用まで継続した地域住民の関与は確認できなかった。

　以上から、保存と活用において地域住民の関与が強い事例は旧津金学校と旧尾県学校の事例といえ、本章では、この2事例を地域主義にもとづく文化財保存と活用の実態を示す事例と捉える。

　旧津金学校・旧尾県学校の事例は、地域住民・有識者・行政の三者が保存の行為主体になっている。この保存に向けた共同の取り組みは、地域住民と有識者が文化財の保存を行政に訴え、有識者が専門知識によって建物の優品的価値を明らかにしたものである。そして、こうした保存の訴えを行政が受け止め、文化財指定と自治体所有に切り替え、建物の維持に努めるという内容である。保存に関与するいずれの行為主体も優位性をもっておらず、保存が相互の協働の上に成立しているといえる。

　通常の文化財保護の取り組みは、文化財審議会の有識者からの答申を教育委員会が受けて、地域の遺産を文化財指定するという手続きが一般的であるが、これらの事例はこの手続きに地域住民が参加し、多様な行為主体が連携し、関与する特徴をもつといえる。こうして保存の発端から地域住民が関与し続けたため、その後の活用において地域住民の継続した関与に至ったと考えられる。このような文化財保存と活用の在り方は、地域主義にもとづく文化財保存と活用の特徴といえる。また、こうした地域住民の文化財保存を動機付けるものとして、文化財への地域住民の愛着に要因があると考えられる。

第2章　文化財保存と活用の歴史的経緯と実態　141

註

(1) 文化庁「国指定文化財等データベース」http://kunishitei.bunka.go.jp/bsys/index_pc.asp（2014年5月8日閲覧）。

(2) 総務省「市町村数の変遷と明治・昭和の大合併の特徴」http://www.soumu.go.jp/gapei/gapei2.html（2016年12月29日閲覧）。

(3) 文部科学省「廃校施設等活用状況実態調査の結果について（2012〈平成24〉年9月14日）」http://www.mext.go.jp/b_menu/houdou/24/09/1325788.htm（2015年5月21日閲覧）。

(4) 文部科学省「廃校リニューアル50選」http://www.mext.go.jp/a_menu/shotou/zyosei/03062401/50senn_index.html（2014年5月8日閲覧）。

(5) 京都市学校歴史博物館（旧京都市立開智小学校）は正門のみ登録文化財につき除外した。

(6) 「北口まちづくり委NPOに」、山梨日日新聞、2011年10月7日付朝刊、25面。

(7) 文部科学省「廃校リニューアル50選―7　加茂青砂ふるさと学習施設」http://www.mext.go.jp/a_menu/shotou/zyosei/03062401/50senn_07_ht/07.html、（2014年5月8日閲覧）。

(8) 山梨県「第1回美しい県土づくり大賞（2012〈平成24〉年度）」https://www.pref.yamanashi.jp/kendosui/utukushikendodukuritaisyou24.html（2016年2月10日閲覧）。山梨県「第2回美しい県土づくり大賞（2013〈平成25〉年度）」https://www.pref.yamanashi.jp/kendosui/utukushiitaisyou.html（2016年2月10日閲覧）。

(9) 山梨県内の藤村式建築は、5棟の指定文化財以外に国登録文化財で甲州市塩山上於曽に所在する旧千野学校（塩山市中央区区民会館）が現存する。旧千野学校は1879（明治12）年（1880〈明治13〉年とも）に竣工された（植松、1977；山梨県教育委員会学術文化財課、1997）。1948（昭和23）年に千野地区から現在地へ警察署として移設され、県立図書館の分館として利用された後、1982（昭和57）年より公民館として利用された（同上）。本書では保存経緯が不詳であり、事例研究の対象から除外したが、旧千野学校を含めた研究は今後の課題としたい。

(10) 近代の学校教育制度の成立と小学校建設の経緯の記述は、文部省の『学制百年史　記述編』（文部省、1974a）を参照した。

(11) 戸掛は区内全戸の負担で、村税とは別に課せられていた（山梨県、2005：82）。

(12) 内容はとくに断りのない限り、植松光宏論文（植松、1975）を参照した。

(13) 藤村式学校建築年表（奈良・綾井・渡辺・伊藤、1997b：52）に明見学校（富士

142

吉田市)を加えた数である。明見学校は近年の調査で藤村式建築との類似点が指摘されることから、本章では明見学校も数に加えることにした(山梨県教育委員会学術文化財課、2015：152-153)。

(14) 藤村式建築は藤村紫朗の奨励によるということから、藤村の在任期間中に建設された建造物を指すと考えられ、藤村が山梨県を去った後に建てられた石和学校は本来、除外されるものと考えられるが、擬洋風建築であり、従前の藤村式建築の影響を受けていると考えられることや、植松光宏(1977)や奈良幸枝他(1997b)によって石和学校を藤村式建築に含めていることから、本研究においても石和学校を藤村式建築に含めることにした。

(15) 藤村式学校建築年表(奈良他、1997b：52)に明見学校を加えた数。

(16) 内容はとくに断りのない限り、『須玉町誌』(須玉町、1975)と『須玉町史 通史編』第2巻(須玉町、2001b)を参照した。

(17) 高橋正明氏所蔵文書「校舎跡地利用に関する陳情書 昭和60年1月25日付」。なお、この史料は第3章第5節に全文を掲載した。

(18) 同上。

(19) 北杜市役所所蔵文書「議会協議会々議録 須玉町議会 自昭和59年度 至昭和61年度」。

(20) 同上。

(21) 「津金小解体へ調査委発足」、山梨日日新聞、1989年1月28日付朝刊、14面。

(22) 同上。

(23) 「藤村式校舎よみがえる」、山梨日日新聞、1991年1月5日付朝刊、17面。

(24) 「藤村式建築の旧津金小資料館できょう再出発」、山梨日日新聞、1992年3月7日付朝刊、22面。

(25) 前掲註(23)山梨日日新聞、「藤村式校舎よみがえる」。

(26) NPO法人文化資源活用協会「津金学校 学校史年表」http://tsugane.jp/meiji/chronicle(2014年5月8日閲覧)。

(27) 北杜市「北杜市郷土資料館条例(2005〈平成17〉年10月7日条例第38号)第4条」http://www.city.hokuto.yamanashi.jp/~reiki-web/reiki_honbun/r112RG00000733.html(2014年5月8日閲覧)。

(28) NPO法人文化資源活用協会「津金学校 ご利用案内」http://tsugane.jp/meiji/guide(2014年5月8日閲覧)。

(29) 「甲府駅北口玄関づくり本格始動」、山梨日日新聞、2007年1月27日付朝刊、20面。

第 2 章 文化財保存と活用の歴史的経緯と実態 143

(30) 内容はとくに断りのない限り、『敷島町誌』(敷島町役場、1966)を参照した。

(31) 現地に「睦澤小学校跡碑」が残る。

(32) 「取りこわしの運命 睦沢公民館」、山梨日日新聞、1961年 7 月14日付朝刊、 7 面。

(33) 内容はとくに断りのない限り、『敷島町誌』(敷島町役場、1966)と『睦沢小学校創立百周年記念誌』(睦沢小学校、1972)と羽中田壮雄論文(羽中田、1976)を参照した。

(34) 前掲註(32)山梨日日新聞、「取りこわしの運命 睦沢公民館」。

(35) 「藤村建築に保存運動校舎増築の板ばさみ」、山梨時事新聞、1961年 9 月12日付朝刊、12面。

(36) 「移転して保存、敷島亀沢の藤村式建物」、山梨日日新聞、1961年 8 月30日付朝刊、 5 面。

(37) 前掲註(35)山梨時事新聞、「藤村建築に保存運動校舎増築の板ばさみ」。

(38) 「市内初の教育資料館に」、山梨日日新聞、1990年 7 月11日付朝刊、17面。

(39) 「藤村記念館甲府駅北口へ」、山梨日日新聞、2007年 3 月 3 日付朝刊、27面。

(40) 甲府市「藤村記念館」https://www.city.kofu.yamanashi.jp/bunkashinko/shisetsu/bunka/fujimura.html(2016年 2 月 8 日閲覧)。

(41) 甲府市「甲府市藤村記念館条例(1966〈昭和41〉年10月 7 日条例第40号)」http://www1.g-reiki.net/kofu/reiki_honbun/e602RG00000598.html#l000000000(2014年 5 月 8 日閲覧)。

(42) 前掲註(40)ウェブサイト「藤村記念館」、(2016年 2 月 8 日閲覧)。

(43) 横内史貴「わが街の近代化遺産 1 藤村記念館」、山梨日日新聞、2012年 5 月18日付朝刊、23面。

(44) 甲府駅北口まちづくり委員会「藤村記念館のご利用について」http://www.kitagucchi.com/riyou.html(2016年 2 月 8 日閲覧)。

(45) 内容はとくに断りのない限り、『東山梨郡誌』(山梨教育会、1916)、『牧丘町誌』(牧丘町誌編纂委員会、1980)、奈良幸枝他論文(奈良・渡辺・綾井・伊藤、1997a)、『山梨県史 文化財編』(山梨県、1999)を参照した.。

(46) 内容はとくに断りのない限り、奈良幸枝他論文(奈良他、1997a)、『山梨県の近代化遺産─山梨県近代化遺産総合調査報告書─』(山梨県教育委員会学術文化財課、1997)、『山梨県史 文化財編』(山梨県、1999)、室伏徹氏所蔵文書「中山間地域総合整備事業 牧丘地区活性化施設建設について」を参照した。

(47) 室伏徹氏所蔵文書「牧丘町旧室伏学校の移築整備に関する要望書」。

(48) 「『藤村式』校舎往時の姿に」、山梨日日新聞、2002年3月5日付朝刊、14面。

(49) 「藤村式旧室伏学校125年前の姿に」、山梨日日新聞、2003年1月11日付朝刊、19面。

(50) 同上。

(51) 山梨市「山梨市花かげの郷まきおか『牧丘郷土文化館』設置及び管理条例（平成20年3月28日条例第3号）第3条」http://venus.city.yamanashi.yamanashi.jp/reiki_int/reiki_honbun/r189RG00000785.html、（2014年5月8日閲覧）。

(52) 山梨市「牧丘郷土文化館（旧室伏学校校舎）」http://www.city.yamanashi.yamanashi.jp/sight/tour/culture/makioka.html、（2016年6月17日閲覧）。

(53) 内容はとくに断りのない限り、『増穂町誌』下巻（増穂町誌編集委員会、1976）、『百年のあゆみ　太鼓堂　増穂小学校創立百年記念誌』（記念誌編集委員会、1987）を参照した。

(54) 内容はとくに断りのない限り、『増穂町誌』下巻（増穂町誌編集委員会、1976）を参照した。

(55) 「尾県学校（都留）を県文化財に」、山梨日日新聞、1970年5月7日付朝刊、10面。

(56) 「学舎をしのぶ」、山梨日日新聞、1992年1月1日付朝刊、59面。

(57) 富士川町「富士川町民俗資料館条例（2010〈平成22〉年3月8日条例第102号）」http://www.city.tsuru.yamanashi.jp/div/gyousei/htm/reiki/act/print/print110000391.htm、（2014年5月8日閲覧）。第5条に「資料館の設置及び運営に関し必要な事項は、教育委員会規則で定める」とある。

(58) 富士川町「太鼓堂（民俗資料館）」http://www.town.fujikawa.yamanashi.jp/kanko/gallery/taikodo1.html（2014年5月8日閲覧）。

(59) 土屋圭佑「わが街の近代化遺産4　旧春米学校」、山梨日日新聞、2012年6月9日付朝刊、21面。

(60) 「『道の駅富士川』来春開業へ起工式」、山梨日日新聞、2013年1月18日付朝刊、19面。

(61) 内容はとくに断りのない限り、『禾生村誌　復刻版（明治43年10月発刊）』（禾生第一小学校創立百周年記念事業実行委員会、1973）、『都留市史　資料編　近現代』（都留市史編纂委員会、1993）、『学校沿革誌』四　所収の尾県尋常小学校の項、禾生第一小学校・昇尋常小学校・禾生高等小学校の項（中野、1971）、井上敏雄論文（井上、1990a）を参照した。

(62) 廃校から禾生第二小学校完成までの動向は、『学校沿革誌』四　所収の禾生第

一小学校・昇尋常小学校・禾生高等小学校の項(中野、1971)を参照した。

(63) 小形山区有文書「昭和26年記録　5月小形山区」。

(64) 小形山区有文書「請願書(婦人学級にて綿入れの講習のため尾形旧校舎を借用致し度)」。

(65) 尾県学校卒業生O氏の聞き取り調査による(2013年12月16日聞き取り)。

(66) 小形山区有文書「小形山記録簿　起昭和42年1月　至昭和43年12月」。

(67) 同上。

(68) 同上。

(69) 同上。

(70) 同上。

(71) 同上。

(72) 都留市教育委員会所蔵文書『小形山学校保存会』。

(73) 同上。趣意のみ掲載した。

(74) 前掲註(55)山梨日日新聞記事、「尾県学校(都留)を県文化財に」。

(75) 同上。

(76) 同上。

(77) 「第二の人生は〝資料館〟都留の旧尾県小　復旧工事ほぼ終わる」、読売新聞(山梨県版)、1973年9月16日付朝刊、21面。

(78) 「尾県郷土資料館オープン」、山梨日日新聞、1973年11月28日付朝刊、9面。

(79) 同上。

(80) 前掲註(56)山梨日日新聞、「学舎をしのぶ」。

(81) 都留市「都留市尾県郷土資料館設置条例(1973〈昭和48〉年12月18日条例第30号)第3条」、http://www.city.tsuru.yamanashi.jp/div/gyousei/htm/reiki/act/print/print110000391.htm(2014年5月8日閲覧)。

(82) 尾県郷土資料館館長である山本恒男氏のご教示による(2013年10月20日聞き取り)。

(83) 同上。

(84) 宮川彩乃「わが街の近代化遺産8　旧尾県学校」、山梨日日新聞、2012年7月13日付朝刊、23面。

(85) 都留市「尾県郷土資料館」http://www.city.tsuru.yamanashi.jp/forms/info/info.aspx?info_id=15049(2016年2月8日閲覧)。

(86) 牧丘郷土文化館館長である古明地登吉氏のご教示による(2013年11月9日聞き取り)。

（87） 高橋正明氏所蔵文書「要望書　平成元年 3 月21日付」。津金地区協議会長に対
　　　して、明治校舎だけでなく、大正校舎の保存が要望されている。
（88） 甲府 RC 事務局「創立64周年記念事業　第45回　甲府ロータリークラブ基金
　　　表彰（2014〈平成26〉年 4 月30日）」http://www.kof u-rotary.gr.jp/topics/6445.
　　　html（2014年 5 月12日閲覧）。
（89）「北口まちづくり委NPOに」、山梨日日新聞、2011年10月 7 日付朝刊、25面。
（90） 保坂信吾「乱開発から自然を守ろう」、山梨日日新聞、1990年 2 月 2 日付朝刊、
　　　5 面。
（91） 小野正文も同様に旧睦沢学校の保存は、奇跡に近い状況と評している（小野、
　　　2002：459）。

第 3 章

文化財を核としたコミュニティ活動の分析と考察
―旧津金学校・旧尾県学校を事例に―

はじめに

前章では、山梨県内の藤村式建築の成立とその保存・活用の事例における地域住民の関与の有無と事例間の比較から、地域主義にもとづく文化財保存と活用の実態を示す事例を抽出した。その結果、建物の成立は、5事例すべてで地域住民の関与が確認され、保存と活用では、各事例で相違が確認された。保存と活用に対する地域住民の関与は、旧津金学校と旧尾県学校の事例で強いことが明らかになり、この2事例を地域主義にもとづく文化財保存と活用の実態を示す事例とした。

前章では、おもに文化財保存までの経緯に重点を置いて地域住民の関与について検証したが、本章ではその後の活用と内容について、現在、文化財を拠点に活動するコミュニティに焦点をあて、その成立と活動の内容を分析し、(1)文化財を拠点としたコミュニティ活動と地域づくりの結びつき、(2)地域住民の文化財と文化財の保存・活用に対する意識、の2点について検証する。以上から地域住民が主体となる文化財保存と文化財を活用する地域づくりの関係性を考察し、地域主義にもとづく文化財保存と活用の実態を明らかにする。

第1節　事例研究の方法

まず、旧津金学校の文化資源活用協会、旧尾県学校の尾県郷土資料館協力会という文化財を拠点とした各コミュニティの活動が地域づくりに結びついているか検証するため、各コミュニティの生成の契機から現在の活動に至るまでの経緯をたどり、コミュニティ活動の内容を明らかにする。なお、各コミュニティの活動をまとめるにあたり、活動内容は年表化して示した。

なお、各コミュニティの活動はその内容の特色から区分ができ、その活動内容は大まかに発足、初期、展開というように区分した。また、活動の展開後に新たな動きがあった場合は展開2に区分した[1]。

次に、文化財とその保存・活用に対する地域住民の意識を明らかにする。前

章では、文化財保存には地域住民の文化財に対する愛着が要因になっている可能性を考察したが、本章では、文化財に対する愛着をはじめとした意識が地域住民の文化財保護を動機付けているか、またその意識の生まれる要因を明らかにする。この点については、文化財保護に対する地域住民の総意が込められていると考えられる陳情書や要望書の内容から明らかにすることとし、これらが存在しない場合は、各コミュニティやその他団体で実施したアンケート調査などの結果を用いたり、コミュニティや地域住民に対してアンケート調査や聞き取り調査を実施した。

最後に、コミュニティの生成や活動に大きく関与するキーパーソンを明らかにし、その人物像や地域への想いを明らかにするため、文化資源活用協会については、協会が発行した刊行物や先行の調査成果[2]があるため、これら資料を用い、尾県郷土資料館協力会については、会で発行した刊行物がないため、協力会会長を長く務めた井上敏雄氏の日記を対象に研究することにした。

検証の前にそれぞれのコミュニティが活動する地域の概要を整理しておく。

第2節　文化資源活用協会の結成と活動

1. 北杜市須玉町津金地区の概要

本項では、文化資源活用協会の活動拠点である津金地区の概要について示す。なお、(2)～(5)の項目の内容は、とくに断りのない限り、各項目の表題の註に示した資料を参照した。

(1)津金地区の立地(図1)

津金地区は面積13.742kmで、北杜市全体の面積の2％を占める。津金地区は甲府盆地の北西で、北杜市の中心部から東へ約6kmに位置する。釜無川支流の須玉川上流左岸の標高約700～800mの山地で、比高差約200mの山々に周りを囲まれた地域である。津金地区は大和・桑原の集落からなる上津金と御所、下原、和田の集落からなる下津金で形成される。上津金は山際の微高地に諏訪神社を中心にそれぞれ集落が分布し、平地に耕作地が広がる。地域を分断する形で南北に山梨県道605号清里須玉線が走り、北杜市高根町につなが

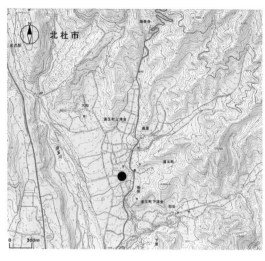

図1　津金地区位置図(国土地理院「地理院地図(電子国土Web)」より作成)
●印が津金学校

る。地域の北西の山地にはウッドペッカーキャンプ場が立地する。下津金は県道605号清里須玉線沿いに御所の集落が分布する。御所から東は東西を山に囲まれた狭溢な地形でその中心を須玉川の支流・波竜川が流れ、川沿いに下原・和田の集落が分布する。

(2) 津金地区の成立[3]

　津金地区の成立を戦国期まで遡ってみる。武田氏の軍勢は衆によって編成されていたが、その中のひとつに津金衆がある。1814(文化11)年に編纂された地誌である『甲斐国志』によれば、津金氏は常陸国の佐竹氏の出身で武田信昌のとき、佐竹薩摩守胤義とその子美濃守胤秀が甲斐国に入り仕え、津金氏を名乗り、須玉川左岸一帯の現在津金地区の範囲にあたる津金郷を拠点に逸見筋や信州佐久郡に勢力を広げたとされる。

　津金の名の由来は、地内にある栂嶺山に由来するとされる。その子孫から小尾・比志・小池・箕輪・海ノ口・村山・八巻・清水・井出・鷹見沢・河上などの諸氏が分出し、津金郷を拠点とする武士集団が形成され、これを津金衆と呼ぶ。津金衆は、15世紀頃に形成されはじめたとされ、国境付近に形成された辺境武士団で国境警護におもに従事していたと考えられている。

津金衆は、武田氏滅亡後には徳川家康に接触を図ったと考えられており、以降旗本となり、小尾氏などが津金地区に所領をもち、ここを治めた。こうした領地経営を行っていたが、1661（寛文元）年の甲府徳川藩の成立によって笛吹川以西に存在していた旗本領は全て取り払われることとなり、当地の旗本支配は幕を閉じた。その後、1704（宝永元）年12月から約20年間、当地は柳沢吉保の預り所となり、1724（享保9）年以降、幕府領として甲府代官所の支配に服した。江戸時代、津金地区は上津金村、下津金村に分かれており、両村は1871（明治4）年に山梨県に所属し、1874（明治7）年11月20日に合併し津金村が成立した。

1955（昭和30）年には、津金村は若神子・穂足・多麻との合併によって須玉町となり、その後、同年9月に江草村が編入、1959（昭和34）年4月には増富村が編入された。

須玉町は2004（平成16）年11月1日に明野村・高根町・長坂町・大泉村・白州町・武川町と合併し、北杜市の一部となった。

(3)津金地区の歴史的環境と文化財(4)

津金地区における発掘調査では、上津金地区に縄文時代後期の桑原遺跡や桑原南遺跡が確認されており、下津金地区では縄文時代前期から中期にかけての遺跡である原の前遺跡、縄文時代前期の御屋敷遺跡、平安時代の御屋敷西遺跡などが確認されている。圃場整備事業に伴う発掘調査で確認された下津金の津金御所前遺跡では、縄文時代から平安時代、中世にまたがる遺構・遺物が確認されており、縄文時代中期の遺物では、山梨県有形文化財に指定されている顔面把手付深鉢が出土している。

中世は津金衆の拠点であり、『甲斐国志』に「一構ヘノ要害ニテ人跡容易ク通シ難シ」とあるよう、地形そのものが要害をなしていることがわかる。現在でも下津金には古宮城・又十郎屋敷・清水氏屋敷、上津金には北杜市指定史跡の源太城跡といった津金衆に関連する屋敷跡や烽火台が分布している。

上津金から高根町浅川へ抜ける県道605号沿いの山中には、行基が開山したと伝えられる海岸寺が位置する。海岸寺では、北杜市指定有形文化財である海岸寺の観音堂、海岸寺の百体観音、海岸寺の六地蔵板碑を所蔵し、1931（昭

和6)年までは、盗難にあった国指定重要文化財である木造千手観音立像を所蔵していた。

(4)津金地区の人口推移(5)

　まず、津金郷をなした上・下津金村のそれぞれの江戸時代中期の概要からみていく。上津金村は1740(元文5)年の村明細帳によれば、村の広さは東西11町余・南北26町余、人口は戸数84戸・458人(男性213・女性245)であり、牛馬68頭が確認できる。職業は、大工2・商人2であるとされる。作物は、田では早稲、畑では稗・粟・蕎麦・大豆・小豆・油荏・野菜などを栽培していた。1804(文化元)年には『甲斐国志』に戸数81戸・人口329人(男性174・女性155)、馬75とある。

　一方、下津金村は1745(延享2)年の村明細帳によれば村の広さは東西20町・南北16町、枝郷に御所・和田・下原の3か村があり、人口は戸数121戸・599人(男性295・女性304)であり、職業に目を移すと、僧8・山伏1、農業従事者のほかに商人6・大工3・医者1・紙漉2軒であるとされる。作物は、田では各種早稲、畑では稗・粟・蕎麦・大豆・小豆・大根の他、夏作に大麦・小麦を栽培し、耕作の間に若年層は府中(現甲府市)・東郡(現山梨市)などで日雇稼ぎ、高齢男性は薪取り・藁仕事、女性は麻織りに従事していた。1804(文化元)年の人口は『甲斐国志』によれば戸数113戸・人口501人(男性247・女性254)、馬75とある。

　1874(明治7)年の津金村が成立した段階で上津金は81戸・394人、下津金は132戸・587人とある。1920(大正9)年は282世帯で1,226人(男性618・女性608)、1947(昭和22)年は1,628人(男性795・女性833)である。

　1995(平成7)年には須玉町の中で、上津金は89世帯・251人(男性113・女性138)、下津金は129世帯・373人(男性177・女性196)とある。2010(平成22)年には、上津金は69世帯・148人(男性68・女性80)、下津金は113世帯・293人(男性141・女性152)とある。

　このように江戸時代から昭和にかけての人口は安定するも、平成に入り、人口は減少傾向にあり、人口のピークである1947(昭和22)年と2010(平成22)年で比較すると73%人口が減少していることがわかる。

2010（平成22）年段階の人口を年齢別でみると上津金は148人のうち、15歳未満は4人、15歳〜64歳未満は65人、65歳以上は79人である。下津金は293人のうち、15歳未満は18人、15歳〜64歳未満は138人、65歳以上は137人である。両地域を合わせた津金地区全体でみると、全人口の441人の内65歳以上に占める割合は49％で、2010（平成22）年時点の全国の高齢化率は23.3％で、山梨県全体では24.1％であり、両者と比較すると津金地区の高齢者率は2倍近い数値であり、高齢化が一段と進んでいる地域であることがわかる。

(5)津金地区の産業(6)

2010（平成22）年現在、津金地区の就業者数を産業別にみると、上津金は全就業者数100人の内、農業従事者が48人と約半数を占め、下津金は全就業者数169人の内、農業従事者が56人と農業従事者が全体の33％を占めている。地区全体でみると農業従事者が38％を占め、農業従事者が人口に占める割合が多い。

また、山梨県全体で全就業者数414,569人の内、農業従事者は28,864人で、その割合は6.9％であり、2010（平成22）年現在、北杜市の職業別就業者数における農林漁業従事者は全人口である23,718人中、3,655人で全体の15％であり、山梨県・北杜市全体と津金地区を比較しても、農業従事者が人口に占める割合が多いことがわかり、農業がこの地域のおもな産業になっていることがわかる。

津金地区では、1975（昭和50）年前後の養蚕の衰退に伴って、新たにうめ、すももなどの作物栽培が試みられたが、気候条件などが合わずこれら作物が失敗していく中で、1976（昭和51）年に山梨県の農業試験場から紹介されたりんご栽培をはじめ、1980（昭和55）年頃には、りんごの出荷も安定したとされる。1979（昭和54）年には、りんご農家からなる津金りんご部会がつくられるなどし、現在は津金地区の特産品となっており、こうした農産物の生産が地域のおもな産業になっていると考えられる。

2. 文化資源活用協会の成立

次に、文化資源活用協会の概要を示す。本調査を実施した段階での組織概要は以下の表1のとおりである。なお、表は定款などをもとに作成した(7)。

154

表1　文化資源活用協会の概要

名　称		文化資源活用協会
所在地		北杜市須玉町
活動拠点		津金学校
活動理念・目的		歴史や有形無形の文化財、住民がもつ技術や経験などが、自然環境、住環境など、地域を形成する貴重な文化資源であると考え、それら地域の文化資源に対して、活用、保護、支援、伝承、創造、公開、調査、研究、出版に関する事業を行い、地域の生活、文化、自然環境、住環境の向上に寄与することにより、国際社会を構成する地域の一員として社会に貢献することを目的とする。
組織形態・規模	組織形態	特定非営利活動法人
	会員数	約40人（2010〈平成22〉年8月15日現在）
	役員数	理事長1人、理事3人、監事1人
	年会費	正会員：個人2,000円、団体6,000円　会員：個人1,000円、団体3,000円　賛助会員：個人3,000円、団体12,000円
	会員の構成	津金地区および周辺住民（北杜市内）、北杜市外在住者
設立（発足）・法人化等の時期		1999（平成11）年11月24日
活動内容		（1）埋蔵文化財の調査 （2）地域の文化資源を活用する建物等の新築及び補修の施工、設計、監理 （3）地域の文化資源として価値のある住宅や社会的弱者の住宅の補修事業 （4）地域の文化資源を活用するインターネットのネットワークサービス事業 （5）地域の文化資源を活用する人材の育成事業 （6）地域の文化資源を活用するイベントの企画運営 （7）その他、地域の文化資源に関する調査、研究、保護、活用、支援、伝承、出版を行う事業 （8）他のNPOの支援事業 （9）地域の文化資源に関する政策提言 （10）前各号の事業に附帯する事業 （11）災害救援、地域安全に関する体験学習事業 （12）農林業の振興と荒廃農地の利活用、農業体験、農業者支援事業 （13）コミュニティ活性化事業

3. 文化資源活用協会発足までの経緯（表2）

　活動内容の詳細を時期ごとにまとめ、現在に至るまでの経緯を振り返る。なお、経緯の年表は註に挙げた資料にもとづいて作成し[8]、とくに断りがない限り、コミュニティの発足や活動の経緯は年表を用いて記述する。まず、コミュニティ発足までの経緯をみていく。

第3章　文化財を核としたコミュニティ活動の分析と考察　155

　前章でふれたように、明治校舎の隣には1924(大正13)年5月18日に新築された大正校舎が建っていた。この校舎も明治校舎と同様に、1985(昭和60)年に廃校に伴い、学校としての使用が停止された。

　明治校舎については、1985(昭和60)年1月25日に地元の総意で「藤村式校舎は、文化遺産として修復(資料館等として)し、残していただきたい。」[9]と小学校の跡地を活用の陳情書の中で明確に述べられている。一方、大正校舎は文化財としての価値がないとし、1988(昭和63)年5月に津金地区協議会から取り壊しの陳情がなされ、町側は翌年の5月に取り壊しを計画した。この計画は老朽化した校舎を解体し、跡地にゲートボール場を設置するというもので、須玉町からも270万円の予算措置が取られることになっていたようだ(宮口・湯川・池・米浜、2011：47)。

　ただ、明治校舎保存を訴えた地域住民の一部から明治校舎、大正校舎、昭和校舎と三代にわたる校舎が同敷地に残されている点に価値があるとし、1989(平成元)年3月21日に保存の要望書が津金地区協議会長宛に提出された。

　要望書を提出した住民は保存運動を続け、同年5月24日には山梨郷土研究会から、同月31日には甲斐歴史会も町に保存を要望した。一連の保存の要望により校舎の取り壊しは免れたが、建物が修築されることはなかった。このとき、要望書を提出した住民を中心に後に文化資源活用協会が発足することになった[10]。

表2　文化資源活用協会発足までの経緯

年	和年	主な出来事	出典
1987	昭和61年	明治校舎保存の陳情書が地元から町へ提出される。	明治校舎保存の要望書
1989	平成元年	大正校舎保存の要望書が地元有志より津金地区協議会へ提出される。山梨日日新聞文化面に大正校舎保存をめぐっての記事が掲載されたり、山梨郷土研究会や甲斐歴史会が町へ大正校舎保存の要望書を提出するなど、大正校舎の保存運動が展開する。	大正校舎保存の要望書；山梨日日新聞　1989年4月21日付、5月4日付、5月25日付、6月1日付記事
1991	平成3年	資料館開館。須玉の婦人グループと姉妹町の新潟県柿崎町の婦人グループが藤村式校舎を見学。	山梨日日新聞　1991年4月5日付記事
1992	平成4年	旧津金学校県指定。資料館に昭和初期のSP盤が寄贈される。	山梨日日新聞　1992年6月5日付、8月27日付記事
1993	平成5年	三代校舎活用のアイディア談義が町教育委員会主催で開催される。	山梨日日新聞　1993年4月28日付記事

1995	平成 7 年	山梨日日新聞文化面に大正校舎保存と復元が決定したことが掲載される。	山梨日日新聞　1995年12月14日付記事
1996	平成 8 年	どくだみの会がアメリカ先住民の文化を紹介するイベントを開催。旧津金小学校校庭で初のリンゴ祭開催。	山梨日日新聞　1996年9月22日付、11月15日付記事
1997	平成 9 年	大正校舎が解体され、県の中山間地域総合整備事業で体験農園管理棟としての整備が進む。 どくだみの会が東京都荒川区の中学校の校外学習として聖心女子学院初等科5年生親子有志の稲刈りを受け入れる。 どくだみの会が甲府市小瀬スポーツセンターで開催された「地域づくりフェア'97」や地元のリンゴ祭に参加する。 どくだみの会が夏休み体験教室の土器づくりや須玉小学校3年生の社会見学に対応。 どくだみの会が県の移動知事室で資料館において津金リンゴ部会のメンバーと対話する。 1997（平成9）年に発足した地域づくりネットワーク21塾のメンバーがどくだみの会のそば打ち体験教室を視察。	山梨日日新聞　1997年7月11日付、9月4日付記事；「どくだみ日記」
1998	平成10年	信玄公祭りにおいてのろし研究会とどくだみの会で烽火を上げる。どくだみの会が荒川区の小学校と中学校、新潟県上越市の中学校、長野県富士見町の小学校の校外学習の受け入れ。 須玉町教育委員会と地域づくりネットワーク21塾、どくだみの会で「わら、土食、文化のワークショップ」を開催。 どくだみの会が地域づくりネットワーク21塾の実行委員会に参加する。 どくだみの会が親子体験学習で土器野焼と縄文料理づくりに参加。 どくだみの会が甲府市小瀬スポーツセンターで開催された「地域づくりフェア'98」に参加。 どくだみの会が地元のリンゴ祭に参加し、資料館で喫茶「秋桜」を開店したりする。 どくだみの会が聖心女子学院の遺跡発掘体験学習や第10回須玉マラソンに参加協力。 大正校舎整備完了。落成式。	山梨日日新聞　1998年5月16日付、5月29日付記事；「どくだみ日記」part 2
1999	平成11年	どくだみの会が市川大門マップの会の研修に参加。 昭和校舎を滞在型施設とし、明治・大正校舎とともに三代校舎ふれあいの里としての活用が決まる。 昭和校舎の施設名が「おいしい学校」に決定し、工事に着手。 どくだみの会、のろし研究会や町教育委員会で文化財の仕事に携わっていた人たちが発起人として集まり、文化資源活用協会の発足作業を開始し、歴史資料館内に文化資源活用協会が設立される。	山梨日日新聞　1999年1月27日付、5月27日付、11月26日付、2002年2月27日付記事；「設立までの経緯」；「どくだみ日記」part 2
2000	平成12年	「おいしい学校」オープン。文化資源活用協会がNPO法人化。	山梨日日新聞　2000年5月14日付記事；「設立までの経緯」

第 3 章　文化財を核としたコミュニティ活動の分析と考察　157

　その後、1993（平成 5 ）年には三代校舎活用のアイディア談義が町教育委員会主催で開催され、大正校舎、昭和校舎の保存・活用は継続して話し合われた。こうした保存運動が実を結んでか、1995（平成 7 ）年12月の段階で大正校舎は保存されることになった。

　取り壊しを免れた大正校舎は町教育委員会で、埋蔵文化財の整理作業や郷土食体験施設等として利用していたが[11]、経年劣化で雨漏りがひどく、町教育委員会で文化財保護を担当していた山路恭之助氏が付近に住むインテリアデザイナーに協力を要請し、一部の地域住民と建物修復の作業を行った（鈴木、2005：232）。

　ここで埋蔵文化財の整理作業にあたり、建物修復に関わった人々により、どくだみの会が結成された。どくだみの会は1996（平成 8 ）年の段階で発足しており、アメリカ先住民の文化を紹介するイベントを1996（平成 8 ）年 9 月23日に開催している。この会の発足にあたっては「整理作業を通じて土器や遺物が描き出す古代や中世の人々の生活文化、食生活、精神面を見直し、同時に自然あふれる津金の風土にも目を向けて現代の自分たちの暮らしに生かすことができないかとこの会を発足しました」[12]とあり、その活動内容は埋蔵文化財の整理作業の他、資料館のイベントの企画運営や地元農産物と山菜を使った料理や野草茶の試食会、都内の小中学校の農業・食体験の受け入れ等というものである。

　1997（平成 9 ）年 9 月 1 日の県の移動知事室では、資料館において津金りんご部会、どくだみの会のメンバーが対話しており、この段階で地域を代表するようなグループになっていたことがわかる。また、1997（平成 9 ）年11月15日と1998（平成10）年11月14日に甲府市小瀬スポーツセンターで開催された「地域づくりフェア」に参加するなど地域づくりに関心を寄せていたことがわかる。

　こうしたどくだみの会の活動を知った国や県は、内需拡大の公共政策で大正校舎を修復することを勧め（同上：233）、町側は「県営中山間地域農村活性化総合整備事業」（1997〈平成 9 〉年度）で大正校舎を新築復元する計画で動きだした（宮口他、2011：47）。1997（平成 9 ）年 4 月に大正校舎は解体され、1998（平成10）年 5 月15日に農業体験農園施設「大正館」として新築復元が完了した。

1997(平成9)年9月9日に山梨県内で活動する様々な市民グループが集まり、分野を超えた連携を図ろうという目的で地域づくりネットワーク21塾が設立された。このグループは、県内のNPO活動を推進すべく研究会や先進地視察、メンバー同士の活動発表会等をおもな取り組みとしていた。1997(平成9)年11月29日に地域づくりネットワーク21塾のメンバーがどくだみの会のそば打ち体験教室を視察し、その後、1998(平成10)年5月23日に須玉町教育委員会と地域づくりネットワーク21塾、どくだみの会で「わら、土食、文化のワークショップ」を開催しており、当時、両者に交流があったことがわかる。1998(平成10)年6月17日には、地域づくりネットワーク21塾第1回実行委員会にどくだみの会が参加しており、NPO活動への関心が窺える。1998(平成10)年頃には、須玉町内に点在する烽火台の啓蒙や活用を実施するのろし研究会が発足しており、1998(平成10)年4月11日に開催された信玄公祭りでは、どくだみの会と一緒に烽火の打ち上げを行っている。

　インテリアデザイナーに協力を要請し、大正校舎保存に関与した町教育委員会の山路氏は、行政の力だけでは地域文化は守れないと考え、1999(平成11)年9月にどくだみの会を核として、のろし研究会や地域住民に呼びかけ、11月24日に資料館内に文化資源活用協会が設立された。ここには、明治校舎保存を求め、大正校舎保存の要望書を地区協議会へ提出した地域住民も含まれていたようだ(13)。なお、文化資源活用協会の発足は、地域づくりネットワーク21塾へ参加し、NPOに興味をもったことが発足の契機になったとされる。その後、2000(平成12)年2月にNPO法人化した。

　なお、1953(昭和28)年に落成した昭和校舎は、1970年(昭和45)3月に閉鎖したが(須玉町、1975：1621)、山村振興等農林漁業特別対策事業により1999(平成11)年に全面的に改築され、2000(平成12)年に総合交流施設「おいしい学校」として運営が開始された。結果として、明治・大正・昭和期の三代校舎が現地に残されることになった。

4. 文化資源活用協会の初期の活動(表3)

　次に発足当初の活動をみる。コミュニティが発足した1999(平成11)年には、ウェブ上に「須玉オープンミュージアム」(14)を開設した。

第3章　文化財を核としたコミュニティ活動の分析と考察　159

表3　文化資源活用協会の初期の活動

年	和年	主な出来事	出典
1999	平成11年	須玉オープンミュージアムを開設。	山梨日日新聞　2002年2月27日付記事
2000	平成12年	蟹坂遺跡、二ツ木遺跡(第1次)発掘調査の実施。	『蟹坂遺跡』；『五反田(堰下西)遺跡・二ツ木遺跡(第1次・2次・3次)・大免遺跡』
2001	平成13年	五反田(堰下西)遺跡、五反田遺跡、湯沢古墳2号墳・3号墳、二ツ木遺跡(第2、3次)、大免遺跡発掘調査の実施。 『蟹坂遺跡』発行。 第12回ふるさとまちなみデザインセミナーで文化資源活用協会が活動内容を報告。 やまなしNPOネットワーク会議の討論に参加。 全国マルチメディア祭2001inやまなしで活動成果を紹介。 昭和校舎保存によって町が地域活性化を進めていることが報道される。	『五反田(堰下西)遺跡・二ツ木遺跡(第1次・2次・3次)・大免遺跡』；『湯沢古墳2号墳・3号墳』；『蟹坂遺跡』；『五反田遺跡』；山梨日日新聞　2001年2月9日付、10月7日付、11月4日付、11月10日付記事
2002	平成14年	地域資料デジタル化研究会とシンポジウム「デジタルで変わる21世紀の博物館」を開催。文化資源活用協会が、地域資料デジタル化研究会と県立博物館建設に対しNPOと連携した運営組織の構築、デジタル技術を活用した資料保存などの要望書を知事に提出。 須玉町教育委員会他編『五反田(堰下西)遺跡・二ツ木遺跡(第1次・2次・3次)・大免遺跡』、『湯沢古墳2号墳・3号墳』、『五反田遺跡』発行。	山梨日日新聞　2002年7月21日付、9月18日付記事；『五反田(堰下西)遺跡・二ツ木遺跡(第1次・2次・3次)・大免遺跡』；『湯沢古墳2号墳・3号墳』；『五反田遺跡』
2003	平成15年	文化資源活用協会が須玉町との官民協働事業に関する協定を結ぶ。	『後田遺跡』

　このオープンミュージアムは、須玉町の文化遺産を収集して公開する博物館のようなホームページであり、専門家だけでなく、須玉町の住民や須玉町で学ぶ子供たちによる住民参加で作り育てていく博物館として設置された。ホームページ上には、(1)文化財探訪、(2)地図の旅、(3)歴史の旅、(4)自然の旅、の4つのコーナーを設けて町内の歴史をデータベース化して紹介している。データは画像だけでなく動画ファイルもアップロードされており、常時閲覧が可能となっている。

　2000(平成12)年には、蟹坂遺跡、二ツ木遺跡の発掘調査を実施し、2001(平成13)年には、五反田(堰下西)遺跡、五反田遺跡、湯沢古墳2号墳・3号墳、大免遺跡の発掘調査と蟹坂遺跡の発掘調査報告書を刊行し、2002(平成14)年には、五反田(堰下西)遺跡・二ツ木遺跡(第1次・2次・3次)・大免遺跡、

湯沢古墳 2 号墳・3 号墳の発掘調査報告書を刊行した。

「須玉オープンミュージアム」の取り組みにみられるように、コミュニティは文化財等をデジタル化することに力を入れており、2001（平成13）年には、「全国マルチメディア祭2001inやまなし」で活動成果を紹介し、2002（平成14）年 7 月20日には地域資料デジタル化研究会とシンポジウム「デジタルで変わる21世紀の博物館」を開催した。同年 9 月17日には、地域資料デジタル化研究会と県立博物館建設に対しNPOと連携した運営組織の構築、デジタル技術を活用した資料保存などを盛り込んだ「県民ミュージアムの推進を目指して」という要望書を知事に提出した。

また、2001（平成13）年には、第12回ふるさとまちなみデザインセミナーで文化資源活用協会が活動内容を報告したり、やまなしNPOネットワーク会議の討論に参加したりするなど、地域づくりやNPO活動について精力的に情報発信や交流を行っていることがわかる。

文化資源活用協会は、2003（平成15）年に、旧須玉町と「特定非営利法人文化資源活用協会との官民協働事業に関する協定書（2003〈平成15〉年 7 月 1 日調印）」により協定を結び（北杜市教育委員会、2005：1）、埋蔵文化財調査や文化財記録、資料館等公共施設の維持管理、IT化への支援、地域文化資源を活用した地域づくりの支援などを協働で行うこととした（鈴木、2005：235）。

コミュニティ発足当時の活動は、どくだみの会がもともと埋蔵文化財の調査や整理を行っていたメンバーであることから、埋蔵文化財の発掘業務や資料のデジタル化を活動の柱としていたことがわかる。

5. 文化資源活用協会の活動の展開（表 4 ）

次に外部との連携によって展開した文化資源活用協会の活動をみる。

2004（平成16）年11月に、須玉町は北杜市に合併された。合併以降、発掘調査や整理作業を文化資源活用協会が実施したのは、合併前に調査の依頼がなされていた後田遺跡の発掘調査と報告書刊行のみで、後田遺跡の調査後は、埋蔵文化財の調査業務には関与していない。同年には、津金竹研究会という地域で採れる竹を用いた教室を開催するなど、従来なかった新たな取り組みをはじめている（佐成屋・大山・鈴木・高橋、2007：IV-076）。また、同時期に

は全国の合併で悩んでいる自治体や住民に、同じ課題を抱える地域住民として役に立ちたいと、住民自治組織の調査に全国を回る江戸川大学の鈴木輝隆教授に同行し、文章では伝わりにくい住民の気持ちや地域事情を映像収録するため、ビデオ撮影・編集技術の面で協力した。そして、全国の事例を取材したビデオ作品シリーズ「町の意志が感じられる町」が制作された。住民自治組織から地域経営に挑戦しているまちを紹介するこのシリーズは、広島県安芸高田市や北海道ニセコ町、長野県野沢温泉村、長野市松代町、鳥取県智頭町などの市町村を取材したものである（鈴木、2005：235）。

　文化資源活用協会は2004（平成16）年頃より(15)、2003（平成15）年4月に発足し、鈴木教授が代表を務めるローカルデザイン研究会の映像記録に協力していた(16)。ローカルデザイン研究会の趣意書には「実際に地域の現場を歩きますと、地域経済には厳しいものがあるのは事実ですが、そのような状況のなかでも、思いと志のある地域では、実に楽しい考え方や生き方を持ち、様々な活動をしている人々に出会うことができます。ローカル（＝コミュニティ）は限りなく面白く、興味深いものです。そこで、地域の現場の生の声を直接知りたいと考えている人が集まり、互いに意識を高めることができるような研究会を創りたいと思います。研究会では、地域が好きで、よく地域を歩く人、地域を調査している人、地域の人々と様々な形で活動している人などをゲストスピーカーとしてお招きしたいと思います。」(17)とあるように、この会は全国で地域づくりを進める人々から、その実践や地域の置かれている状況を学ぶことを趣旨としている。

　2008（平成20）年3月27日に掲載された「ローカルデザイン研究会（LD研究会）新・趣意書」には、「若者がこの会を通じて、地域で活動するチャンスを得て、山梨県北杜市須玉町津金地区のNPO文化資源活用協会との情熱のある交流活動も5年目を迎えています。」(18)と記され、研究会世話人にも文化資源活用協会のメンバーが加入したりしており、文化資源活用協会とローカルデザイン研究会の関係が密接になっていることがわかる。また、文中に「若者がこの会を通じて、地域で活動するチャンスを得て」とあるように、研究会に参加していた県外の大学生と文化資源活用協会の交流が生まれ、大学生がこの活動に関与するようになっていた（NPO法人文化資源活用協会、2006：

162

表4　文化資源活用協会の活動の展開

年	和年	主な出来事	出典
2004	平成16年	ローカルデザイン研究会に参加。 後田遺跡発掘調査。 北杜市合併。 大学合同の自主ゼミ開始。 リンゴ祭への学生参加。	『後田遺跡』;『うらやましいつがね』
2005	平成17年	『後田遺跡』発行。 大学合同の自主ゼミ開催。二地域定住についての講演会開催。 学生有志が津金のCMを作成。第10回リンゴ祭で上映。日本財団の助成を受ける。	『後田遺跡』;『うらやましいつがね』
2006	平成18年	文化資源協会が空き家を購入。 学生を交えたワークショップ「古民家復元」を開催。 資料館の指定管理者となる。	山梨日日新聞　2006年3月5日付記事;『うらやましいつがね』;（佐成屋他、2007)
2007	平成19年	山梨県地域活性化促進事業費補助金で「金毘羅さん交流『むかしゃあうまかった』商品再開発支援事業」を実施。 足踏みリードオルガンコンテストを開催。 資料館での「武田の烽火展」の開催。	山梨日日新聞　2007年5月31日付、7月24日付記事;『山梨県地域活性化協働事業費補助金事例集』
2008	平成20年	資料館で「教科書から見る近代日本の教育展」、「がっきとがっこう展」の開催。 江戸糸あやつり人形について理解を深めるイベントや手巻き蓄音機で音楽を楽しむイベントが資料館で開催される。	山梨日日新聞　2008年4月10日付、7月25日付、9月10日付、9月30日付記事
2009	平成21年	国土交通省「新たな公」によるコミュニティ創生支援モデル事業採択。 ハウジングアンドコミュニティ財団「第17回住まいとコミュニティづくり活動助成」を受け、木村二郎氏の足跡を追うプロジェクト開始。スライド上映会「デザイナー木村二郎とは」を資料館で開催。大成建設より、「床の間の保存活用と歴史文化の研究」のテーマで助成を受ける。 竹林の伐採や獣害対策による景観保全を実施。	山梨日日新聞　2009年2月14日付記事;国土交通省「2009（平成21）年度選定されたモデル事業の概要」;大成建設「2009（平成21)年度助成先団体一覧」
2010	平成22年	田舎暮らし体験ハウス「古民家なかや」オープン。	『2010（平成22）年度「新たな公」によるコミュニティ創生支援モデル事業事例集』
2011	平成23年	津金一日学校開催。 津金地区防災訓練参加。 北杜エコアートプロジェクトへの参加。	山梨日日新聞　2011年8月22日付記事;「事業計画」

25）。

　2004（平成16）年には、ローカルデザイン研究会で知り合った法政大学、山梨大学、江戸川大学、静岡大学の学生の自主ゼミが津金地区で開かれており、これを契機に自主ゼミは毎年4回のペースで開催された。学生は津金地区に

滞在する間、地域住民宅へ宿泊し、学生との交流から活動に参加する地域住民も増えたという（佐成屋他、2007：IV-076）。

　こうした交流は、具体的に津金地区に来訪する学生の研究にも生かされ、同年には、津金地区の空き家を山梨大学学生と共同で調査し、2005（平成17）年に、「農村過疎地域における空き家対策のための住民意識の調査」と題して土木学会関東支部第32回技術研究発表会で調査成果を発表している（大野・大山・高橋・山路、2005：121-122）。また、2007（平成19）年には、山梨大学学生が文化資源活用協会の取り組みを題材として「過疎農村における市民主導まちづくりの取り組み」と題した発表を土木学会関東支部第34回技術研究発表会にて行っている（佐成屋他、2007：IV-076）。同年には、山梨県地域活性化促進事業費補助金を受け「金毘羅さん交流『むかしゃあうまかった』商品再開発支援事業」を実施し、金毘羅さん（金毘羅宮）を共通に交流のあった高知県四万十との交流を生かして、四万十の豊富な商品開発の経験と須玉の食文化を考える会や山梨大学の協力を得て、津金の郷土食づくりを実施した（山梨県、2007：30-31）。

　2005（平成17）年には、「津金学の新構築―『結い』から生まれる地域文化と再生活用実学」という事業で日本財団より助成を受けている。この事業は地域と学生・専門家による津金交流会の実施と民家復元プロジェクトという、幕末に建てられ、空家となっていた伝統的民家「なかや」の修復を地域住民と専門家の参加によるワークショップで「結い」を再現し、「うらやましいつがね―空家の中にある　うらやましい未来―」のパンフレットを作成するというものである。また、同年には国土交通省から講師を招き、二地域定住について講演会を資料館で開催している。これらの取り組みは地域の空き家に焦点を当てたものであり、先述のとおり、同時期には山梨大学学生との空き家の共同調査を実施しており、過疎化に伴う空き家増加という地域課題の解決に向けたものであるといえる。

　こうした活動の方針転換には、明治校舎と大正校舎保存に関わった当時文化資源活用協会の事務局長を務めていた高橋正明氏の存在がある。高橋氏は津金小学校（旧津金学校）の卒業生で、地元の郵便局に勤め、2002（平成14）年に退職後は文化資源活用協会の活動に精力的に参加するようになった（鈴木、

2005：238）。2006（平成18）年1月に、幕末に建てられ空き家になっていた「なかや」を購入した。高橋氏は地元の郵便局に40年勤め、地域を回る中で空き家が増加し過疎化が進んでいることに気付いたことが、この活動の契機になったようだ（鈴木、2007：104）。

この空き家の修復は、大学生や地域住民らのボランティアによって2006（平成18）年2月にワークショップとして度々開催された[19]。2008（平成20）年には「田舎暮らし体験ハウス：古民家『なかや』を拠点に、津金地区の空屋対策を中心とした活性化」という内容で、国土交通省の「『新たな公』によるコミュニティ創生支援モデル事業」に採択され、各種団体より助成をうける形で2010（平成22）年に、田舎暮らし体験ハウス「古民家なかや」としてオープンし[20]、現在古民家は、文化資源活用協会によって管理運営され、地域住民の交流の場に利用されたり、農業体験の場として活用されている[21]。

地域の空き家対策は、古民家修復のみでなく、これに並行して2009（平成21）年には空き家利用者の誘致活動や、景観保全を目的とした空き家の獣害対策にも取り組んだ[22]。同年には津金ガイドマップ（景観散策・鏝絵散歩）を作成した[23]。

また、空き家修復以外にも、2006（平成18）年からは指定管理者制度によって資料館を管理運営することになり、資料館での企画展やイベントの開催も実施するようになった。2009（平成21）年には、大正校舎を地域住民と修復したインテリアデザイナー木村二郎の足跡をたどるプロジェクトを実施、「『RE』温故知新の暮らしとコミュニティデザイン―デザイナー木村二郎から学ぶ―」というテーマで、ハウジングアンドコミュニティ財団の「第17回　住まいとコミュニティづくり活動助成」を受けて資料館で展示やスライド上映会を開催した。

6. 現在の活動

現在は、北杜市の指定管理者として資料館の運営に携わるとともに、田舎暮らし体験ハウス「古民家なかや」を運営する。資料館運営では、年間を通して企画展や特別展を開催している[24]。2011（平成23）年には、「135歳の木造校舎『津金学校』の開校記念日を祝おう‼ プロジェクト」というテーマで

「花王・コミュニティミュージアム・プログラム2010」の助成を受けて、子どもを対象とした「津金一日学校」を年1回開催し、外部から講師を招くイベントを実施した[25]。「津金一日学校」はこれを契機に2014(平成26)年まで4回を開催した。この他、2013(平成25)年4月からは館内で「さくら市」を開催したり、新しい活動にも取り組んでいる[26]。

第3節　尾県郷土資料館協力会の結成と活動

1. 都留市小形山地区の概要

本項では、尾県郷土資料館協力会の活動拠点である小形山地区の概要について示す。なお、(2)～(5)の項目の内容は、とくに断りのない限り、各項目の表題の註に示した資料を参照した。

(1) 小形山地区の立地（図2）

小形山地区は面積4.2km²で、都留市全体の面積の3％を占める。都留市は山梨県東部である郡内地域に位置する。小形山地区は都留市の中心部から北東約4kmに位置し、山中湖を水源とする桂川（神奈川県で相模川となる）左岸の

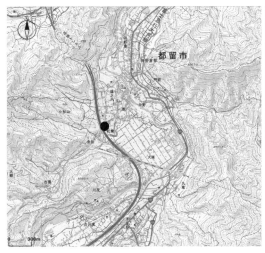

図2　小形山地区位置図（国土地理院「地理院地図（電子国土Web）」より作成）
●印が尾県郷土資料館

河岸段丘上に立地する。標高約400mで、西には標高975.7mで都留市と大月市にまたがる高川山がそびえ、高川山の山際には中央自動車道富士吉田線が通る。東西にはリニアモーターカーの実験線が位置する。

　小形山地区は堀之内・松葉・原・大原・中谷・古宿の集落からなる。松葉と堀之内は地区の北に分布し、住居が集中する地域である。堀之内には禾生第二小学校が立地し、中央自動車道のバス停留所が設置されている。

　大原の北西部は、桂川の支流である高川によって開析された細長い谷と接している。中谷はこの開析谷から台地にかけ位置する。ここには山梨県立リニア見学センターが立地する。中谷から西へ続く開析谷は高川上流に続き、上流の幅広となる地点には古宿の集落が位置する。小形山地区の東に広がる東西約600m・南北約700mの規模の台地上にある大原は、小形山地区の面積の72%を占め、圃場整備区域と工業団地が立地する。都留市農林産物直売所建設が予定される地域である。大原から北に広がる集落は原集落である。

(2)小形山地区の成立⁽²⁷⁾

　小形山地区の成立は戦国期まで遡る。1573(元亀4)年7月3日の小山田信茂長生寺領書立に「小片山」の地名が確認でき、少なくともこの段階で地域が成立していたことが考えられる。江戸時代には都留郡の内、谷村藩領に属し、寛文検地の際、川茂村(現川茂地区)を分村した。1704(宝永元)年には藩主秋元喬知が川越に転封した際に谷村藩領から幕府直轄地となり、一時柳沢吉保の預り所となり、その後代官所支配となる。

　地名の由来は灌漑用水である二ヶ堰の完成まで水田が開かれないことから「おか田」と称して後に小形山に転訛したという『甲斐国志』の説と、もともと小形山で江戸期の文書にみられる「岡田」は誤字とする説がある。

　1871(明治4)年に山梨県に所属、1875(明治8)年に田野倉・川茂・古川渡・井倉・四日市場と合併し、禾生村が成立した。1954(昭和29)年に禾生村が谷村町と合併し、都留市が成立した。この合併の際、禾生村の中で大月町(現大月市)に隣接した地区では、大月町との合併が要求され、分市問題に発展した。1956(昭和31)年にこの分市問題を住民投票で解決することになったが、結果、賛成が得られずそのままとなり、現在に至る。

第3章　文化財を核としたコミュニティ活動の分析と考察　167

(3)小形山地区の歴史的環境と文化財[28]

　小形山地区における発掘調査では、松葉で縄文時代前期・中期の松葉遺跡、堀之内では、1978(昭和53)年に中央自動車道富士吉田線の四車線化工事に伴い平安時代の住居跡が確認された堀之内原遺跡が所在する。

　大原の台地上には、縄文時代早期・中期と平安時代の集落跡である中溝遺跡や縄文時代の沖大原遺跡や原遺跡が分布する。中溝遺跡は、1973(昭和48)年の耕地整理事業に伴う調査で縄文時代中期の遺物が確認され、1993(平成5)年にリニア実験線建設に伴う調査で平安時代の集落と縄文時代早期末～前期初頭の遺物・遺構が確認されている。

　中谷では、縄文時代および平安時代の揚久保遺跡や宮脇遺跡が確認されている。1964(昭和39)年の中央自動車道建設に伴う事前調査で中谷遺跡が確認され、配石遺構や縄文時代後期・晩期の遺物などが出土し、1972(昭和47)年には農道拡幅工事に伴う事前調査が実施され、配石遺構や住居跡とともに石組遺構中から耳飾りを装着した土偶が出土した。この土偶は山梨県有形文化財に指定された。この遺跡では、その後1979(昭和54)年に中央自動車道富士吉田線の四車線化工事に伴う事前調査が実施され、1993(平成5)年から1994(平成6)年にかけてはリニア実験線建設に伴う発掘調査が実施された。

　また、尾県郷土資料館が立地する稲村神社の榎は市天然記念物に指定されており、同地内には1961(昭和36)年まで国指定天然記念物の欅が存在していた。

(4)小形山地区の人口推移[29]

　小形山地区の江戸時代の人口は、1702(元禄15)年の宗門人別帳によると戸数57戸・450人(男性223・女性227)である。1759(宝暦9)年の小形山村差出帳によれば、人口は656人であり、1804(文化元)年には『甲斐国志』に戸数153戸・人口702人(男性356・女性346)、馬52とある。

　明治時代は戸数のみ明らかであり、1870(明治3)年の戸数は147戸で、1911(明治44)年は150戸である。大正時代も戸数のみ明らかであり、1912(大正元)年は150戸、1926(大正15)年は141戸である。1955(昭和30)年は戸数166戸・人

口977人(男性454・女性523)、1965(昭和40)年は戸数168戸・人口832人(男性392・女性440)、1975(昭和50)年は戸数179戸・人口803人(男性390・女性413)、1985(昭和60)年は戸数193戸・人口753人(男性369・女性384)である。

1995(平成7)年には、299世帯・882人(男性458・女性424)、2010(平成22)年には、276世帯・860人(男性409・女性451)と推移している。

人口の推移は、江戸時代から現代にかけて全体的に増加傾向にある。昭和期は減少傾向にあったが、平成に入り増加に転じ、最近の人口は若干減少しているものの、人口は安定していることがわかる。2010(平成22)年段階の5年前の常住地の調査結果によれば、常住者860人(内9人の不詳を含む)の内、678人が5年前からの地区の常住者で、91人が市内他地区からの転居者、58人が県内他市区町村からの転居者、21人が他県からの転居者、3人が国外からの転居者である。全体の20%が地区の外からの転居者によって占められることがわかる。

転居者数を男女比でみると、男性は常住者409人の内、39人が市内他地区からの転居者、23人が県内他市区町村からの転居者、14人が他県からの転居者、1人が国外からの転居者であり、転居者は全体の18%であることがわかる。女性は常住者451人の内、52人が市内他地区からの転居者、35人が県内他市区町村からの転居者、7人が他県からの転居者、2人が国外からの転居者であり、転居者は全体の21%であることがわかる。男女で転居者が全体に占める割合に差はみられないが、転居者数で比較すると男性が77人、女性が96人で女性が男性よりも約1.2倍多いことがわかる。これは可能性として婚姻による移住などが理由として考えられる。

2010(平成22)年段階の人口を年齢別でみると860人の内、15歳未満は106人、15歳〜64歳未満は478人、65歳以上は275人である(不詳は1人)。全人口860人の内65歳以上に占める割合は31%で、2010(平成22)年時点の全国の高齢化率は23%で、山梨県全体では24.1%であり、両者を比較するとやや高齢化が進んでいる地域であることがわかる。

(5)小形山地区の産業(30)

2010(平成22)年現在、小形山地区の就業者数を産業別にみると総数は369人

で、この内、製造業が99人で最も多く、全体の26％を占め、次いで建設業が53人と全体の14％を占め、両者を合わせると全体の約4割を占めている。

同年、同地区の常住地による従業地をみると、総数369人の内、自宅での従業者数は35人、自宅外の自市区町村での従業者数は201人、他市区町村での従業数は133人である。小形山地区内ないし都留市内での従業者数は全体の64％を占め、他市区町村での従業数は36％を占める。このことから、住民の約4割は製造・建設業に従事し、地区の外へ通勤していることが考えられ、津金地区のように独自の産業をもっていないことがわかる。

近世初頭の都留市域は谷村藩であり、絹織物である「郡内縞」の産地であった。「郡内縞」は井原西鶴の『好色一代男』や『好色五人女』といった当時の文学作品にも登場するような一般に知られた産物であった。このような中、小形山村では「菱絹」の生産が行われていたようだ。

明治時代に入ると県令藤村紫朗が殖産興業に力を入れ、こうした織物は「甲斐絹」と一般的に呼ばれ、都留市域では江戸時代から引き続いた織物の産地になった。明治時代、小形山地区が属した禾生村では全員が農業に従事しており、余暇兼業で9割近くが養蚕に従事していた。1919（大正8）年頃からの不況で織物生産は減少していき、昭和30年代になると農業に対する依存度が少なくなり非農家が増加した。1989（平成元）年には専業農家はほとんどなく、養蚕も14戸を数えるようになり、自宅で工場を経営する世帯や給与所得者が多くなった。

2. 尾県郷土資料館協力会の成立

次に、尾県郷土資料館協力会の概要を示す。本研究を実施した段階での組織概要は以下の表5のとおりである。なお、表の作成に当たっては会則などを用いた[31]。

活動の主たる目的は尾県郷土資料館の管理・運営の協力であるが、2003（平成15）年に都留市社会福祉協議会が発行した『私たちのまちのボランティア活動ガイドブック』には「活動の種類」に「公共活動の支援、環境美化、都留文科大学学生との交流」とあり（都留市社会福祉協議会・都留市ボランティア連絡会、2003：18）、活動内容は、資料館運営の協力という内容のみならず、

170

表5　尾県郷土資料館協力会の概要

名　称		尾県郷土資料館協力会
所在地		都留市小形山
活動拠点		尾県郷土資料館
活動理念・目的		資料館の管理・運営に協力し、ボランティア活動をとおして資料館活動を促進し、資料館に対する理解と関心を深めるとともに、地域文化向上に資する。
組織形態・規模	組織形態	任意団体
	会員数	37人（2014〈平成26〉年4月1日現在）
	役員数	顧問若干名、会長1人、副会長2人、監事2人
	年会費	1,000円
	会員の構成	小形山地区および周辺の住民
設立（発足）・法人化等の時期		1986（昭和61）年8月28日
活動内容		(1) 観覧者に対する説明・助言 (2) 資料館の内容充実のための資料の収集・整理 (3) 資料館に関する資料等の作成・あっ旋および頒布（グッズ販売） (4) 会員相互の研さんおよび親睦 (5) その他必要な事業

広がりをもつものと考えられる。活動内容の詳細を時期ごとにまとめ、現在に至るまでの経緯を振り返る。

3. 尾県郷土資料館協力会発足までの経緯（表6）

　活動内容の詳細を時期ごとにまとめ、現在に至るまでの経緯を振り返る。なお、経緯の年表は註に挙げた資料にもとづいて作成し[32]、とくに断りのない限り、コミュニティの発足や活動の経緯はこの年表を用いて記述する。まず、コミュニティ発足までの経緯をみていく。

　前章でふれたように尾県郷土資料館は1979（昭和54）年3月時点で資料館内が年々の資料点数の増加により展示場所が狭くなっており、1985（昭和60）年に教育資料館として改装することになった。この資料館改装の契機をつくり、改装作業の中心人物となったのが、協力会会長を長く務めた井上敏雄氏である。

　井上氏は都留市の出身で、1978（昭和53）年に心臓手術で危篤状態を体験したのを機に「人のために何かできないか」と思い、郷土に目を向けた。1979（昭和54）年には、都留文科大学への尾県郷土資料館移転の話もあったが、井

第3章　文化財を核としたコミュニティ活動の分析と考察　171

表6　尾県郷土資料館協力会発足までの経緯

年	和年	おもな出来事	出典
1978	昭和53年	井上敏雄氏が心臓病の手術で危篤状態になり、生死をさまよったのを機会に郷土へ目を向けた。	山梨日日新聞　1990年12月11日付記事
1979	昭和54年	都留文科大学で大学のシンボルにと資料館移設の話が提案されるが、地元に断られる。	『井上敏雄日記　1991（平成3）年5月27日～1991（平成3）年11月2日』
1983	昭和58年	井上敏雄氏が尾県郷土資料館運営協議会の委員に選ばれる。	山梨日日新聞　1990年12月11日付記事
1985	昭和60年	井上敏雄氏ら地域住民5人で教育関連資料の悉皆調査ならびに収集を小形山地区で行う。都留市教育委員会より小泉和子生活史研究所へ明治期の教室復元に関する調査を依頼。	聞き取り調査（2013年4月26日）；『尾県学校の沿革と復元』
1986	昭和61年	尾県郷土資料館改装オープン。尾県郷土資料館協力会結成。教育長より委嘱状交付。会費徴収。	『尾県資料館協力会会費出納帳』

上氏を中心にこれに反対し、移転は免れた。資料館は当時、存続の危機にあったといえ、1983（昭和58）年に尾県郷土資料館運営委員会の委員となった際、市教育委員会に資料館活用を働きかけた。資料館を教育資料館に改装するにあたり、1985（昭和60）年に井上氏含め、近所の主婦ら5人で教育関連資料の悉皆調査ならびに収集を小形山地区内で行った。

　当時教育長であった横山守は「資料館に展示してあります1点、1点の資料は、井上先生が3年の歳月をかけて小形山地区内を丹念に回られ、ある時は屋根裏に登りまた、ある時はほこりだらけの倉庫に入って集められたものです。むろん、小形山地区の多くの人々の協力があったことは言うまでもありませんが、（井上）先生の情熱によって今日の立派な資料館に発展できたものと厚く感謝いたしております。」（井上、1990b：20）とコメントしており、井上氏が資料館改装に果たした役割が大きかったことがわかる。同年、都留市教育委員会より小泉和子生活史研究所へ明治期の教室復元に関する調査を依頼し、内部の改装も実施され、1986（昭和61）年5月26日に開館した。尾県郷土資料館協力会はその後、悉皆調査を行った地域住民に加え、小形山地区の老人クラブに声を掛け、会員を募り、1986（昭和61）年8月28日に正式に発足した。

4. 尾県郷土資料館協力会の初期の活動（表７）

　コミュニティが発足した1986（昭和61）年には旧尾県学校の同窓会が資料館で開催され、尾県郷土資料館協力会が開催に協力している。資料館で開放講座と題した講座を開催した。コミュニティが発足した年は、館内の清掃や資料館庭の花植えなどの環境美化がおもな取り組みであり、この取り組みは2016（平成28）年現在も継続して行われている。また、同年には、都留文科大学の動物学教室から稲村神社の御神木である榎にオオムラサキの幼虫が生息していることを指摘され、資料館を中心に小形山一円を蝶の公園とする取り組みを実施することになった。

　翌1987（昭和62）年４月４日には、都留文科大学の動物学研究室の今泉吉晴教授を講師に招き、オオムラサキをテーマとした開放講座を開き、禾生第二小学校５、６年生が約80人参加し、協力会員や自治会員も参加した。この開放講座はその後２回開催した。開放講座はその他にも地元出身の画家である藤井霞郷を取り上げ、同年９月26日、27日には資料館内で展示を開催した。1988（昭和63）年には、蝶の公園づくりを都留文科大学生10人、協力会員17人ほどで行った。

　また、この年には資料館で地元向けに様々なイベントを行う資料館まつりを開催し、小学生の写生大会を行った。この資料館まつりでは、オオムラサキの講演会も実施した。この頃、今泉教授を代表とし、大学OBや市民から構成される都留市ムリネモ協議会が市内に生息する野生動物を観察する「フィールド・ミュージアム構想」を推進しており、その一環で、市内に野生動物を観察できるキーステーションを設置しており、小形山もその構想に含まれていた[33]。同協議会は、この構想について「今一度新しい視点で足元の自然をみつめなおし、経済価値とは異なる価値観を生み出すことによって、真に自然と人との共存をはかるために『都留市フィールドミュージアム構想』を創出し、その実現へむけて活動をすすめ（後略）」（ムリネモ協議会、1990）と述べている。1988（昭和63）年11月には、小形山の蝶の公園はムリネモ協議会のエンカウンター・スペース（野生動物たちとの出会いの場）のひとつになった（井上、1990b：53）。

　1989（平成元）年２月にムリネモ協議会のメンバーと尾県郷土資料館協力会

第3章　文化財を核としたコミュニティ活動の分析と考察　173

の会員で研修旅行を開催し、多摩動物公園のインセクタリウムに蝶を見学に行った際、井上氏は協議会のメンバーからローカル・アメニティ・ソサエティの話を聞き、資料の提供を受け、こうした構想を小形山で取り入れること

表7　尾県郷土資料館協力会の初期の活動

年	和年	主な出来事	出典
1986	昭和61年	尾県学校同窓会を行う。協力会が手伝う。 開放講座を行う。 都留文科大学動物学教室よりオオムラサキの生息域であることを指摘される。	『尾県資料館協力会会費出納帳』；『ふるさと小形山』
1987	昭和62年	文化財防火デーにつき消火訓練。 今泉教授を講師にオオムラサキについての開放講座を実施。藤井霞郷展（開放講座）開催。	『尾県資料館協力会会費出納帳』
1988	昭和63年	開放講座で蝶の公園づくりを行う。 蝶の公園がムリネモ協議会のエンカウンター・スペースになる。 資料館まつり開催。野生動物原画展および写生大会の開催。	『尾県資料館協力会会費出納帳』；『ふるさと小形山』
1989	平成元年	研修旅行で多摩動物公園へ行く。 蝶の公園づくり開催。 鎌倉街道散策を行う。	『尾県資料館協力会会費出納帳』；『協力会活動日誌』
1990	平成2年	文化財防火デーにて資料館の防火訓練を行う。 史跡・名所に標柱を設置。高川山山頂付近に地図板と標柱を建てる。 蝶の公園づくりを行う。 ガイドマッププレートを資料館前に建てる。 青い目の人形展開催。 篆刻展および78回転のレコードを聞く会開催。 開放講座で篆刻教室を開催。 鎌倉街道散策を行う。 井上氏が『ふるさと小形山』を出版。 ホタルの籠づくり講習会開催。 都留の野鳥を描く原画展。 トヨタ財団第5回研究コンクール本研究最終報告会で発表。 「SANTI・キャンバスタウン都留を創造する市民の会」に参加。	『協力会活動日誌』；山梨日日新聞　1990年5月18日付記事；『井上敏雄日記1990（平成2年）11月4日～1990（平成2年）12月30日』
1991	平成3年	市役所の補助金にて高川山に方位盤を製作、設置する。 蝶の公園づくりを実施する。 鎌倉街道を歩く会開催。 高川山に登る会開催。 「いわむらかずお」展開催。 開放講座として写生大会を開催。 篆刻教室およびホタルの籠づくりを行う。 ムリネモ協議会がトヨタ財団主催第5回研究コンクールで最優秀賞を受賞。	『協力会活動日誌』；山梨日日新聞　1991年3月30日付記事
1992	平成4年	文化財防火デーにて、消火訓練を実施。	『協力会活動日誌』

ができないか考えたようだ(同上:あとがき)。このローカル・アメニティ・ソサエティは西村幸夫の著書にもとづいたものであるという(34)。西村はローカル・アメニティ・ソサエティについて、「都市や農村部の歴史的環境の保全及び良好な景観の保護のために建築物や都市計画を監視し、まちづくりを推進することを目的とした非営利の民間団体である。」(西村、2002:121-150)としており、当時の井上氏が目にした著書と一致しないと思われるが、このような内容を井上氏は目にしていたと考えられる。

　井上氏は小形山を歴史や自然とふれ合える地域として整備し、近隣の開発からの自然保護を目的にこの「ローカル・アメニティ・ソサエティ構想」を推進した(35)。こうした構想にもとづいて、1990(平成2)年～1991(平成3)年にかけて、蝶の公園づくりのみならず、資料館の付近を通る鎌倉街道の遊歩道の散策や資料館裏手の高川山の整備、これら小形山内の史跡や名所に会員が手づくりした標柱を設置するなどの活動が進められた(36)。こうした一連の活動は協力会のみならず、市教育委員会や都留文科大学学生が関与していた。

　また、これと合わせて井上氏個人で『ふるさと小形山』という小形山地内の史跡や名所に設置した標柱と関連させて地域を紹介するガイドブックを自費出版し、冊子の売り上げを協力会の活動費として寄付した。ムリネモ協議会でも同時期に「都留フィールドミュージアム構想」の活動のまとめとして、ガイドマップを作成し(37)、この中で小形山は「小形山ローカルアメニティー・ミュージアム(小形山ステーション)」と紹介された。

　このように、尾県郷土資料館協力会発足当初の活動はムリネモ協議会と連携し、互いの活動に影響を受けながら、推進されていたことがわかる。なお、尾県郷土資料館協力会も取り組んだ「エンカウンター・スペース・プロジェクトを中心としたフィールド・ミュージアムの実現を目指して」というムリネモ協議会の研究は、トヨタ財団が主催する第5回研究コンクールで最優秀賞を受賞した(38)。

　1990(平成2)年には、都留市郷土研究会の声掛けによる「SANTI・キャンバスタウン都留を創造する市民の会」という地域づくりを推進する市民団体の発足にも関与するなど、他の団体との連携も進んでいた。

　この時期に取り組まれた資料館まつり、館内の清掃や環境美化活動、文化

財防火デーでの消火訓練は、現在まで継続して実施されている活動であり、現在に引き継がれる活動の原型が発足当初から形づくられていたことがわかる。

5. 尾県郷土資料館協力会の活動の展開（1）（表8）

　1992（平成4）年3月7日に井上氏は1990（平成2）年に設立された都留市立介護老人保健施設「つる」へのボランティア参加について協力会員に説明し、了解を得た。この介護老人保健施設での活動の契機は、井上氏が市医療整備審議委員として設立に関与していたことが要因と考えられる（井上、1990b：19）。介護老人保健施設では、小形山地区の協力会員が地区ごとに月曜日、水曜日、金曜日にローテーションでボランティアを行い、その内容はおむつたたみや入浴の手伝いであり、1996（平成8）年までこの活動は継続された[39]。

　1992（平成4）年当時のムリネモ協議会について、都留市を訪れた守山リス研事務局が発行した『リス研通信』によれば、「トヨタ財団への申請をして、援助金を獲得した優秀団体活動の一つでした。今は、卒業生が若干残っているだけのようで、活動が（今泉）先生の肩にずっしりとかかっている感じがして少し残念な気がしました。」[40]と述べられており、一時期の活動と比較すると活動が低下していたことがわかる。こうした事情からも、ムリネモ協議

表8　尾県郷土資料館協力会の活動の展開1

年	和年	主な出来事	出典
1992	平成4年	老人保健施設へのボランティア参加について協力会員に説明し、了解を得る。 蝶の公園整備を行う。 高川山の観音像頭部の修復のため、山から降ろす。 裏山観察会開催。 ホタルの観察会開催。 「宮崎学」展開催。 資料館まつり開催。 大正琴の演奏会開催。	『協力会活動日誌』
1993	平成5年	老人保健施設でのボランティア。 鎌倉街道を歩く会開催。 バードカービング教室開催。 郷土人形展、「金属玩具」展開催。 資料館まつり開催。 高川山登山会登山研修開催。 ホタルの観察会開催。	『協力会活動日誌』；山梨日日新聞　1993年2月15日付記事

1994	平成6年	繭玉づくり開催。 高川山登山者滑落により炊き出しを行う。 老人保健施設でのボランティア。 高川山登山講習会を行う。 九州・四国の郷土玩具展開催。 蝶の公園の下刈り。 ホタルの観察会開催。 資料館まつり開催。	『協力会活動日誌』
1995	平成7年	老人保健施設でのボランティア。 郷土玩具展「こどもの玩具」開催。 蝶の公園下刈り ホタルの観察会開催。 都留の環境を守る会、産廃場建設に反対。 資料館まつり開催。 桂川をきれいにする会、シンポジウムを開催。 禾生第二小学校ふるさと学級開催。	『協力会活動日誌』
1996	平成8年	老人保健施設でのボランティア。 桂川をきれいにする会、「桂川・相模川流域シンポジウム」に参加。 玩具展、懐かしのおもちゃ展開催。 桂川の河川清掃を実施。 桂川をきれいにする会、第2回シンポジウムを開催。	『協力会活動日誌』;山梨日日新聞　1991年3月30日付記事
1997	平成9年	明治・大正絵話展、干支瀬戸等展開催。 ホタルの観察会開催。 桂川をきれいにする会、桂川の水質調査を行う。 資料館まつり開催。 歌謡コンサートを開催。	『協力会活動日誌』
1998	平成10年	文化財防火デーにて消火訓練を行う。 根付け展開催。 禾生第二小学校ふるさと学級開催。 蝶の公園の下刈りを行う。 ホタルの観察会開催。 桂川をきれいにする会、桂川の環境調査・河川清掃を行う。 井上氏が『徳兵衛のこと』出版。	協力会活動日誌;山梨日日新聞　1998年9月5日付、1998年9月13日付記事

会と連携して進められていた尾県郷土資料館協力会の活動も独自に新たな活動を模索しはじめた時期と捉えられる。

　その後も両者の連携は続いており、1992（平成4）年の5月には禾生第二小学校の生徒を対象に裏山観察会を開催し、7月にはホタルの観察会を開催している。この活動は、後にムリネモ協議会を母体としてつくられた学生OBと大学在学生が中心となるうら山観察会に引き継がれることになり[41]、ホタルの観察会はここから毎年実施され、現在も継続し、尾県郷土資料館協力会が開催に協力している。

第3章　文化財を核としたコミュニティ活動の分析と考察　177

　1995（平成7）年には、井上氏が会長となる都留の環境を守る会が産廃場建設に反対する活動をした[42]。同年には、全国的な釣り人の組織であるトラウトフォーラムの有志が小形山の付近を流れる桂川の清掃活動をはじめ、都留の環境を守る会に協力を要請したことから、桂川をきれいにする会が結成された（篠田、1999：4）。この会は尾県郷土資料館協力会とは名称を別にしているが、協力会の活動として取り組まれた[43]。

6. 尾県郷土資料館協力会の活動の展開（2）（表9）

　1999（平成11）年にそれまで尾県郷土資料館協力会の会長を務めていた井上氏が死去した。このとき、井上氏が会長でなくなった後の尾県郷土資料館協力会の継続について、会員の賛成があり、井上氏の後任には、ともに協力会の運営に携わってきた夫人の井上明子氏が選出された。会の活動は井上敏雄氏が会長であった頃の内容を引き継いだのに加え、それまでの会の活動に広がりをもたせるため、2000（平成12）年に都留市社会福祉協議会のボランティア連絡会に入会した[44]。

表9　尾県郷土資料館協力会の活動の展開2

年	和年	主な出来事	出典
1999	平成11年	井上敏雄会長死去。 井上会長死去後の協力会継続の賛成を得る。 文化財防火デーにて消火訓練を行う。 ホタルの観察会開催。 禾生第二小学校ふるさと学級に協力。 桂川をきれいにする会に協力。 昔懐かしい学校の写真展開催。 資料館まつり開催。	『協力会活動日誌』；山梨日日新聞　1999年1月27日付記事
2000	平成12年	文化財防火デーにて消火訓練を行う。 ホタルの観察会を開催。 桂川のゴミ拾いに参加。 資料館まつり開催。 都留市社会福祉協議会の都留市社会福祉協議会ボランティア連絡会に入会。	『協力会活動日誌』
2001	平成13年	都留市社会福祉協議会のボランティアまつり実行委員会に参加。 桂川のゴミ拾いに参加。 資料館まつり開催。 ホタルの観察会を開催。 都留市社会福祉大会に参加。 都留市社会福祉協議会ボランティア連絡会に参加。	『協力会活動日誌』

2002	平成14年	文化財防火デーにて消火訓練を行う。 都留市社会福祉協議会のボランティアまつり実行委員会に参加。 都留市ボランティアまつりに参加。 裏山観察会のホタルの観察に協力。 資料館まつり開催。 桂川をきれいにする会に協力。	『協力会活動日誌』
2003	平成15年	文化財防火デーにて消火訓練を行う。 都留市社会福祉協議会のボランティアまつり実行委員会に参加。 資料館へストーブの寄付。 都留市ボランティアまつりに参加。 裏山観察会のホタルの観察に協力。 桂川をきれいにする会に協力。 都留市社会福祉大会において功労者として感謝状を授与。 ボランティア活動先進地視察研修会に参加(富士市にて研修)。 都留市社会福祉協議会ボランティア連絡会に参加。	山梨日日新聞2003年1月29日付記事:『協力会活動日誌』
2004	平成16年	都留市災害救援のための研究集会に会長が参加。 都留市社会福祉協議会のボランティアまつり実行委員会に参加。 文化財防火デーにて消火訓練を行う。 都留市ボランティアまつりに参加。 資料館まつりの開催。 裏山観察会のホタルの観察に協力する。 谷村栄町三世代交流会へ竹笛づくりの指導に行く。 都留市未来を拓く都まちづくり会議に参加。	『協力会活動日誌』
2005	平成17年	文化財防火デーにて消火訓練を行う。 裏山観察会のホタルの観察に協力する。 都留市社会福祉協議会ボランティアまつり実行委員会に出席。 資料館まつり開催。 第3回やまなしボランティアフェスティバルに参加。 都留市社会福祉協議会ボランティア連絡会に参加。	『協力会活動日誌』
2006	平成18年	文化財防火デーにて消火訓練を行う。 平成17年度ボランティア活動先進地視察に参加。 市制祭、第6回ボランティアまつりに参加。 裏山観察会のホタルの観察会に協力する。 谷村栄町三世代交流会で色紙のコマづくりの指導を行う。 災害ボランティア(都留市)訓練に参加。 都留市いきいきフェスティバルに参加。 資料館まつり開催。	『協力会活動日誌』
2007	平成19年	文化財防火デーにて消火訓練を行う。 都留市社会福祉協議会ボランティア連絡会に出席。 市制祭、第7回ボランティアまつりに参加。 裏山観察会のホタルの観察に協力する。 谷村栄町三世代交流会に稲わらを利用した亀づくりの指導を頼まれ、参加協力する。 福祉施設みとおしで牛乳パックでのハガキづくりの指導を行う。 資料館まつり開催。	『協力会活動日誌』

| 2008 | 平成20年 | 文化財防火デーにて消火訓練を行う。
都留市社会福祉協議会のボランティアまつり実行委員会に参加。
市制54周年記念第8回ボランティアまつりに交流体験コーナーとして協力。
裏山観察会のホタルの観察に協力する。
都留文科大学付属小学校より依頼され、6年生にホタルの籠づくりの指導をする。
谷村栄町三世代交流会に参加する。風車づくりの指導を行う。
ボランティア養成講座に参加(自主防災セミナー)。
都留市いきいきフェスティバルに参加。
資料館まつり開催。
都留市社会福祉協議会ボランティア連絡会の先進地視察に参加。長野県千曲市のボランティア団体と交流。 | 『協力会活動日誌』 |
| 2009 | 平成21年 | 文化財防火デーにて消火訓練を行う。
都留市社会福祉協議会のボランティアまつり実行委員会に参加。
第8回ボランティアまつりに参加協力。
裏山観察会に協力しホタルの観察会を行う。
谷村栄町三世代交流会に協力し、竹トンボづくりの指導を行う。
自主防災災害ボランティアコーディネーター養成の研修会に参加。
資料館まつり開催。
都留市社会福祉協議会ボランティア連絡会に参加。 | 『協力会活動日誌』 |

　前会長から引き継いだ桂川をきれいにする会の活動は、2003(平成15)年で取り組みを終えているが、都留市社会福祉協議会が毎年4月29日の都留市制祭に行う、ボランティアまつりに参加したり、福祉施設で牛乳パックを利用したハガキづくりの指導や災害ボランティア講座に参加するなど、取り組みは福祉や災害といった分野の活動に広がっていることがわかる。

7. 現在の活動

　2016(平成28)年現在も、文化財防火デーにおいて消火訓練、ホタルの観察会、資料館まつりなどの活動を継続している。これに加え、災害救援ボランティアの講習やまちづくり会議に参加するなど以前と異なる活動にも取り組み、2004(平成16)年からは、谷村栄町三世代交流会にも参加するなど活動が地域を超えて広がりをもっていることがわかる。また、第2章で述べたが、現在、管理運営を委託された館長は、尾県郷土資料館協力会に所属してい

とから、コミュニティは館の管理運営にも関与しているともいえる。

第4節　各コミュニティの文化財保存と活用の関与と
　　　　　活動内容の分析

　まず、各コミュニティの文化財保存と活用の関与をみていく。文化資源活用協会の発足には、藤村式建築である明治校舎の保存だけでなく、大正校舎保存が契機になっていることがわかる。明治校舎保存は大多数の支持者が地元にいたが、大正校舎は一部住民であり、この中には「なかや」修復の中心メンバーとなった高橋正明氏も含まれていた（NPO法人文化資源活用協会、2010：12）。高橋氏は明治校舎保存のときも町に対し、保存を訴えたといい[45]、明治校舎・大正校舎の保存に一貫して関与していた。

　1993（平成5）年に町教育委員会で行った三代校舎活用のアイディア談義には、その後ローカルデザイン研究会で関わる当時山梨県庁の職員であった江戸川大学の鈴木輝隆教授もコーディネーターで参加している。また、このアイディア談義も町教育委員会の主催であり、大正校舎の修復に奔走した町教育委員会の山路恭之助氏の関与があったと考えらる。このように大正校舎保存をめぐり、住民の一部、町教育委員会と整理作業に参加した住民、研究者といった、その後の文化資源活用協会を発足させ、活動を発展させていく行為主体が集まったと考えられる。

　明治校舎保存には、地域住民の大多数と町教育委員会の担当者が保存の主体であったと考えられるが、大正校舎保存問題を経て、多様な行為主体が生まれたことが、文化資源活用協会というコミュニティ生成の契機になったと考えられる。

　尾県郷土資料館協力会では、1973（昭和48）年に地域住民の総意で保存が進められ、修復され資料館として開館したものの、資料館内が収集された資料の増加で館内が雑然とし、1979（昭和54）年には都留文科大学への移設が打診されるなど、資料館（文化財）の活用は、地域住民にとってかねてからの懸案だったと考えられる。

　コミュニティの中心人物であった井上敏雄氏は小形山学校保存会の名簿に

も記名があり、1973(昭和48)年の保存の段階から関与がある。また、昭和30年代の建物取り壊しの際、婦人会が反対したことは、前章でふれたが、ここで声を上げたのは井上氏の母親であったとされ(46)、当時東京にいた井上氏の耳にも建物取り壊しの話が入っていた可能性も考えられる。このように、井上氏の目が郷土に向いたという1978(昭和53)年の心臓手術を受ける以前から旧尾県学校保存に関与しており、東京から小形山地区に戻ってから本格的に資料館(文化財)の活用という地域の懸案事項に取り組んでいったことが考えられる。

　つまり、尾県郷土資料館協力会発足の直接の契機は、1973(昭和48)年の保存だけでなく、その後、井上氏が本格的に取り組んだ資料館の改装作業が契機であるといえ、このとき集った地域住民を核にしてコミュニティが生成したと考えられる。この資料館改装には、井上氏が市教育委員会の文化財保護担当の職員に相談していたことで本格化したとされ(47)、また、資料館の改装と時同じくして、小形山地区をフィールドとしていたムリネモ協議会と接触したことで、「ローカル・アメニティ・ソサエティ構想」による活動につながっており、文化資源活用協会のように地域住民、市教育委員会、研究者という行為主体が文化財を中心に集まったといえる。

　このように、どちらの事例も文化財の保存から活用まで一貫して地域住民の能動性が確認できる。また、文化財(資料館)を拠点として、コミュニティの中心人物となる地域住民と教育委員会の文化財保護担当と研究者という行為主体が互いに影響し合うことで、コミュニティが生成され、活動が発展していったことがわかる。

　事例からは、文化財の保存や活用に関わった地域住民からコミュニティが生成され、多様な活動がそれぞれの地域で実施されていることが明らかになった。次にこれらの活動が各地域にどのように影響するか考察するため、活動内容を分類して、分析する。活動の分類は、1997(平成9)年に経済企画庁が実施した市民活動団体基本調査におけるボランティア活動の分類を用いた(経済企画庁国民生活局、1997：17-21)。

　この調査におけるボランティアとは「継続的、自発的に社会活動を行う、営利を目的としない団体で、公益法人(社団法人、財団法人等)でないもの」と

定義されており、本研究で各コミュニティに共通する定義といえる。

　活動の分類は(1)社会福祉系：高齢者福祉、児童・母子福祉、障害者福祉、その他社会福祉、(2)教育・文化・スポーツ系：教育・生涯学習指導、学術研究の振興、スポーツ、青少年、育成、芸術・文化の振興、(3)国際交流・協力関係：国際交流、国際協力、(4)地域社会系：まちづくり・村づくり、犯罪の防止、交通安全、観光の振興、災害の防止・災害時の救援、(5)環境保全系：自然環境保護、公害防止、リサイクル、(6)保健医療系：健康づくり、医療、(7)その他：消費者問題、人権、女性、市民活動支援、平和の推進等である。

　以上の枠組みで各コミュニティの活動を整理した内容が以下の表10である。

表10　各コミュニティの活動内容と種類

活動の分類	各コミュニティの活動	
	尾県郷土資料館協力会	文化資源活用協会
社会福祉系	• 介護老人保健施設のおむつたたみ、入浴の手伝い • 市社会福祉協議会ボランティア連絡会に入会	なし
教育・文化・スポーツ系	• 資料館まつりの開催 • ホタルの観察会の協力 • 開放講座の開催 • 展示会の開催	• 津金一日学校の開催 • 展示会の開催 • 埋蔵文化財の発掘調査と調査後の整理作業 • 文化資源映像記録
国際交流・協力関係	なし	なし
地域社会系	• 「ローカル・アメニティ・サソエティ構想」による小形山内の史跡、遊歩道整備事業 • 文化財防火デーの防災訓練	• 空き家の修復と活用（大学生と協働） • 空き家への利用者斡旋 • 田舎暮らし体験ハウス「なかや」の管理運営 • 津金・りんごまつりへ参加 • ローカルデザイン研究会への参加（研究者、大学生と交流） • 津金ガイドマップ作成 • 須玉オープンミュージアム開設 • 津金地区防災訓練参加
環境保全系	• 桂川をきれいにする会の河川清掃活動（トラウトフォーラムに協力） • 蝶の公園づくり（ムリネモ協議会と協働）	• 獣害対策による景観保全 • 竹林の伐採
その他(消費者問題、人権、女性、市民活動支援、平和の推進等)	なし	なし

なお、活動内容は過去から現在までの内容をまとめ、主要な活動のみを掲載した。

どちらのコミュニティでも、国際交流・協力関係、その他の活動に分類される活動は見当たらず、文化資源活用協会では、社会福祉分野の活動は確認できないが、他の分野は網羅していることがわかる。また、どちらも対人的な活動よりも不特定多数の利益となるテーマ的活動が主であり、その活動は「教育・文化・スポーツ系」と「地域社会系」に重点を置いている。中でも「教育・文化・スポーツ系」は教育・生涯学習指導、学術研究の振興、青少年育成、芸術・文化の振興、「地域社会系」はまちづくり・村づくり、観光の振興、災害の防止・災害時の救援という活動に集約される。その他、自然環境保護活動を主とする「環境保全系」の活動も確認できる。活動内容は、区分を超えてそれぞれの分野で相関的に影響し合うものと捉えられる。

尾県郷土資料館協力会の「ローカル・アメニティ・ソサエティ構想」は近隣の開発からの自然保護を目的に、文化資源活用協会の空き家の修築と活用は地域の過疎化の解消を目的に、それぞれの地域課題に焦点が当てられ活動が取り組まれており、いずれの活動も拠点とする文化財（資料館）の保護を超えた内容になっていることがわかる。

両コミュニティの活動は、類似性をもつものの、次の相違点が確認できる。文化資源活用協会は、発足前の活動において、明治・大正・昭和校舎保存を目的とし、それを実現しているが、こうして現地に残された三代校舎は観光名所となり、都市住民との交流人口は、1998（平成10）年度が5,000人、2002（平成14）年度は130,000人、2004（平成16）年度は128,900人と推移しており[48]、コミュニティの活動は、結果として観光振興に結び付いていることがわかる。これは尾県郷土資料館協力会の活動では確認できない内容である。

また、文化資源活用協会はカフェ明治学校の運営や入館料といった資金を徴収する活動にも取り組む点や、文化財活用にあたり2000年代には、国土交通省、山梨県などの行政や、日本財団、ハウジングアンドコミュニティ財団といった財団、大成建設、花王などの民間企業から補助金や助成金を得て活動に取り組んでいるが、こうした活動は、尾県郷土資料館協力会では確認できない。一方、尾県郷土資料館協力会は、社会福祉系の活動が確認できるが、

文化資源活用協会にこうした活動は確認できず、両者で相違点が確認できる。

　こうした相違点は、それぞれの活動の重点の置き所によって異なると考えられ、とくにこの相違は現在の活動でも顕著であり、文化資源活用協会は、観光・交流促進型の活動、尾県郷土資料館協力会は社会福祉型の活動という特色にまとめることができる。

第5節　地域住民の文化財の保存と活用への意識

1. 建物保存の陳情書にみる旧津金学校に対する地域住民の意識

　次に地域住民の文化財の保存・活用に能動性を生み出す動機付けの意識を明らかにする。

　旧津金学校の事例は明治校舎保存に対する陳情書と大正校舎保存に対する要望書が残されているので、それぞれの内容から地域住民の意識を明らかにする。旧尾県学校の事例は、これら資料が残されていないので、アンケート調査と聞き取り調査を実施した。

　まず、旧津金学校の事例をみる。旧津金学校の明治校舎保存には、以下の陳情書が町長宛に提出されている(49)。

陳情書

　常日頃、須玉町政に対しまして鋭意・ご精励下されまた、津金地区のためにも格段のご配意をいただき誠にありがたく、津金地区住民といたしましても深く感謝申し上げる次第です。

　さて、今度小学校の統合により伝統のある津金小学校も閉校になることになりました。百余年の文化の中心であり地区民の心のよりどころであった小学校がなくなる事については、在外郷民にとって断腸の思いでございます。

　つきましては、小学校の跡地を活用できますように整備していただきたく、各区の総意を左記六項目に集約いたしました。

　地区民の有形無形のよりどころになり、過疎化の歯止にしていただきたく、貴職のお力によりこれが実現されますよう、ご高配を賜りたく連署を

第3章　文化財を核としたコミュニティ活動の分析と考察　185

もって陳情申し上げます。

「一月二十五日新町長に陳情したが新任早々で教育委員会と相談する。三月十五日町長に再陳情（町会議員二名、協議会三役、跡地部会長六名）して見とおし等確認してきました。」（「　」内はメモ書き。以下同じ）

一、非常勤公民館長と専任公民館主事を置き、施設・設備は町で管理・運営し地区住民が優先使用できるようにしていただきたい。

「尚暫定処置として小使いを六月迄置く。近日中に公民館長、主事二名を発令し実施するので、地元の協力御願する。」

二、藤村式校舎は、文化遺産として修復（資料館等として）し、残していただきたい。

「町長が三月三日閉校記念の地域全員集合際言及した通り専門家に見て戴復元出来るようにしたい。」

三、体育館・プール・照明施設は存続していただきたい。

「今迄通り存続し地元優先で活用するようにする。」

四、グランドは、総合的運動場に整備していただきたい。

「旧（中）校舎を取壊しグランド拡張出来るようにする。」

五、西校舎は、管理センター・公民館として使用できるよう存置していただきたい。

「そのように実施する。」

六、体育館は、将来室内競技に使用できるよう考慮していただきたい

「すぐには出来ないがなるべく早くそのように努力する。」

昭和六十年一月二十五日

旧津金学校保存の陳情書には「百余年の文化の中心であり地区民の心のよりどころであった小学校がなくなる事については、在外郷民にとって断腸の思いでございます。」、「藤村式校舎は、文化遺産として修復（資料館等として）し、残していただきたい。」と記されている。文中の在外郷民とは、津金地区外の居住者を指していると考えられるが、地区住民に限らず地区外に居住する住民も悲しく辛い意を示しており、ここに示される地区内外の地域住民は、

学校に通学した生徒かその関係者であると考えられる。こうした訴えは、学校に思い出のある地域住民が建物の文化財的な価値だけでなく、「心のよりどころ」という意味において建物を保存してほしいという訴えであることがわかる。その後、大正校舎の取り壊しに際しては、津金地区協議会長宛に一部の住民らから大正校舎保存の要望書が提出された。その内容は以下のとおりである[50]。

要望書

私達は大正校舎の存続を願う者として文面にて申し入れます。

長い眠りをさます様に旧津金学校藤村式校舎の改築は地域の将来に大きな期待と活力を見るものがあります。「今は地方の時代」といわれている時に私達の地域は幸いにも文化財とすばらしい自然環境に恵まれております。これらの条件を如何に利用しピーアールすることによって大きな飛躍と発展はすぐそこまで来てゐる感があります。

聞く処によれば協議会の決定は大正校舎の取り壊しを町に陳情しその方向で予算化まで進んでいるとの事、誠に残念に思います。

藤村式校舎と共に大正、昭和の校舎の併存は全国にも類を見ないものであり、折角藤村式校舎の復元も実現しようとしている時に大正校舎が無くなるのでは価値観がちがってしまいます。大きな損失だと思います。

存続には経費の問題が大きく論ぜられる事となりましょうが、現状でも町においては多少の収入もあるとの事、すぐにも立派な施設をと考えるのではなく当面は維持する事に考えをおいていただきふるさと作り運動を何から手がけて行けば良いかどんな事なら出来るか方策を大いに論じ実行して行く時に経済性も考えられる時が来る事と信じます。

先日Ｔ総務課長が御所公民館に見えられ御所区の方々とこの問題について話し合った時に「ここ４〜５年で地域は大変な変り方をするでしょう」とのロマンを語って下さいました。津金地域のピーアールの為として今秋には「りんごの里マラソン」を計画しようと考えているとの事、こうした行事が計画され実行され成功を見るには地域の理解と協力は当然ながら地域はこうした行事をどう活用して行くか、と云う様な考え方を持つ事がふる

さと作りの第一歩ではないでしょうか。

地域の人々の声は大正校舎を残す事により村の将来があると云っています。大方の人々の声です。

文化財審議委員会の答申書は住民の文化財や自然環境に対する価値観の欠如を指摘しております。しかし時の流れは考え方を変えます。この答申書を教科書としてふるさと作りを考えて行く時に活力ある村作りは必ず実現する事でしょう

その為にも大正校舎を潰し後盾に悔いを残すのではなく、存続することの方策を考えて行く事こそ「村作り運動である」と提言させていただき要望と致します。

平成元年3月21日
要望書　代表提出人別紙

　先述のとおり、大正校舎保存を訴えた地域住民から文化資源活用協会が発足したが、この要望書には、協会発足に関与した地域住民が明治校舎の保存のみならず、いかにして大正校舎の保存まで要望したのか、その経緯や思いが記されている。津金地区協議会では、大正校舎の取り壊しを要望したが、これに対し要望書を提出した地域住民は「藤村式校舎と共に大正、昭和の校舎の併存は全国にも類を見ないものであり、折角藤村式校舎の復元も実現しようとしている時に大正校舎が無くなるのでは価値観がちがってしまいます。大きな損失だと思います。」と、明治校舎のみならず、大正・昭和校舎も現地に保存することに価値があり、「地域の人々の声は大正校舎を残す事により村の将来があると云っています。大方の人々の声です。」と、校舎保存に地域の将来があることを訴えている。また、この保存の方策を考えることこそが、「村作り運動」であると述べている。

　大正校舎保存に関わった高橋正明氏は「大正校舎の場合は、建物をね文化財にって、先生たちに調査してもらったら、あれは文化財にはならんちゅうことで。だけんども、調査してもらったら、3つ校舎が並んでいるところは他にはないと。で、三代校舎を残すってことになったわけだ。」(NPO法人文化資源活用協会、2010：12)と述べており、おそらく文中登場する文化財審議

委員会の答申書は、文化財指定はできないが、三代校舎保存は地域に重要な意味合いをもつもので、それを取り壊すという地域住民の文化財に対する価値観の欠如を指摘したという内容であることが考えられる。

つまり、この答申書にもとづき、三代校舎を保存して村づくり（地域づくり）を行うべきというのが大正校舎保存を要望した地域住民の願いであることがわかる。この要望書からは、文化財である藤村式建築以外の建造物も含めて、それらを地域づくりの核として捉えていることがわかり、この思想は現在の文化資源活用協会の活動に受け継がれていると考えられる。

2. アンケート調査にみる旧尾県学校に対する地域住民の意識

旧尾県学校についての地域住民の意識は現在、資料館を拠点に活動する尾県郷土資料館協力会会員を対象にアンケート調査を実施し[51]、結果は円グラフと表11に示した。

(1) アンケート集計の結果

アンケート調査は、尾県郷土資料館協力会員39人（2013〈平成25〉年次）の内22人（56％）から回答を得た。回答者の属性をみていくと、性別は男性5人（23％）、女性17人（77％）、年齢は60代7人（31％）、70代13人（59％）、80代1人（5％）、90代1人（5％）である。性別と年齢をあわせてみると、男性は60代1人（5％）、70代4人（18％）である。女性は60代6人（27％）、70代9人（40％）、80代1人（5％）、90代1人（5％）である。

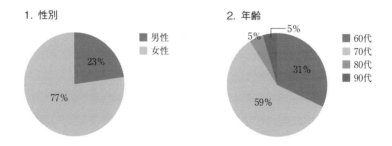

第3章　文化財を核としたコミュニティ活動の分析と考察　189

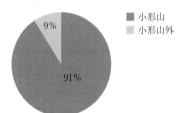

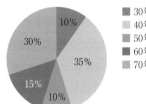

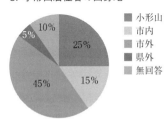

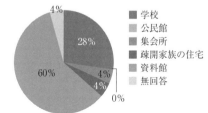

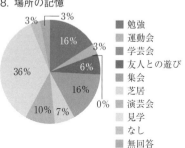

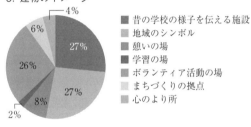

表11　アンケート調査結果

No	Q1 性別	Q2 年齢	Q3 現居住地	Q4 現住所の居住年数	Q5 出身地	Q6 出身地の居住年数	Q7 建物の記憶	Q8 建物での記憶（複数）
1	女性	70代	小形山	40年以上50年未満	市外	20年以上30年未満	学校	集会・見学
2	女性	60代	小形山	40年以上50年未満	市外	20年以上30年未満	資料館	集会・演芸会
3	女性	60代	小形山	30年以上40年未満	県外	30年以上40年未満	資料館	見学
4	女性	70代	小形山	50年以上60年未満	市内	20年以上30年未満	資料館	見学
5	女性	70代	小形山	40年以上50年未満	市内	40年以上50年未満	資料館	見学
6	女性	60代	小形山	40年以上50年未満	市外	20年以上30年未満	資料館	見学
7	女性	70代	小形山	70年以上80年未満	小形山	70年以上80年未満	学校	－
8	女性	70代	小形山	50年以上60年未満	市外	20年以上30年未満	資料館	なし
9	女性	70代	小形山	70年以上80年未満	小形山	70年以上80年未満	－	運動会
10	女性	70代	小形山	40年以上50年未満	市外	50年以上60年未満	集会所	勉強・芝居・見学
11	女性	70代	小形山	40年以上50年未満	市外	20年以上30年未満	資料館	勉強・集会
12	男性	70代	小形山	70年以上80年未満	小形山	－	資料館	友人との遊び・見学
13	男性	60代	小形山	60年以上70年未満	小形山	60年以上70年未満	資料館	友人との遊び・芝居・見学
14	男性	70代	小形山	60年以上70年未満	市外	1年以上10年未満	学校	勉強
15	男性	70代	小形山	70年以上80年未満	小形山	70年以上80年未満	学校	勉強
16	男性	70代	小形山	70年以上80年未満	－	1年以上10年未満	学校	勉強
17	女性	80代	小形山	60年以上70年未満	市外	20年以上30年未満	資料館	集会・見学
18	女性	90代	小形山	70年以上80年未満	－	20年以上30年未満	疎開家族の住宅	演芸会
19	女性	60代	小形山外	30年以上40年未満	市内	30年以上40年未満	資料館	見学
20	女性	60代	小形山	30年以上40年未満	市外	20年以上30年未満	資料館	集会
21	女性	70代	小形山	40年以上50年未満	市内	30年以上40年未満	学校	演芸会
22	女性	60代	小形山外	20年以上30年未満	市内	30年以上40年未満	資料館	見学

第3章　文化財を核としたコミュニティ活動の分析と考察　191

Q9 建物のイメージ(複数)	Q10 自由回答
地域のシンボル	
昔の学校の様子を伝える施設・地域の シンボル・ボランティア活動の場	
昔の学校の様子を伝える施設	
昔の学校の様子を伝える施設・地域の シンボル・ボランティア活動の場	丸柱でめずらしい。
地域のシンボル	
ボランティア活動の場	
ボランティア活動の場	
ボランティア活動の場	
昔の学校の様子を伝える施設・ボラン ティア活動の場	
昔の学校の様子を伝える施設・地域の 憩いの場・学習の場・ボランティア活 動の場・まちづくりの拠点	
昔の学校の様子を伝える施設・地域の 憩いの場・ボランティア活動の場・ま ちづくりの拠点	
昔の学校の様子を伝える施設・地域の シンボル	大切に保存し、学校資料館として後世に伝えたい。
昔の学校の様子を伝える施設・地域の シンボル・ボランティア活動の場	
地域のシンボル・心のより所	昭和23年小学1年生でこの学校で学びました。2年は 田野倉の学校で3年の時(昭和25年)に中野原に新しい 学校が出来ました。
地域のシンボル	
昔の学校の様子を伝える施設・地域の シンボル・地域の憩いの場	
昔の学校の様子を伝える施設・地域の シンボル・地域の憩いの場・ボランテ ィア活動の場・まちづくりの拠点・心 のより所	明治時代の学校という事が自慢出来、その時の所に、 移動もせず、そのまま有る事が素晴らしい。
ボランティア活動の場	尾県学校を資料館としてのこした協力会長の現在会長 ご夫君立派と今もおもって居ります。現館長のお父様 が最初の発起人です。
昔の学校の様子を伝える施設・地域の シンボル	
昔の学校の様子を伝える施設・地域の シンボル・ボランティア活動の場	地域の交流としての場。
ボランティア活動の場	地域の方の協力で尾県郷土資料館が成り立っておりま す。立ぱな学校なのでほこりに思っております。
昔の学校の様子を伝える施設・地域の シンボル	

現在の居住地は、小形山が20人(91%)で、小形山外が2人(9%)である。小形山に居住する20人の居住年数は、30年以上40年未満が2人(10%)、40年以上50年未満が7人(35%)、50年以上60年未満が2人(10%)、60年以上70年未満が3人(15%)、70年以上80年未満が6人(30%)である。

小形山に居住する20人の出身地は、小形山が5人(25%)、市内が3人(15%)、市外が9人(45%)、県外が1人(5%)、無回答2人(10%)である。なお、この無回答2人は、小形山外に居住していた期間があることから、出身地は小形山外といえる。

出身地の居住年数は、10年未満が2人(9%)、20年以上30年未満が9人(42%)、30年以上40年未満が4人(18%)、40年以上50年未満が1人(4%)、50年以上60年未満が1人(4%)、60年以上70年未満が1人(4%)、70年以上80年未満が3人(15%)、無回答が1人(4%)である。

次に尾県学校の記憶とイメージに対する回答をみる。尾県学校について一番印象深く残る記憶については「学校」が6人(28%)、「公民館」が0人、「集会所」が1人(4%)、「疎開家族の住宅」が1人(4%)、「資料館」が13人(60%)、「無回答」が1人(4%)である。

一番印象深く残る記憶で回答した建物での記憶の回答(複数回答)は「勉強」が5人(16%)、「運動会」が1人(3%)、「学芸会」が0人、「友人との遊び」が2人(6%)、「集会」が5人(16%)、「芝居」が2人(7%)、「演芸会」が3人(10%)、「見学」が11人(36%)、「なし」が1人(3%)、「無回答」が1人(3%)である。

現在の尾県郷土資料館に対するイメージについての回答(複数回答)は、「昔の学校の様子を伝える施設」が13人(27%)、「地域のシンボル」が13人(27%)、「憩いの場」が4人(8%)、「学習の場」が1人(2%)、「ボランティア活動の場」が13人(26%)、「まちづくりの拠点」が3人(6%)、「心のより所」が2人(4%)であった。

自由回答は、建物の造形を称える内容、建物を自慢でき誇りであることを示す内容、保存への意思を示す内容、地域の交流の場を示す内容、尾県郷土資料館協力会の活動に言及する内容、卒業生であることを示す内容が7人から回答された。

第3章　文化財を核としたコミュニティ活動の分析と考察　193

(2)回答者属性の分析

　アンケート調査について回答者の属性を分析する。回答者は女性が全体の77％でこの内、60〜70代の女性が15人（67％）で、回答者の属性の過半数を占めることがわかる。回答者を出身別でみると小形山出身の会員は５人（23％）、小形山外出身の会員は17人（77％）と小形山外出身者が大半を占めることがわかる。小形山外出身者を性別でみると17人の内、男性が２人（11％）、女性が15人（89％）である。回答者の属性をみる限り、このコミュニティで活動している会員は小形山外出身の女性が多いことがわかる。これは、小形山地区の人口推移でもふれたように小形山外から嫁いだりして、小形山地区に居住したという事情が考えられる。

(3)建物の記憶とイメージの分析

　アンケート調査について、建物の記憶とイメージの回答について分析する。印象に残る記憶の建物について、「資料館」という回答が13人で最も多いが、回答者の属性とあわせてみると回答をした13人中11人は、小形山外出身の女性である。次いで多い「学校」と回答した６人中４人は、小形山の居住年数が60年以上80年未満であり、少なくとも旧尾県学校が国民学校として利用された1950（昭和25）年までに学校へ通学した会員であると考えられる。ただ、残り２人の居住年数は40年以上50年未満で、学校が利用停止されてから小形山に居住した会員であり、これは「学校」の記憶というより「学校として利用されていた建物」の記憶といえる。

　建物での記憶は、「見学」が11人と最も多く、この内９人は、印象に残る記憶の建物として「資料館」と回答している。また、９人中７人は、小形山外出身の女性である。次いで「勉強」と「集会」の回答者数が多いが、「勉強」と回答した５人中３人は、先に印象に残る記憶の建物の設問に対し、「学校」と回答した４人の内の３人である。この３人は男性で、１人は小形山出身で、１人は転居前の出身地に１年以上10年未満居住したのみで、幼くして転居してきたことがわかり、自由回答で学校卒業生であると回答している。もう１人は出身地が無回答であるが、出身地に１年以上10年未満居住と回答してい

ることから、同様に幼くして転居してきたことがわかる。以上からこの3人は学校への通学経験があることがわかる。

　建物のイメージは、「昔の学校の様子を伝える施設」、「地域のシンボル」、「ボランティア活動の場」がいずれも13人と最も多く並ぶが、この回答者は、先の建物での記憶についての設問で「見学」と回答した11人が3つの内のいずれかを選択している。この11人の内、小形山外出身の女性が9人を占める。会員の大半を占める小形山外出身の女性は、学校が利用されなくなった後に居住していることから、「学校」の記憶はなく、「昔の学校の様子を伝える施設」と「ボランティア活動の場」という印象が強いことがわかる。

　印象に残る記憶の建物とそこでの記憶について「学校」と「勉強」と回答した、通学経験があるとみられる3人の会員は、建物のイメージを「昔の学校の様子を伝える施設」、「地域のシンボル」という回答に加え、「心のより所」、「地域の憩いの場」と回答している。この回答から建物への親しみや愛着が窺え、先にみた小形山外出身者の女性9人の回答と異なり、ボランティア活動の場としての印象が薄いことがわかる。ただ、「地域のシンボル」と回答した13人の内10人は、小形山外出身者であることから、小形山内外の出身にかかわらず、共通して、地域を代表する中心的な場所として認識されていることがわかる。

3. 聞き取り調査にみる旧尾県学校に対する地域住民の意識

　尾県学校卒業生である地域住民が旧尾県学校にどのような記憶やイメージを抱いているか明らかにすることを目的に廃校後の経緯などを含め、聞き取り調査を実施した[52]。以下は、建物の記憶やイメージに関係する質疑内容を抜粋したものである。

　　筆　者：あそこ（資料館）は昭和16年に廃校になりますよね。そのときはどんなお気持ちでしたか。

　　Ｏさん：廃校ってとき。あそこにちょっと集まりがあってお別れみたいなことをしたよね。

　　（中略）

筆　者：やっぱり、寂しいような気持ちはありましたかね。

Ｏさん：やっぱり寂しかったね。もう廃校になってすぐ壊すだと思ってた。

　（中略）

筆　者：あそこの資料館、後世に残していきたいって思いはありますかね。

Ｏさん：ありますね。

筆　者：ありますか。

Ｏさん：それはずっとまあ、今んとこ井上さんが本気になって家中でやってるけんどね、あれ、あの市なんかに任せといたらあれだよ、あんなにできないよね。

筆　者：あの、ご自身の思い出の場所というのも関わってきますかね。やっぱり思い出があるから残したいっていうそういうのも。

Ｏさん：そうね。

　（中略）

Ｏさん：いい建物だよ。

　（中略）

筆　者：今の資料館というのは、小形山の人たちにとってどういう場所だと思いますか。

Ｏさん：資料館もああして皆で掃除をしたり、まあ、いろいろグループがあって、まあ、立派になってるけんどね、綺麗にしときたいと思う。

筆　者：ああ、綺麗に。

筆　者：ご自身にとって今の資料館というのは、どういう場所ですか。やっぱり思い出の場所ですかね。

Ｏさん：思い出だね。昔の人たちがまあ苦労して建てたんだろ。だからね。

　（中略）

筆　者：尾県学校というのは、その思い出の場所かあるいは文化財といったときどっちのイメージが強いですかね。思い出の場所と文化財。

Ｏさん：思い出の場所もあるし、やっぱり文化財っちゅうことがあるよね。宝物だから。

筆　者：ああ両方、じゃあ両方ある。

Ｏさん：両方。

（中略）

筆　者：今伺った思い出というのは、ご自身の心の支えになったりしてますかね。どうですかね、学校の思い出というのは。

Ｏさん：なってるらね。なってると思うね。

　Ｏさんからの聞き取り調査の結果から、大まかであるが、(1)旧尾県学校を後世に残したいという意思を抱いていること、(2)旧尾県学校が尾県郷土資料館協力会の活動によって維持されていると認識していること、(3)旧尾県学校の廃校時に寂しさを抱いたことや、その場所での思い出が心の支えになっていること、(4)旧尾県学校のイメージは思い出の場所というイメージだけでなく「宝物」としての文化財というイメージを抱いていること、が明らかになった。

4. 文化財の活用に対する地域住民の意識

　文化財を拠点とした各コミュニティの活動、文化財の活用は、地域住民にどのように受け止められているかみていく。

　まず、文化資源活用協会の活動に対する地域住民の意識をみてみる。地域住民は、文化資源活用協会の存在は知っていたが、何をしている組織なのかはわからなかったようである。地域に学生が訪れるようになり、訪れた学生たちが準備した夕食に住民を招いて楽しく語る会として評判になったとされる。自分の家に学生に泊まって欲しい、一緒に何かしたいという声もあり、地域住民から文化資源活用協会に期待する具体的な話も聞かれるようになったようだ（鈴木、2005：238）。

　地域住民と学生との交流について、同協会が地域住民に対し行ったアンケートでは「交流はすごく楽しく、勉強に成った。津金の現状は若者が残れる様な環境でなかったから。空き家は、多いに活用して活性化につなげればと思います。」、「学生との交流は大変楽しかったです。学生の若々しい意見を聞き年齢差を感じました。なかやは修復後は拠点にして各種の会合や催し物等に利用したらどうかと思います。」、「若者との交流により、新しい時代を知る事が出来た。津金を元気にするには、地域の素朴さを失はず、新文化を取入^(ママ)

第3章　文化財を核としたコミュニティ活動の分析と考察　197

れたい。（後略）」といった学生との交流を喜び、前向きに捉える声が地域住民から寄せられている（NPO法人文化資源活用協会、2006：18）。

　また、文化資源活用協会の古民家修復に関わった地域住民からは「大勢の人が集まり楽しく会話が出来る場所『なかや』が見事完成。30年以上荒れ放題の民家、NPO、大学生、特に津金を愛する高橋さんの熱意と努力には直々頭が下がる思いでいっぱいです。年老いた私ですが勇気と何か役に立ちたいという気持ちでいっぱいです。『なかや』を大いに活用しにぎやかな『うらやましいつがね』になることを願っています。」（NPO法人文化資源活用協会、2010：17）というメッセージが寄せられており、活動が自身の勇気や役立つ気持ちに作用していることがわかる。

　次に、尾県郷土資料館協力会の活動に対する地域住民の意識についてみていく。Ｏさんの聞き取り調査からは、尾県郷土資料館協力会の活動により、現在の文化財（資料館）が成り立っていると捉えていることがわかる。またアンケート調査の自由回答には「尾県学校を資料館としてのこした協力会長の現在会長ご夫君立派と今もおもって居ります。」、「地域の方の協力で尾県郷土資料館が成り立っております。」という回答があることから、会員も団体の活動により文化財（資料館）が存続していると捉えていることがわかる。

　2011（平成23）年に禾生地区社会福祉協議会で実施した地域の現状把握を目的としたワークショップでは「あなたの地域で、地域福祉に役立っている人や組織、活動にはどのようなものがありますか？」という問いに「尾県郷土資料館協力会」という回答と、「尾県郷土資料館協力会の活動は老人にただ与えられるだけの福祉ではなく、自分達も何か役に立つんだという生きがいになるような活動をしています。また、小形山全地域に会員がいるので他地域のコミュニケーションもとれ、勉強会・研修会・慰労会など多方面に渡っている会員の笑顔がそれを物語っています。何かに役立ったんだという満足感でいっぱいです。健康にも良いと思います。」という回答がある[53]。前者の回答は資料館の運営だけでなく活動が地域福祉に役立っていると捉えている地域住民がいることを示す。後者の回答は、活動に参加する会員からの回答とも考えられるが、少なからずコミュニティの活動そのものが会員にとって意味あるものであることを示している。

第6節　各コミュニティのキーパーソンの地域への想い

　各コミュニティには共通してその活動をけん引した中心人物が確認できる。こうしたキーパーソン(54)と呼ぶべき存在は、文化財の保存から活用に至るまで関与しており、保存と活用の仲立ちをし、文化財保存の活動から活用の活動へ、内容を転換させた人物といえる。

　各事例のキーパーソンは、コミュニティ活動の内容や方向性に大きく影響していたと考えられ、文化財を拠点とした活動から地域づくりをどのように進めていくか展望を抱いていたと推測される。そこで、ここでは、各コミュニティのキーパーソンの人物像と地域に対してどのような想いを抱いているか明らかにする。

　文化資源活用協会の活動のキーパーソンは、古民家「なかや」の修復に尽力し、現在資料館館長を務める高橋正明氏に焦点を当てる。高橋氏は1941(昭和16)年生まれで、津金地区に在住する(55)。先述のとおり、地元の郵便局に2002(平成14)年まで勤めていた。2005(平成17)年当時、地域の現在について「昨年の11月、7町村が合併して、北杜市となりました。しかし、特例債を見込んだ借金の『お持ちより財政』で、(中略)財政再建団体に認定されそうな貧乏市が誕生。過剰職員数は142人、新年度予算も、超緊縮予算で、地方切り捨ての市政運営が懸念されています。これからは、『自分たちのことは、自分たちでやろう』とする私たちの出番です。」と述べている(鈴木、2005：241)。高橋氏はその後も別の機会でも「郵便局員として出会い、多くの叡智を学ばせてくれた地域の方々との人脈と信頼関係がいまの私の財産です。これからは『自分たちのことは自分たちでやろう』とする時代がきます。夢を描きながら、前に進むことは大変ですが、楽しみもあります。増え続ける独居老人と空き家ですが、学生が訪れ交流をもつことにより、高齢者も『5歳は若返ったなあ』と元気になるように、空き家を直して自由に活用して使っていただければと思います。」(NPO法人文化資源活用協会、2006：5)と、自身の活動についての想いを綴っている。

　「自分たちのことは、自分たちでやろう」というメッセージは、近年の取材

に対しても繰り返し述べられており、この思想が高橋氏の活動原理であり、文化資源活用協会をけん引していると考えられる。合併特例債という目先の資金に目を向けず、自分たちが置かれた地域の状況を分析し、地域課題として空き家の問題を抽出し、課題解決に向けた取り組みをはじめられたのも、行政に頼らずに、自分たちの手による地域づくりを行うという意志があったことによるといえる。

　また、高橋氏は「人脈と信頼関係がいまの私の財産」と述べているが、別の機会にも「私は40年以上、田舎の郵便局で郵便屋さんをしていた。この間、多くのお客様と出会い、その人その人の素晴らしい叡智をいただいた。その人脈と信頼関係は、私の財産となって残っています。この財産を日常の生活の中で活かしていけることは、私にとって最高の幸せだと思っています。」（鈴木、2005：241）と述べており、他者とのつながりを大切にしている姿勢がわかる。こうした高橋氏の姿勢が、文化資源活用協会に多様な行為主体を引き込む要因になり、活動に多様性や継続性を付与していると考えられる。

　次に、尾県郷土資料館協力会のキーパーソンについては、コミュニティの発足とその後の「ローカル・アメニティ・ソサエティ構想」にもとづき活動を発展させた井上敏雄氏に焦点を当てる。井上氏は、1923（大正12）年に都留市で生まれ、山梨県立都留中学校、東京都立化学工業専門学校、陸軍経理学校を卒業し、食品会社を設立した。専務を務めた後、山梨県立谷村高等学校教諭となり、その後、1959（昭和34）年に東京都内でプラスチック原料の加工・販売会社を設立し代表取締役を務めた（井上、1990b：著者略歴）。井上氏の祖父・父・伯父・伯母は尾県学校卒業生で、曾祖父は尾県学校建設当時に学事係を務めた（中野、1987：337）。

　井上氏は尾県郷土資料館のこと以外にも小形山地区を通るリニア実験線建設への対策をはじめとし、様々な社会活動に関わってきた。先述のとおり、心臓手術で危篤状態を経験し、郷土に目が向いたという。新聞の取材には「もし命が助かったらこれからの人生はもうけ物。社会のために余生を生きてみたい」(56)とコメントしている。日記にはたびたび、「人の一生など短いものだ。それを何故自ら気兼ねをして更に狭く短かく生きなければならないか。自由に自分の思う通り生きようとどうしてしないのか不思議でならない。七十

歳を過ぎてあと残り少ない人生だ精一杯に正しいと思うことをただ只管生きていきたい。」[57]という記述や、「この一ヶ月間随分色々なことがあった。それだけ生き甲斐があったと言うことだ。あと何年と言うよりあと何ヶ月と言った方が良いかもしれない。五年としても六十ヶ月で其の一月一月を意識ある一月として過ごして行き度いと思う。」[58]と述べられている。このことから自身の寿命ある限り、活動を続けていこうという意志をもっていたことがわかる。

その活動への思いは「リニアもそうだが先に立てば憎まれるが、誰かがやらなければ地域は良くならない」[59]と記されたり、「褒められようとは思っていない。唯、地域を良くしたいだけだ」[60]と記されたりしているように、自分本位でなく、地域を良くするための取り組みであったといえる。本人は辞退しているが、県議会への出馬を要請されたり[61]、「先生のあとを継ぐ人は一人も見あたらない」と地域住民から評価されたりしており[62]、地域からの信頼は厚かったといえる。

井上氏は1990（平成2）年には、地域の夢を見る会として、「二十一世紀の小形山を考える会」をつくる相談を地域住民にしたり[63]、市民による市民のためのまちづくり運動について話をしたり[64]、尾県郷土資料館協力会も加入した「SANTI・キャンバスタウン都留を創造する市民の会」の副会長を務めるなど[65]、地域づくりに関心を寄せていることがわかる。当時の市政については、「考え方がまるきり逆だ。またムササビやコウモリを大切にしていては食べていけない、自然を破壊しなければ市の活性化ができないという丸きり逆な考え方だ。」[66]と述べ、自身の考えにもとづく地域づくりを構想していることがわかる。

また、地元の小学生を小形山地区の高川山へ案内した際は、「頂上で人間が如何に自然を破壊しているかを話し、このままこの状態が進んでいったときには都留は住み難い、何の長所もない小さな田舎町になってしまうと話す。」[67]とあり、自然を破壊し、開発を推進する市政に危機感を抱いていたことがわかる。このことから井上氏は、自然や文化財を保護し、地域住民主体の地域づくりを目指していたことがわかる。ローカル・アメニティ・ソサエティに関心をもって取り組んだ経緯もこうした地域づくりの思想をもっていた

ことに由来すると考えられる。

1991（平成3）年から地元の禾生第二小学校の生徒を対象に実施したふるさと学校では、生徒に「ふるさとは幾つになっても心の寄り所であり、ふるさとを知ることによって将来困難にぶつかった時きっと勇気づけられる」[68]と話したり、「資料館の歴史を教え、市の文化財、県の文化財などであるから貴重なものでこのようなものが禾生第二小学校だということに誇（り）をもってくれ」[69]とも話しており、旧尾県学校が素晴らしいものであり、自分自身の住まう地域に誇りをもち、故郷を大切にするように訴えている。また、旧尾県学校について新聞の取材で説明する際、「建てられたまま百二十年此処にこのままの姿で建っている」[70]と話し、指定文化財であることと場所が移転されず、そのまま建てられた場所に残っていることに価値を見出していることがわかる。

第7節　調査の結果について

1. 文化財を拠点としたコミュニティ活動と地域づくり

各コミュニティの活動内容の分析から、活動はおもに「教育・文化・スポーツ系」と「地域社会系」に分類されるが、これに限らず他分野にまたがる活動が実施され、こうした活動は、地域づくりにつながっていると考えられる。

各コミュニティ活動は、文化財（資料館）を拠点とした活動であるため、本来の活動内容は文化ボランティアに類するものであるが、活動は資料館内に留まらず、地域に広く関心が向けられたものであることがわかる。文化資源活用協会は観光・交流促進型の活動、尾県郷土資料館協力会は社会福祉型の活動と各コミュニティの活動に特色はあるものの、それらは地域課題を取り上げ、それを解決に導く活動とも捉えられることから、活動は地域のアメニティ[71]の実現を目指すものといえる。

コミュニティの活動内容が文化財（資料館）を中心とした活動に留まらず、アメニティを目指す活動になっているのは、事例の高橋氏や井上氏のようなキーパーソンの関与が大きいと考えられ、また、各コミュニティは地域住民が

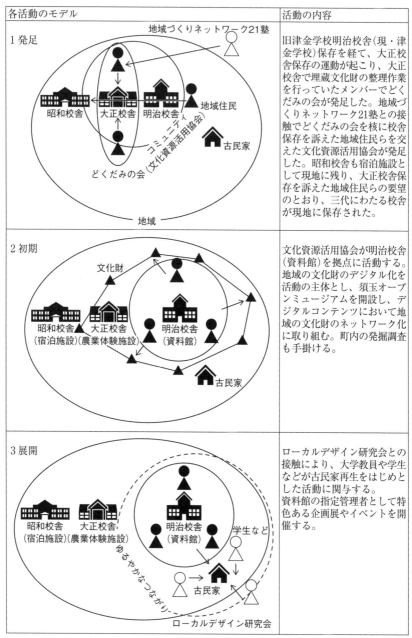

図3　文化資源活用協会の活動モデル

第3章 文化財を核としたコミュニティ活動の分析と考察　203

各活動のモデル	活動の内容
1 発足	資料館の物置化と大学からの移設の打診など、資料館保存に危機的状況があり、リニューアルに向けて地域住民が結集し、尾県郷土資料館協力会が発足した。
2 初期	都留文科大学動物学教室のメンバーをはじめとするムリネモ協議会との接触により、「ローカル・アメニティ・ソサエティ構想」にもとづいた活動に取り組む。この活動により、地域の中の史跡や名所なども地図化され、標柱が立てられるなど、地域の文化財のネットワーク化が行われた。
3 展開	トラウトフォーラムとの接触により、桂川の河川清掃などに取り組んだり、産廃処理場建設への反対など自然環境保護を活動の主体にしている。介護老人保健施設でのおむつたたみなど福祉分野の活動も行う。
4 展開2	都留市社会福祉協議会の都留市社会福祉協議会ボランティア連絡会に入会するなど、地域の福祉に関するボランティア活動が主体となり、地域を超えた活動にも取り組む。都留文科大学生を中心としたうら山観察会のホタルの観察会を共催しており、外部との連携はムリネモ協議会の時代から続いている。

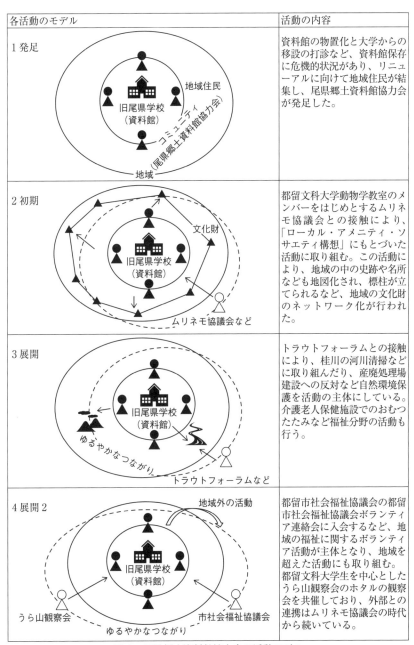

図4　尾県郷土資料館協力会の活動モデル

中心となり発足しており、地縁組織に類似し、会員の関心が文化財を超えて、居住する地域に向けられる動機は多分にあるといえる。

こうした各コミュニティ活動は独自の変遷をたどっており、コミュニティ生成から活動に至るまでの経緯と内容を図3・4で図示し、それぞれの活動が展開した要因等を明らかにしておく。

各区分にしたがって各コミュニティの活動をみると、発足期の活動は、保存運動から継続した取り組みではあるが、どちらも従来の活動を更新する動きと捉えられる。コミュニティ活動発足の発端は、文化資源活用協会は大正校舎の取り壊し、尾県郷土資料館協力会は資料館の物置化と大学への移転の打診など、文化財が危機的状況にさらされた経緯があり、このことで、文化財保存に関わった地域住民やその関係者がキーパーソンとして台頭し、これまでの保存活動の捉え直しが行われたといってよい。文化財の危機的状況によって、文化財が地域にとってかけがえのないものであるという、気づきの機会が地域住民に与えられたといえる。

初期の活動は、文化資源活用協会はオープンミュージアムというデジタルコンテンツを用い、尾県郷土資料館協力会は「ローカル・アメニティ・ソサエティ構想」にもとづいた活動に取り組み、どちらも文化財(資料館)を拠点として地域の文化財を顕在化させ、ネットワーク化に取り組んでいる点で共通している。これは単に文化財の情報を整理するのでなく、その情報や価値を地域住民に共有する機会になったといえる。

展開期の活動は文化資源活用協会では、町村合併によって須玉町との埋蔵文化財保護業務における協定も見直されたことが考えられ、同時にローカルデザイン研究会との接触や高橋氏がコミュニティの中で果たす役割が大きくなったことで、従来の活動と異なる内容が取り組まれるに至ったと考えられる。尾県郷土資料館協力会はムリネモ協議会の活動低下に伴い、活動の方向性を変え、トラウトフォーラムなどの外部団体とのつながりから自然環境保護活動に重点を置いた内容となり、また介護老人保健施設でのおむつたたみなど福祉分野の活動にも取り組み、活動内容を新たにしている。

尾県郷土資料館協力会は、井上氏の死去に伴う会長交代によって、都留市社会福祉協議会と接点をもつことで、社会福祉系の活動に重点が置かれるに

至っている。

　各コミュニティに共通する初期の活動における地域の文化財の情報を編成していく取り組みは、発足期の活動が地域住民の地域への興味・関心を醸成し、こうした活動となって表れたと考えられる。発足期はいわば、興味・関心に限らず、その後の活動の原動力となる地域への愛着や誇りの醸成期間とも捉えられる。このことを示すように、その後の活動は、地域の歴史や自然などと不可分な取り組みであり、常に地域と接点をもち続けていることがわかる。

　また、いずれのコミュニティも地域の外部を巻き込む形で活動に取り組んでおり、こうした形態の活動はどの段階においても確認できる。このようなつながりは協定や契約を結ぶような間柄でなく、非公式なつながりであり、ゆるやかなつながりにおける外部との関係が成立したといえる。こうした外部との交流と相互の支援によって活動の幅が広がり、特色ある活動になっていることがわかる。

　次に文化財の保存・活用にコミュニティの活動がどのように影響しているか明らかにしておく。以下では各事例のコミュニティ、他の行為主体と文化財との関係を図5・6に図示した。ここでは、とくに文化財の保存・活用に資するコミュニティと関係する行為主体の行為と資本に焦点をあてる。なお、ここにいう活用とは、文化財を拠点としたコミュニティの活動と資料館の管理運営を指す。

　旧津金学校は県指定文化財であることから、市町村および県は、文化財保護条例にもとづく保護措置に取り組む。これはおもに文化財保存に係る行為である。

　文化資源活用協会は北杜市の指定管理者として、資料館の管理運営に取り組む。このことによって、文化資源活用協会には、指定管理料に加えて入館料などの収入が見込まれ、これが運営費などに充てられると考えられる。

　また、国や県、民間企業や財団から得た補助金や助成金を文化財活用に関する事業に充てている。これら指定管理料をはじめとした行為とそれに伴う資本は、文化財活用に係るものといえる。この他、会員からの会費も活動費に充てられると考えられる。

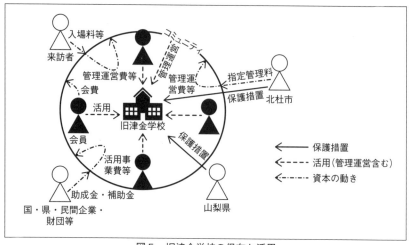

図5　旧津金学校の保存と活用

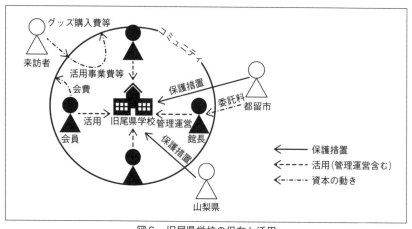

図6　旧尾県学校の保存と活用

　旧尾県学校も県指定文化財であることから、市町村および県は文化財保護条例にもとづく保護措置に取り組む。旧尾県学校は、市から地域住民を館長（尾県郷土資料館協力会員）として管理運営を委託している。ただ、この委託料は尾県郷土資料館協力会の収入ではなく、活用に係る資本は資料館のグッズ販売と会費が充てられている。

第3章　文化財を核としたコミュニティ活動の分析と考察　207

　2つのモデルをみると、文化財保存に係る行為は、どちらも行政が条例に従い主体となっている。文化財活用についてみると、コミュニティの活動が活用に資する行為と資本を生み出していることがわかる。これは、活用をもって文化財を保存するという、文化財保護法上の保護の理念が具体化した状況といえる。

　ただ、旧津金学校と旧尾県学校とのコミュニティ活動との関連を比較すると外部者の助成や補助、入館料といった文化財の活用に資する外貨の有無に相違点がみつけられる。

　この違いは、旧津金学校の指定管理者と旧尾県学校の業務委託という資料館の管理運営形態から生じるものと考えられ、とくに指定管理者は、成果として外貨獲得が目的に組み込まれていることが関係していると考えられる。また、この他、現在の文化資源活用協会の活動が観光・交流促進型、尾県郷土資料館協力会の活動は社会福祉型という特色をもつことがこの相違に関係しているとも考えられる。

2. 地域住民の文化財と文化財の保存・活用に対する意識

　次に地域住民の文化財に対する意識をみていく。旧津金学校の建物保存の陳情書からは、建物が取り壊されてしまうことについて、悲しく辛いという思いと建物が心のより所であるという内容が伝えられ、文化財への愛着がこうした記述から窺い知ることができる。

　旧尾県学校については、Oさんの聞き取り調査から廃校時に寂しさを抱いたことや、その建物での思い出が心の支えになっていると回答があり、建物への愛着をみることができる。アンケート調査で学校卒業生とみられる回答者2人も建物イメージについて「心のより所」、「地域の憩いの場」と回答しており、親しみや愛着を抱いている建物であることがわかる。前章で述べたように愛着が、地域住民の文化財保存を動機付けるものとして作用することは、こうした陳情書などの内容からも明らかである。そして、こうした学校の卒業生や関係者が建物に抱く感情は、ノスタルジーのような感情と考えられ、両事例に共通するといえる。

　また、旧尾県学校のアンケートでは、建物のイメージについて「地域の憩

いの場」と回答した4人の内3人は小形山外出身者の女性で、その内1人は
「心のより所」とも回答している。この「心のより所」と「地域の憩いの場」
の両方に回答した小形山外出身の80代女性の自由回答をみると「明治時代の
学校という事が自慢出来、その時の所に、移動もせず、そのまま有る事が素
晴らしい。」と回答し、建物が長くこの地に残り続けていることが、自慢でき
るものとし、また、他の小形山外出身者の自由回答でも「地域の方の協力で
尾県郷土資料館が成り立っております。立ぱな学校なのでほこりに思ってお
ります。」とあり、建物が自慢できる、誇りのような存在であることが示され
ている。

　つまり、文化財への愛着とともにそこに地域の誇りを感じることが、文化
財の保存や活用を動機付ける要因になっている可能性が考えられる。

　このことを示すように、アンケート調査結果の分析から小形山内外の出身
にかかわらず、過半数の地域住民が建物を「地域のシンボル」と捉えている。
また、旧津金学校の保存でも陳情書に「百余年の文化の中心」と記されたこ
とは、建物のシンボル性を物語っているといえる。

　こうしたシンボルとしての地域住民の認識は、旧尾県学校アンケートの自
由回答のように、建物が長くこの地に残り続けているという歴史的事実に加
えて、他の自由回答にある「丸柱でめずらしい」という回答や、学校卒業生
のＯさんが旧尾県学校を「いい建物」や「宝物」と表現することから、地域
住民の固有の価値観により藤村式建築の造形を評価していることに関係して
いると考えられる。

　このように建物が地域に残り続けたという歴史性と建物自体の様式美や造
形が類まれなことが、建物を地域のシンボルとして意識させることにつなが
っていると捉えられる。

　また、井上氏が地元の小学生に対し、「(旧尾県学校が)市の文化財、県の文
化財などであるから貴重なものでこのようなものが禾生第二小学校だという
ことに誇(り)をもってくれ」という発言から外部からの価値付けによって誇
りが喚起さていることがわかる。

　以上から、誇りを喚起させるようなシンボル性と愛着を生み出す思い出の
場所という性質が2つの文化財に内在していることがわかる。

ところで、思い出の場所に関して、旧尾県学校卒業生の聞き取り調査の結果からは、Oさんが建物を学校時代の思い出を想起させる場として捉えていることと、その思い出が建物を後世に残したいという、保護の動機付けになっていることがわかる。ただ、この思い出は「昔の人たちがまあ苦労して建てた」という発言から、必ずしも自分自身が経験していない、伝聞された思い出も含まれている可能性がある。

アンケート調査の結果、一番印象深く残る記憶と建物での記憶の設問は、一番印象深く残る記憶についての回答で「なし」の回答が1人、無回答が1人いるものの、残りの回答者は全て回答していることから、建物に対し、何らかの記憶をもっていることは明らかである。また、一番印象深く残る記憶についての回答は「資料館」と「学校」に集中し、その建物での記憶についての回答は、「見学」、「勉強」や「集会」に集中しており、この場について世代や出身が異なるものの、地域住民が共通した記憶をもっていることがわかり、建物が「集合的記憶」[72]を想起させる可能性が考えられる。これは建物が地域の中心的なシンボルであり、コミュニティ活動の拠点であることから、地域住民に共通する経験の記憶が生成されたと考えられる。

また、コミュニティ活動で世代を超えた地域住民同士の交流もあり、過去の記憶は後世へ伝聞され、歳月とともに重層的に蓄積していくことが想像でき、建物が自分の経験していない、過去を思い、偲ぶ場であるとともに、世代ごとに共通の思い出の場に成り得るといえる。地域外の出身者にとっては、学校卒業生や関係者が抱くノスタルジーのような感情とは異なるものの、このような地域住民に共通した建物に関する記憶は、建物への愛着につながるものと考えられる。こうした「集合的記憶」の生成によって、「記憶の場」[73]が成立したと考えられる。つまり、学校関係者ではない地域住民にとっても伝聞された記憶や新たに自身で経験した記憶によって、親しみやすく愛着をもてる建物として認識されている可能性が考えられる。

このことから、事例の文化財は、歴史性と建物の様式美や造形の特異性による地域のシンボルとしての一面と「記憶の場」という一面を併せもつ性質があるといえる。こうした性質が文化財に対する地域住民の愛着や誇りを喚起させ、文化財の保存と活用を動機付けている可能性があると考えられる。

210

　また、様式美や造形の特異性は地域住民のみならず、有識者による文化財指定によって明らかになる部分もあり、地域内外の価値付けの上に成り立っている特徴があり、多様的な価値の上に保護が成り立っているといえる。

　文化財の活用に対する地域住民の意識についてみると、各コミュニティの活動は、活動に参加している地域住民にとっては、自身の勇気や何か役に立ちたいという気持ち、また生きがいというような心性に作用していることがわかる。

　そして、他の地域住民にとってのコミュニティ活動は、文化財を保護する活動ということに加え、地域をよりよくする活動として期待が向けられ、また自身の楽しみとして前向きに捉えられていることがわかり、コミュニティ活動が地域を元気づけていると捉えられる。

3. 事例の中のキーパーソン

　各事例のキーパーソンは、それぞれの発言をみると文化財と地域に対する愛着が強かったことが考えられる。ただ、こうした愛着に加え、高橋氏が市政の現状から「自分たちのことは、自分たちでやろう」という発言をしたり、井上氏が市政に対し「丸きり逆な考え方だ」と述べたりする点から考えると、行政とは異なる見解によって活動に取り組んでいることがわかり、その根底に自律した精神を確認することができる。こうした自律した精神によって、行政と距離感を保ちながら、コミュニティの継続した活動につなげていったことが考えられる。同時にこうしたキーパーソンの文化財と地域への愛着や自律の精神が、地域課題に独自に取り組むというコミュニティ活動にひとつの方向性を与えていると捉えられる。

　また、各キーパーソンは地域からの信頼もあり、地域住民がコミュニティに参加する動機になるとも考えられ、各事例のコミュニティの生成にはキーパーソンの存在が大きく関わっていると考えられる。また、各コミュニティ活動は地域の内部のみならず、外部も巻き込むもので、文化資源活用協会では、ローカルデザイン研究会によって、大学生が津金地区を訪れ、コミュニティの活動に参加するようになり、尾県郷土資料館協力会は、ムリネモ協議会からローカル・アメニティ・ソサエティの知識を得て活動に広がりが生ま

れており、キーパーソンの存在が外部との接点をつくり、活動の発展に大きく関与しているといえる[74]。ただ、活動の主体はあくまで地域住民であり、地域の外部者はこれら活動を支援する立場にあると考えられる。

このようにキーパーソンは、文化財の保存・活用を通じて地域内外のネットワークの仲立ちをし、コミュニティ生成の契機をつくっていると考えられる。

第8節　考　察

地域づくりと地域主義にもとづく文化財保存と活用の関係は、事例からある程度明らかになったが、ここでは、両者の関係をより明瞭化させるため、地域づくりの理論の観点から事例を分析する。

玉野井芳郎の地域主義における地域を分析の単位の基礎に捉えた地域づくりの理論に内発的発展論がある（鶴見、1989：50-52）。内発的発展論は、従来の外来型の開発を批判し、経済振興だけでなく、教育・環境・文化・福祉・医療などの発展を目的に、地域に根ざした地域住民主体の発展論として1970年代中頃に提起された理論である（若原、2007：39）。地域主義を踏まえ、地域住民の主体性に重きを置いたこの理論にもとづいて事例を振り返る。

内発的発展論の主要な論者で玉野井らと地域主義研究集談会の発起人となった鶴見和子[75]は内発的発展について次のように述べている（鶴見、1989：49）。

内発的発展とは、目標において人類共通であり、目標達成への経路と、その目標を実現するであろう社会のモデルについては、多様性に富む社会変化の過程である。共通目標とは地球上のすべての人々および集団が、衣・食・住・医療の基本的必要を充足し、それぞれの個人の人間としての可能性を十分に発現できる条件を創り出すことである。それは、現在の国内および国際間の格差を生み出す構造を、人々が協力して変革することを意味する。

そこへ至る経路と、目標を実現する社会の姿と、人々の暮らしの流儀と

は、それぞれの地域の人々および集団が固有の自然生態系に適合し、文化遺産(伝統)に基づいて、外来の知識・技術・制度などを適合しつつ、自律的に創出する。

鶴見はこうした内発的発展の説明に加え、文中の「地域」を「定住者と漂泊者とが、相互作用することによって、新しい共通の紐帯を創り出す可能性をもった場所である」(同上：53)とも述べている。

鶴見の内発的発展論をみると、内発的発展へ至る経路は文化遺産(伝統)にもとづいている点と漂泊者との相互作用が行われる点、そして内発的発展が地域を単位としている点に集約される。この点を旧津金学校・旧尾県学校を拠点に活動するコミュニティの事例に合わせてみると、文化遺産(伝統)は文化財(旧津金学校・旧尾県学校)であり、漂泊者は各事例で確認された地域の外部者であり、内発的発展論との共通点をみつけることができる。地域主義にもとづく文化財保存と活用は、内発的発展論における地域づくりの実態を示す可能性がある。

より具体的に両者の接点を導くため、国内の農山村に内発的発展論を適用させ、鶴見の運動論と異なり、政策論的アプローチを試みた保母武彦の内発的発展論に照らしてみていく。保母は内発的発展を進める条件として(1)グランドデザイン、(2)地域住民の理解、(3)リーダー、(4)運営資金、の4つの条件を挙げている(保母、1996：155)。

(1)グランドデザインについて保母は「当該地域の将来像が明確にされ、その実現過程の中に個別の事業とその実践が明瞭に位置づけられていることが大切である」(同上)と述べている。この観点にもとづいて各コミュニティについてみると、定款や会則に活動理念は示されるが、その活動を通した将来の地域像は明らかにされておらず、明確な形でグランドデザインは示されてはいない。ただ、各コミュニティのキーパーソンは、明確な地域の将来像をもって活動に臨んでいたのは事例で示したとおりであり、グランドデザインは各コミュニティのキーパーソンの方針として存在していると考えられる。

(2)地域住民の理解については、「内発的発展の重要なポイントは、住民の参加による地域の自己決定権である(中略)住民みんなが参加し、考え、提案

し、理解し、共に行動することが大切である。」(同上：158)と保母は述べ、この点において地域住民の理解が必要としている。本章の事例においても、文化財の活用に対する地域住民の意識でみたとおり、各コミュニティの活動は地域住民に前向きに捉えられたものであり、十分な理解を得ていると考えられる。

(3)リーダーの存在については、各事例のキーパーソンがそのまま当てはまる。

(4)運営資金については、文化資源活用協会において市からの指定管理料や来訪者からの入館料などを財源にしており、外貨を取り入れた運営が確認でき、尾県郷土資料館協力会は、会費とグッズ販売の売上が外貨として確認できる。

以上のように本章の事例には、内発的発展を有効に進めるための要素が組み込まれていることがわかり、地域主義にもとづく文化財保存と活用と地域づくりの明確な接点をもつと考えられる。つまり、地域主義にもとづく文化財保存と活用とは、文化財の保存・活用と通じた内発的発展の過程ということができる。

しかし、保母が挙げた4つの条件から事例を比較すると、いずれも内容は共通するものの、(4)運営資金については、尾県郷土資料館協力会の活動は、外貨に頼る運営でなく、会費とグッズ販売の売上が主たる運営資金になっており、この点において相違がみられる。

内発的発展の観点からは、尾県郷土資料館協力会の活動は、運営資金の増大によって発展の余地があるといえ、将来的に尾県郷土資料館に指定管理者制度が導入され、協力会が指定管理者となった場合、文化資源活用協会のような運営形態へ移行される可能性も秘めていると考えられる。

ただ、現在の尾県郷土資料館協力会の活動は、地域の福祉に重点を置いた活動であり、文化資源活用協会のように指定管理者で運営資金は獲得するような立場ではないため、運営資金をそれほど要しない背景があるといえる。また、本章で明らかにしたように尾県郷土資料館協力会に限らず、文化資源活用協会においても各コミュニティの活動が地域住民の心性に良好な影響を及ぼしており、こうした地域住民の心性は、保母の挙げる内発的発展を有効に

進めるための条件では、測り得ないものであるといえる。このような相違は、文化財を核としたコミュニティ活動において地域の経済的な豊かさは、副次的なものであり、心の豊かさの追求がその活動の主体にあることを示すものと考えられる。

小 結

　ここまで、(1)文化財を拠点としたコミュニティ活動と地域づくりとの結びつき、(2)地域住民の文化財と文化財の保存・活用に対する意識、の2点を明らかにすることを目的に、各コミュニティの文化財保存と活用の関与と活動内容、地域住民の文化財の保存と活用への意識、各コミュニティにおけるキーパーソンの地域への想いについて調査・分析を行った。

　(1)文化財を拠点としたコミュニティ活動と地域づくりとの結びつきについては、いずれの活動も拠点とする文化財(資料館)の保護を超えた内容で、文化資源活用協会は、観光・交流促進型の活動、尾県郷土資料館協力会は社会福祉型の活動というそれぞれの活動の特色が明らかになった。また、これらの活動は地域課題を取り上げ、それを解決に導き、地域のアメニティの実現を目指す活動であり、地域の外部者とのゆるやかなつながりの中、交流と相互の支援によって活動の幅が広がり、特色ある活動になっていることを明らかにした。

　また、各コミュニティの活動は保母の内発的発展論から捉えても(1)グランドデザイン、(2)地域住民の理解、(3)リーダー、(4)運営資金、の4点において活動内容と類似点がみられ、事例には、ある程度内発的発展の要素が組み込まれていることを明らかにし、各コミュニティの活動と地域づくりの明確な接点を示した。しかし、事例で確認されたコミュニティ活動の地域住民の心の豊かさへの作用という点で、保母の内発的発展の条件と相違も確認された。

　そして、こうした活動はキーパーソンの地域への想いをみると、地域への愛着や自律の精神がコミュニティ活動に方向性を与えていることがわかり、文化財の保存・活用を通じて地域内外のネットワークの仲立ちをし、コミュニ

ティや外部者を含むゆるやかなつながりを生成する契機になっていると考えられる。

　(2)地域住民の文化財と文化財の保存・活用に対する意識については、地域住民が文化財に対し、愛着を抱き、地域の誇りとして認識していることを明らかにし、この意識は、文化財が歴史性と建物の様式美や造形の特異性による地域のシンボルとしての一面と「記憶の場」という一面を併せもつ性質によって喚起されると推測した。また、こうした意識が文化財の保存と活用を動機付けている可能性があると考えた。

　文化財の活用に対する地域住民の意識は、各コミュニティ活動から、活動に参加している地域住民にとっては、自身の勇気や何か役に立ちたいという想いや、生きがいというような心性に作用し、コミュニティ活動に参加していない他の地域住民にとっては、地域をよりよくする活動として期待が向けられ、自身の楽しみとして前向きに捉えられていることがわかり、活動が地域を元気づけていることが明らかになった。

　コミュニティ活動は、文化財の危機的状況から保存に関与した地域住民や関係者がキーパーソンとして台頭し、それまでの保存や活用の在り方の捉え直しが行われることを契機としたものといえる。また、コミュニティの地域住民は、文化財への愛着と地域の誇りを原動力とした活動を通し、それが自身の勇気や自身に役割があるという誇りに結び付き、地域住民の心の豊かさにつながっていることが明らかになった。

　活用における行為主体は文化財保存と同様に複数存在し、とくにキーパーソンと地域の外部者の存在が活用に関して、重要な要素になるといえる。文化財活用の内容は各コミュニティでその様態は様々で、自律的なものであり、こうした文化財活用の在り方は、地域主義にもとづく文化財保存と活用に特徴的なものといえる。また、こうして保護される文化財は行為主体同士のつながりを生成する媒体として機能し、地域住民にとって愛着や誇りを呼び起こし、心を豊かにしていく、心の拠り所として存在する特徴もあると考えられる。

216

註

(1) 活動区分については藤澤浩子による市民活動の時期区分を参考にした(藤澤、2011：75-78)。

(2) 先行する調査成果は鈴木輝隆によるものが確認できる(鈴木、2005、2007)。

(3) 『須玉町史　通史編』第1巻(須玉町史編さん委員会、2002);『須玉町史　通史編』第2巻(須玉町史編さん委員会、2001b);北杜市「合併の経緯」https://www.city.hokuto.yamanashi.jp/hokuto/keii/(2016年2月10日閲覧)を参照した。

(4) 『須玉町史　通史編』第2巻(須玉町史編さん委員会、2001b);『須玉町史　社寺・石造物編』(須玉町史編さん委員会、2001a);『北杜市文化財年報―平成18年度―』(北杜市教育委員会、2007);『津金御所前遺跡』(須玉町教育委員会、1986)を参照した。

(5) 人口は『甲斐国志　上(甲斐叢書第10巻)』(甲斐叢書刊行会、1974);『須玉町史　通史編』第2巻(須玉町史編さん委員会、2001b);『角川日本地名大辞典 19 山梨県』(角川日本地名大辞典編纂委員会他、1984);総務省統計局「提供統計一覧」https://www.e-stat.go.jp/SG1/estat/GL02100104.do?tocd=00200521(2016年1月21日閲覧)の該当年の国勢調査結果を参照した。年齢別人口は、総務省統計局「小地域集計19山梨県」http://www.e-stat.go.jp/SG1/estat/List.do?bid=000001036539&cycode=0(2016年1月21日閲覧)の「年齢(5歳階級)、男女別人口(総年齢、平均年齢及び外国人―特掲)―町丁・字等」を参照し、高齢化率は、日本全体は内閣府「平成24年版　高齢社会白書(全体版)」http://www8.cao.go.jp/kourei/whitepaper/w-2012/zenbun/s1_1_1_01.html(2016年1月21日閲覧)を参照し、山梨県は、山梨県「2010〈平成22〉年度高齢者福祉基礎調査概要」https://www.pref.yamanashi.jp/chouju/documents/h22-kisotyousa-gaiyou.pdf(2016年1月21日閲覧)を参照した。

(6) 産業の歴史については、『須玉町史　通史編』第2巻(須玉町史編さん委員会、2001b);「りんご祭り　特産振興の起爆剤に」山梨日日新聞、1996年11月25日付朝刊、17面を参照した。山梨県、北杜市の産業従事者数等のデータは総務省統計局の2010(平成22)年国勢調査の結果の内、「産業(大分類)、従業上の地位(8区分)、男女別15歳以上就業者数―都道府県※、市町村※・旧市町村」http://www.e-stat.go.jp/SG1/estat/List.do?bid=000001037605&cycode=0(2016年1月21日閲覧)を参照し、津金地区のデータは「産業(大分類)、男女別15歳以上就業者数―町丁・字等」http://www.e-stat.go.jp/SG1/estat/List.do?bid=000001036539&cycode=0(2016年1月21日閲覧)を参照した。

第3章　文化財を核としたコミュニティ活動の分析と考察　217

(7)　『第17回「住まいとコミュニティづくり活動助成」報告書』(ハウジングアンド
コミュニティ財団、2010：54-63)；文化資源活用協会「定款」http://tsugane.
jp/meiji/statute (2014年5月8日閲覧)を参照した。

(8)　「明治校舎保存の陳情書(高橋正明氏所蔵文書)」；「大正校舎保存の要望書(高
橋正明氏所蔵文書)」；山梨日日新聞記事朝刊(1989年4月21日付、5月4日付、
5月25日付、6月1日付、1991年4月5日付、1992年6月5日付、8月27日付、
1993年4月28日付、1995年12月14日付、1996年9月22日付、11月15日付、1997
年7月11日付、9月4日付、9月10日付、1998年5月16日付、5月29日付、
1999年1月27日付、5月27日付、11月26日付、2000年5月14日付、2001年2月
9日付、10月7日付、11月4日付、11月10日付、2002年2月27日付、7月21日
付、9月18日付、2006年3月5日付、2007年5月31日付、7月24日付、2008年
4月10日付、7月25日付、9月10日付、9月30日付、2009年2月14日付、2011
年8月22日付)；『蟹坂遺跡』(須玉町教育委員会・文化資源活用協会、2001)；
『五反田(堰下西)遺跡・二ツ木遺跡(第1次・2次・3次)・大免遺跡』(須玉町教
育委員会・文化資源活用協会、2002a)；『湯沢古墳2号墳・3号墳』(須玉町教育
委員会・文化資源活用協会、2002b)；『後田遺跡』(北杜市教育委員会、2005)；
『うらやましいつがね』(NPO法人文化資源活用協会、2006)；『山梨県地域活性
化協働事業費補助金事例集』(山梨県、2007)；『第17回「住まいとコミュニティ
づくり活動助成」報告書』(ハウジングアンドコミュニティ財団、2010：54-63)；
大野真平他論文(大野他、2005)；佐成屋匡哲他論文(佐成屋他、2007)；文化資
源活用協会「設立までの経緯」http://tsugane.jp/meiji/mission (2014年5月8
日閲覧)；文化資源活用協会「事業計画」http://tsugane.jp/meiji/npoplan (2014
年5月8日閲覧)；文化資源活用協会「活動報告」http://tsugane.jp/meiji/npore
port (2014年5月8日閲覧)；どくだみの会「どくだみ日記」http://www.comli
nk.ne.jp/~stm/Event/dokudami.html (Internet Archive http://web.archive.
org/web/から復元) (2014年5月8日閲覧)；どくだみの会「どくだみ日記
Part 2」http://www.comlink.ne.jp/~stm/event98/dokudamidiary98.html (「In
ternet Archive」http://web.archive.org/web/から復元)、(2014年5月8日閲
覧)；国土交通省「平成21年度選定されたモデル事業の概要」http://www.mlit.
go.jp/kokudokeikaku/aratana-kou/21gaiyou/047.pdf (2014年5月8日閲覧)；
国土交通省「『新たな公』によるコミュニティ創生支援モデル事業事例集」
http://www.mlit.go.jp/kokudokeikaku/aratana-kou/pdf_h22/4_kantou_blo
ck/4-12_kantou.pdf (2015年5月17日閲覧)、(2014年5月8日閲覧)；大成建設

「2009（平成21）年助成先団体一覧」http://www.taisei.co.jp/about_us/society/kikin/html/year_2009.html（2014年5月8日閲覧）。

(9) 高橋正明氏所蔵文書「校舎跡地利用に関する陳情書　昭和60年1月25日付」。この史料は本章第5節に全文を掲載した。

(10) 同上。

(11) 「大正校舎、新建築材で復元　須玉の旧津金小」山梨日日新聞、1997年7月11日付朝刊、27面。

(12) どくだみの会「十薬（どくだみ）の会」http://web.archine.org/web/2000100 7102009/http://www.comlink.ne.jp/~stm/Event/staff.html（Internet Archive http://web.archive.org/web/から復元）（2015年5月23日閲覧）。

(13) 文化資源活用協会の高橋正明氏が大正校舎保存に関わっていた発言がある（NPO法人文化資源活用協会、2010：12）。

(14) NPO法人文化資源活用協会「須玉オープンミュージアム」http://www.tsugane.jp/museum/（2015年5月17日閲覧）。

(15) 鈴木輝隆・山本俊一「ローカルデザイン研究会（LD研究会）趣意書（2008年3月）」http://www.edogawa-u.ac.jp/~tsuzuki/pdf/localdesign_shuisyo.pdf（2014年5月12日閲覧）。

(16) 鈴木輝隆「津金遊学記」http://www.edogawa-u.ac.jp/~tsuzuki/c13.html（2014年5月10日閲覧）。

(17) NPO法人黒潮実感センター「ローカルデザイン研究会趣意書　第1回ローカルデザイン研究会配布資料（2003年4月1日）」http://online.divers.ne.jp/kashiwajima/info5/info256.html（2014年5月10日閲覧）。

(18) ローカルデザイン研究会「ローカルデザイン研究会（LD研究会）新・趣意書」http://ameblo.jp/ldken/entry-10083259296.html（2014年5月10日閲覧）。

(19) 「古民家で昔の生活体験を」、山梨日日新聞、2006年3月5日付朝刊、20面。

(20) 国土交通省「『新たな公』によるコミュニティ創生支援モデル事業事例集」http://www.mlit.go.jp/kokudokeikaku/aratana-kou/pdf_h22/4_kantou_block/4-12_kantou.pdf（2015年5月17日閲覧）。

(21) 文化資源活用協会「田舎暮らし体験ハウスなかや」http://www.tsugane.jp/nakaya/（2016年6月18日閲覧）。

(22) 国土交通省「平成21年度選定されたモデル事業の概要」、http://www.mlit.go.jp/kokudokeikaku/aratana-kou/21gaiyou/047.pdf（2014年5月8日閲覧）。

(23) 同上。

第3章　文化財を核としたコミュニティ活動の分析と考察　219

(24)　NPO法人文化資源活用協会「津金学校　活動報告」http://tsugane.jp/meiji/report（2014年5月10日閲覧）。

(25)　「26年ぶり登校日」、山梨日日新聞、2011年8月22日付朝刊、20面。

(26)　「津金学校で市」、山梨日日新聞、2014年4月17日付朝刊、21面。

(27)　『甲斐国志　上（甲斐叢書第10巻）』（甲斐叢書刊行会、1974）；『ふるさと小形山』（井上、1990b）；『都留市史　通史編』（都留市史編纂委員会、1996）を参照した。

(28)　『都留市史　地史・考古編』（都留市史編纂委員会、1986）；『中谷遺跡』（山梨県埋蔵文化財センター、1996）；『ふるさと小形山』（井上、1990b）；都留市「市内文化財一覧」http://www.city.tsuru.yamanashi.jp/forms/info/info.aspx?info_id=3399（2015年10月17日閲覧）を参照した。

(29)　人口は『甲斐国志　上（甲斐叢書第10巻）』（甲斐叢書刊行会、1974）；『角川日本地名大辞典 19 山梨県』（角川日本地名大辞典編纂委員会他、1984）；『ふるさと小形山』（井上、1990b）；『都留市史　資料編　都留郡村絵図・村明細帳集』（都留市史編纂委員会、1988）；総務省統計局「提供統計一覧」https://www.e-stat.go.jp/SG1/estat/GL02100104.do?tocd=00200521（2016年1月21日閲覧）の該当年の国勢調査結果を参照した。移動人口と年齢別人口は総務省統計局「小地域集計19山梨県」http://www.e-stat.go.jp/SG1/estat/List.do?bid=000001036539&cycode=0（2016年1月21日閲覧）の「5年前の常住地（6区分）、男女別人口（転入）—町丁・字等」および「年齢（5歳階級）、男女別人口（総年齢、平均年齢及び外国人—特掲）—町丁・字等」を参照し、高齢化率は、日本全体は内閣府「平成24年版　高齢社会白書（全体版）」http://www8.cao.go.jp/kourei/whitepaper/w-2012/zenbun/s1_1_1_01.html（2016年1月21日閲覧）を参照し、山梨県は、山梨県「平成22年度高齢者福祉基礎調査概要」https://www.pref.yamanashi.jp/chouju/documents/h22-kisotyousa-gaiyou.pdf（2016年1月21日閲覧）を参照した。

(30)　産業の歴史については『都留市史　通史編』（都留市史編纂委員会、1996）；『ふるさと小形山』（井上、1990b）を参照した。なお、山梨県、都留市の産業従事者数等のデータは総務省統計局の2010（平成22）年国勢調査の結果のうち、「産業（大分類）、従業上の地位（8区分）、男女別15歳以上就業者数—都道府県※、市町村※・旧市町村」http://www.e-stat.go.jp/SG1/estat/List.do?bid=000001037605&cycode=0（2016年1月21日閲覧）を参照し、小形山地区のデータは「産業（大分類）、男女別15歳以上就業者数—町丁・字等」http://www.e-stat.go.jp/SG1/estat/List.do?bid=000001036539&cycode=0（2016年1月21日閲覧）を参照した。

(31) 井上明子氏所蔵文書「尾県郷土資料館協力会会則」；「平成25年度尾県郷土資料館協力会第29回定期総会資料」を参照した。

(32) 『尾県資料館協力会会費出納帳』（井上明子氏所蔵文書）；『協力会活動日誌』（井上明子氏所蔵文書）；『尾県学校の沿革と復元』（都留市教育委員会、1987）；『ふるさと小形山』（井上、1990b）；山梨日日新聞記事朝刊（1990年 5 月18日付、12月11日付、1991年 3 月30日付、1993年 2 月15日付、1996年 9 月22日付、10月20日付、11月12日付、1998年 9 月 5 日付、9 月13日付、1999年 1 月27日付、2003年 1 月29日付）；『井上敏雄日記　1990（平成 2 ）年11月4日〜1990（平成 2 ）年12月30日』11月29日記事；『井上敏雄日記　1991（平成 3 ）年 5 月27日〜1991（平成 3 ）年11月2日』7 月18日記事；尾県郷土資料館協力会会長である井上明子氏からご教示いただいた内容（2013年 4 月26日聞き取り）。

(33) 「都留市ムリネモ協議会　市内にPR拠点設置」、山梨日日新聞、1989年 4 月30日付朝刊、13面。

(34) 『井上敏雄日記　1990（平成 2 ）年 8 月16日〜1990（平成 2 ）年 9 月12日』8 月17日記事。

(35) 保坂真吾「乱開発から自然を守ろう」、山梨日日新聞、1990年 2 月20日付朝刊、5 面。

(36) 井上明子氏所蔵文書『尾県郷土資料館協力会活動日誌』。

(37) 「都留・ムリネモ協議会　ガイドマップ作製」、山梨日日新聞、1990年11月16日付朝刊、20面。

(38) 「トヨタ財団研究コンクール　ムリネモ協議会優秀賞」、山梨日日新聞、1991年 3 月30日付朝刊、21面。

(39) 井上明子氏所蔵文書『尾県郷土資料館協力会活動日誌』。

(40) 「都留市十日市場調査」『リス研通信』No.111守山リス研事務局、1992年 5 月17日付。

(41) 「ホタルについてのあれこれ」『広報　つる　7 月号』No.610、都留市役所、2011年7月1日付、3 面。

(42) 「産廃場建設に反対」山梨日日新聞、1995年 9 月20日付朝刊、22面。

(43) 尾県郷土資料館協力会会長である井上明子氏のご教示による（2013年 4 月26日聞き取り）。

(44) 井上明子氏所蔵文書『尾県郷土資料館協力会活動日誌』。

(45) 津金学校館長である高橋正明氏のご教示による（2014年 9 月15日聞き取り）。

(46) 尾県学校卒業生O氏のご教示による（2013年12月16日聞き取り）。

第3章　文化財を核としたコミュニティ活動の分析と考察　221

(47)　尾県郷土資料館協力会会長である井上明子氏のご教示による（2013年4月26日
　　　聞き取り）。

(48)　農林水産省農村振興局「グリーン・ツーリズムの現状について　平成18年度
　　　第1回地産地消推進検討会資料7（2006年4月25日）」http://www.maff.go.jp/j/
　　　study/tisan_tisyo/h18_01/pdf/data7.pdf（2016年1月21日閲覧）。

(49)　高橋正明氏所蔵文書「校舎跡地利用に関する陳情書　昭和60年1月25日付」。
　　　この陳情書は高橋正明氏所蔵文書であり、須玉町長宛に提出された控えである。
　　　そのため陳情書にはメモ書きがみられる。陳情書には津金地区協議会会長、津金
　　　地区協議会学校跡地部会長、須玉町議会議員2人、大和区々長、桑原区々長、御
　　　所区々長、和田区々長、下原区々長、公民館長の計10人の署名が記されている
　　　が、本書では省略して掲載した。

(50)　高橋正明氏所蔵文書「要望書　平成元年3月21日付」。この要望書は高橋正明
　　　氏所蔵文書であり、津金地区協議会会長宛に提出された控えである。要望書内
　　　の個人名は匿名とし、前段に記された津金地区協議会会長名は省略した。また、
　　　代表提出人別紙とあるが、別紙は確認できなかったため、掲載しなかった。

(51)　アンケート調査は、2013（平成25）年10月26日に開催した尾県郷土資料館まつ
　　　りに参加した尾県郷土資料館協力会員22人を対象に以下のような調査票を配布
　　　して実施した。なお、回答を比較検証するため問2については回答された年齢
　　　を年代に、問4、問6については回答された年数を年以上年未満というように
　　　処理した。

　　　　　　尾県学校（尾県郷土資料館）の記憶やイメージのアンケート調査

　　　このアンケートは尾県学校（尾県郷土資料館）について市民の方々がどの
　　　ような記憶やイメージをもっているか調査するためのものです。この調
　　　査は無記名で、回答は統計的処理を行い、この調査・研究のためだけに
　　　利用します。したがってあなたの個人情報が他にもれたり、ご迷惑をお
　　　かけすることはありません。この調査・研究にご協力をお願いします。
　　　　　　　　　　　　　　　　　　　　　　　　　　　調査者：森屋雅幸

　　　問1．あなたの性別はどちらですか。　　①男性　　②女性
　　　問2．あなたの年齢はいくつですか。　　（　　　）歳
　　　問3．あなたが今住んでいる所はどこですか。あてはまるものに○印をつ

けてください。

　①小形山地区　　②都留市内（小形山地区のぞく）　　③県内市外
　④県外

問4. あなたが今住んでいる所には何年住んでいますか。

　（　　　）年

問5. あなたの出身地はどこですか。あてはまるものに○印をつけてください。

　①小形山地区　　②都留市内（小形山地区のぞく）　　③県内市外
　④県外

問6. あなたは上の問5で回答した出身地に何年住んでいましたか。出身地と今住んでいる所が同じ方はお答えいただかなくて結構です。

　（　　　）年

問7. 尾県学校について一番印象深く残る記憶として、あてはまるもの一つに○印をつけてください。

　①学校としての記憶　　②公民館としての記憶
　③集会所としての記憶　　④疎開家族の住宅の記憶
　⑤資料館としての記憶　　⑥その他

問8. あなたは上の問7で回答した場所で何をした記憶がありますか。あてはまるものすべてに○印をつけてください。

　①勉強　　②運動会　　③学芸会　　④友人との遊び　　⑤集会
　⑥芝居　　⑦演芸会　　⑧見学　　⑨その他（　　　　　　　　　）

問9. 現在の尾県郷土資料館にどのようなイメージをお持ちですか。あてはまるものすべてに○印をつけてください。

　①昔の学校の様子を伝える施設　　②地域のシンボル
　③地域の憩いの場　　④学習の場　　⑤ボランティア活動の場
　⑥まちづくりの拠点　　⑦心のより所

問10. その他、尾県学校の記憶、尾県郷土資料館のイメージがございましたらそれぞれ自由にご記入ください。

ご協力ありがとうございました。

第 3 章　文化財を核としたコミュニティ活動の分析と考察　223

(52) 2013(平成25)年12月16日に半構造化インタビューを用い、1時間程度の聞き
　　 取り調査を行った。調査対象は、小形山出身で現在も同地区に在住の尾県学校
　　 を卒業した当時88歳の女性のO氏である。なお、聞き取り調査は女性の自宅で、
　　 女性の子の妻と近隣に住む尾県郷土資料館館長の山本恒男氏同席のもと行った。

(53) 都留市社会福祉協議会「都留市地域福祉活動計画　笑顔のまちづくり計画(案)
　　 平成24年〜平成28年」http://www11.ocn.ne.jp/~t-shakyo/public.pdf(2014年 5
　　 月12日閲覧)「地域の現状把握シート」を参照した。なお、このワークショップ
　　 は、2011(平成23)年11月 3 日に都留市社会福祉協議会職員が禾生地区社会福祉
　　 協議会において地域の現状把握を目的にKJ法を用いて行われた(都留市社会福
　　 祉協議会森嶋美子氏のご教示による〈2017年 5 月18日聞き取り〉)。

(54) 関西情報・産業活性化センターでは、キーパーソンを地域の「活動を企画・
　　 運営する中心的な人物」と定義しており(関西情報・産業活性化センター、
　　 2007：1)、事例の中心人物はこの意味においてキーパーソンに位置付けられる。

(55) 高橋正明氏本人のご教示による(2014年 9 月15日聞き取り)。

(56) 前掲註(35)山梨日日新聞、「乱開発から自然を守ろう」。

(57) 『井上敏雄日記　1993(平成 5)年 6 月15日〜1993年12月 2 日』10月 3 日記事。

(58) 『井上敏雄日記　1996(平成 8)年 8 月 9 日〜1996年12月19日』 8 月31日記事。

(59) 『井上敏雄日記　1991(平成 3)年12月16日〜1992年 2 月28日』 1 月 6 日記事。

(60) 『井上敏雄日記　1992(平成 4)年 3 月15日〜1992年 5 月28日』 4 月13日記事。

(61) 『井上敏雄日記　1995(平成 7)年 1 月26日〜1995年 4 月 3 日』 3 月 5 日記事。

(62) 『井上敏雄日記　1991(平成 3)年12月16日〜1992年 2 月28日』 1 月 6 日記事。

(63) 『井上敏雄日記　1990(平成 2)年 8 月16日〜1990年 9 月12日』 9 月 3 日記事。

(64) 『井上敏雄日記　1990(平成 2)年 9 月13日〜1990年11月 3 日』10月27日記事。

(65) 『井上敏雄日記　1990(平成 2)年11月 4 日〜1990年12月30日』11月24日記事。

(66) 『井上敏雄日記　1993(平成 5)年 6 月15日〜1993年12月 2 日』11月 9 日記事。

(67) 『井上敏雄日記　1992(平成 4)年12月24日〜1993年 6 月14日』 5 月 9 日記事。

(68) 『井上敏雄日記　1993(平成 5)年 6 月15日〜1993年12月 2 日』 8 月 5 日記事。

(69) 『井上敏雄日記　1998(平成10)年 8 月 2 日〜1998年 9 月17日』 8 月 6 日記事。

(70) 『井上敏雄日記　1997(平成 9)年 8 月14日〜1997年11月12日』10月26日記事。

(71) アメニティについて木原啓吉は「『快適性』とか『快適な生活』『快適な環境』
　　 などと訳されているが、実感としては『住み心地のよさ』といったものである」
　　 (木原、1982：128-129)と述べており、本書でも地域住民の「住み心地のよさ」
　　 という意味合いで用いる。

(72) 集合的記憶についてモーリス・アルヴァックスは、個人的と考えられがちな記憶は、実は他者とその記憶を共有することにより支えられているとし、人間の記憶が集合的な性格のものである点を強調している(アルヴァックス、1989：1-44)。また、「すべての集合的記憶は空間においても時間においても有限な集団に支えられている」(同上：94)と述べている。本書では、アルヴァックスの集合的記憶の解釈を用い、地域住民という集団に共有された記憶という意味合いで用いる。

(73) 片桐雅隆は「記憶の場」を「集合的記憶の宿る場」(片桐、2003：190)と定義するが、事例の文化財もこうした意味において「記憶の場」と呼ぶことができる。馬場憲一は「記憶の場」を歴史的環境の文脈で捉え、「集団が認識しその知覚したコトを時代を超えて受け継いでいく歴史的かつ文化的な場(サイト)で地域コミュニティ形成の上で意識面において大きな役割を担う有用な場所」(馬場、2015b：1)と定義付けるが、本事例でいう「記憶の場」はこの定義に等しい。

(74) 地域の外部者は地域づくりにおいて「よそ者」と呼ばれる存在と考えられる。敷田麻実は「よそ者」が地域にもたらす効果を「よそ者効果」と呼び、これを(1)技術や知識の地域への移入、(2)地域の持つ創造性の惹起や励起、(3)地域の持つ知識の表出支援、(4)地域(や組織)の変容の促進、(5)しがらみのない立場からの問題解決、とまとめているが(敷田、2009：88)、各事例はこうした「よそ者効果」の実例といえる。

(75) 清成忠男によって鶴見和子が地域主義研究集談会の発起人であったことが述べられている(清成、2010：18)。

第 4 章

近年の文化財保護施策の課題と地域主義
―1990年代以降の動向を中心にして―

はじめに

　現在の文化財保護制度における課題として、優品主義的、厳選主義的性質を補完するような地域主義にもとづく文化財保存と活用の在り方が保護制度に求められているのは、第1章でみたとおりである。

　そのような中で、地域主義にもとづく文化財保存と活用の在り方は、2007（平成19）年の『文化審議会文化財分科会企画調査会報告書』に示されたように、国においては1990年代以降、地域主義にもとづく文化財保存と活用の在り方を施策の中で強めてきた。しかし、2000年代に入ってからの国の観光立国政策によって、地域主義にもとづく文化財保存と活用の方針は、現在、文化財保護施策の中で、矮小化し、軽視されていることが考えられる。

　そこで、本章では近年の文化財を取り巻く施策において、地域主義にもとづく文化財保存と活用がどのように扱われているか明らかにし、現行の文化財保護施策の方針を示し、地域主義的観点から課題を導く。なお、本文に記述した文化財保護施策および観光振興施策など、その他施策に関する内容は章末に年表化した。

第1節　文化財の地域での活用について
—1990年代の文化財保護行政の動向—

　1970年代に過熱化した地域主義にもとづく文化財保存と活用を求める動きは、文化財保護法改正を契機に1980年代に入ると低下していったことは、第1章にみたとおりである。その後、80年代から2007（平成19）年の「歴史文化基本構想」の提言に至るまでの間、文化財保護行政において地域主義にもとづく文化財保存と活用の在り方は、どのように取り扱われたのであろうか。まずは、文化財保護行政の中で地域主義にもとづく文化財保存と活用の在り方が強調されはじめる90年代を起点に、「歴史文化基本構想」の提言に至るまでの経緯をみていく。

　1988（昭和63）年に日本の国際文化交流に関する施策の在り方や強化方策を

検討する必要があるという認識のもと、総理大臣の私的諮問機関として、国際文化交流懇談会が設置され、1989(平成元)年に最終報告がまとめられた(文化庁、1999：27-28)。また、国連が1986(昭和61)年の国連総会にて、1988(昭和63)年から1997(平成9)年までを「世界文化発展の10年」と定め、国連とユネスコが中心となり、加盟国には国内委員会を設けて様々な文化政策を推進することが求められた(同上：28)。こうした国内外の状況を考慮し、文化庁は、1989(平成元)年7月19日に文化政策推進会議を設置した(同上)。文化政策推進会議によって1991(平成3)年7月に「文化の時代に対処する我が国の文化振興の当面の重点方策について」と題する提言がされ、この提言を踏まえ、1992(平成4)年度に「芸術文化の振興」、「文化振興のための人材養成・確保」、「文化財の保存修理事業等の拡充」、「文化財のある豊かな生活の推進」、「文化の国際交流の拡充」等に政策の重点を置くこととなった(文部省、1992：428)。このように90年代初頭に文化政策推進会議の提言を契機に「文化財のある豊かな生活の推進」が取り組まれるようになった。

この提言の翌年1992(平成4)年4月には、文化庁の諮問機関である文化財保護審議会のもとに文化財保護の在り方に関して、中・長期的観点から専門的な調査研究を実施するため文化財保護企画特別委員会が発足した(加藤・中村・西村・田中・河野、1994：8)。この委員会設置の背景は、以下のように述べられている。(文化財保護審議会文化財保護企画特別委員会、2006：211)

(前略)経済のソフト化やサービス化等の急速な進展に伴う産業構造・就業構造の大きな変化、これまで我が国が経験したことのない社会の成熟化、情報化、国際化など、新たな歴史的な転換期を迎え、国民の意識や文化的な活動への関心も大きく変りつつある。また、今日では、地方の時代、文化の時代と呼ばれるように、地域住民の文化的な欲求の増大や多様化の動きを反映して、地方公共団体の文化行政の組織も漸次拡充整備されつつあり、地域文化の振興に対する行政の役割もますます大きくなってきている。さらに、世界的にも、自国及び他国の伝統文化や文化遺産を尊重する趨勢となっており、各国においてそれらを保護するための施策の改善・充実が図られてきている。

このような時代の変化に伴う新たな状況や社会の要請に適切に対応しつつ、文化振興の観点から文化財の概念や文化財保護の理念について再検討するとともに、文化財保護法の改正を含めて現行の文化財保護に関する行財政制度を再構築する必要がある。

　文化財保護企画特別委員会設置の背景は、文化財を取り巻く環境が社会的・経済的に急激に変化したとともに、地域住民の文化への関心の高まりという状況から文化財保護制度を再構築する目的があったことがわかる。また、「国際化」とあるように、文化財保護企画特別委員会発足の同年には、日本が世界遺産条約に批准し、その翌年に、文化遺産として奈良県の「法隆寺地域の仏教建造物」と兵庫県の「姫路城」、自然遺産として「屋久島」(鹿児島県)と「白神山地」(青森県と秋田県)が登録されており(文化庁、1999：42-47)、こうした状況も考慮されていたことが考えられる。
　この委員会での審議は1993(平成5)年4月16日に経過報告が出され(文化財保護審議会文化財保護企画特別委員会、1993)、1994(平成6)年7月15日に文化財保護企画特別委員会から「時代の変化に対応した文化財保護施策の改善充実について」と題する審議報告書が文化庁へ提出されている(文化財保護審議会文化財保護企画特別委員会、2006：211)。この報告書は(1)「社会の変化と新しい課題について」、(2)「文化財保護の対象・保護措置の拡大について」、(3)「文化財の保護伝承基盤の充実について」、(4)「文化財の活用と推進について」(5)「文化財の国際交流・協力の推進について」、(6)「文化財保護行政の体系化と機能の強化について」という6つの項目で構成されている。
　この項目の内、(1)「社会の変化と新しい課題について」の「文化財保護施策に関する改善の視点」における「地域における文化財の活用の促進」という項目では、以下の内容を確認できる(同上：213)。

　現行の文化財保護法は、「文化財を保存し、且つ、その活用を図り、もって国民の文化的向上に資する」ことを目的としているが、従来の文化財保護行政においては、文化財保護の重点は文化財の保存に置かれてきた。最近は、文化財の活用を図る施策の充実に努力が払われつつあるが、国民の

間では、身近な地域を中心として、博物館での学習活動、伝統芸能の鑑賞や実演、お祭りなどの伝統的な文化活動への参加、町並みの保存や歴史的建造物の復元など、文化財に対する多面的な活動や意欲が急速に高まっている。このような国民の文化財に対する多様な要求への積極的な対応が必要である。

　このように、現行の文化財保護法に対する改善の視点として、地域における文化財の活用が明確に謳われた。
　また、(2)「文化財保護の対象・保護措置の拡大について」の「幅広い文化財の保護の要請への対応」の中では、「現行の文化財保護法制定時には、文化財の重点的保護が重要な方針(重点主義・厳選主義)となっていた。これは、当時の限りある国家財政の下では、効率的・効果的な対応策であったと言える。しかしながら、今日では、より広範多岐にわたる文化財への国民の関心、保護の意識が高まってきており、より幅広く保護の措置をとることが求められている。」(同上)と述べられており、文化財保護制度のもつ重点主義・厳選主義にふれ、こうした網目からふるい落とされる文化財に対しても保護措置を取るような提言がなされた。
　さらに、(4)「文化財の活用と推進について」の「地域活性化施策・文化財関連産業振興施策との調整」には「文化財を核としたまちづくり・むらおこし」という項目が設けられ、次のことが述べられた(同上：221)。

　　近年、地域に伝承されてきた史跡、民俗芸能などの文化財への関心が高まり、まちづくり・むらおこしの中で活用する事例が増加している。全国的にも、地域の活性化や振興に当たって、地域固有の文化財を中核に据えた特色ある活動や事業を展開していこうとする気運が高まっている。文化庁においても、「風土記の丘」、「歴史の道」、「ふるさと歴史の広場」などの史跡等の整備活用事業を推進してきたところであるが、今後ともこのような地域の文化財を生かし、広く国民が親しむことのできるような整備を促進することが大切である。
　　特に、伝統的建造物群保存地区は、歴史的な町並みや集落を、周囲の環

境と一体をなして価値を形成するものとして保存するものであり、地域の
振興にも寄与している。このような実績を踏まえて、更に制度の拡充を求
める声が強くなっている。今後とも、この制度の質的な充実を図るととも
に、都市計画行政との連携をとり、これを進めていく必要がある。
　また、地域の伝統芸能等の活用などについては、公開活動を支援する施
策の充実を図る必要があるが、この場合、併せて文化財としての本質を失
わないよう配慮することが重要である。
　このような文化財を核としたまちづくり・むらおこしに当たっては、今
後、文化財行政部局が主体性を持って、企画、観光、商工、農林水産、建
設等の関連行政部局と適切な連携を図り、施策の展開に努める必要がある。

　以上のように、文化財が地域の中で活用されているという実態に即し、史
跡等の整備活用事業の推進や伝統的建造物群保存地区等の制度拡充等、これ
まで取り組んできた事業を踏まえて対応し、それにあたっては文化財行政部
局が主体性をもち、省庁の垣根を超えた横断的な連携が必要と述べている。
　馬場憲一によれば、この1994（平成６）年の文化財保護企画特別委員会にお
ける報告以後、文化財保護政策として地域社会において文化財の活用促進へ
の取り組みがはじまることになったとされる（馬場、2001：36）。
　この文化財保護企画特別委員会の報告を受けて、文化庁では1994（平成６）
年９月に近代の文化遺産の保存・活用に関する調査研究協力者会議を開催した
（文部省、1996：387）。この調査研究協力者会議の目的は、近代の文化遺産の
適切な保護を図るため、その保存と活用の在り方について調査研究を行うこ
ととしており、記念物、建造物、美術・歴史資料および生活文化・技術の４
分科会を設置し、調査研究を進め（近代の文化遺産の保存・活用に関する調査
研究協力者会議、2006：241）、「近代の文化遺産の保存と活用について（報告）」
が記念物分科会から1995（平成７）年１月20日、建造物分科会から1995（平成
７）年10月16日、その他２分科会から1996（平成８）年７月８日に報告がなされ
た（文化庁、1999：471）。
　建造物分科会の報告では、今後の課題として「文化財として価値のある建
造物を広く保護するために、国の重要文化財指定と併せて地方公共団体によ

る積極的な保護の推進を図るものとする。また、現行の文化財の指定制度とは異なる観点から保護の制度(例えば、文化財登録制度など)を導入することについて検討する必要がある。」(近代の文化遺産の保存・活用に関する調査研究協力者会議、2006：252)と述べられ、文化財保護の範囲を広げるため、文化財登録制度の導入について言及されている。また、「国や地方公共団体等による地域活性化の事業(例えば、まちづくり・むらおこし)などの中で、建造物の保護措置がとられるような方策についても検討する必要がある。」(同上)とも述べられ、文化財建造物の活用による地域づくりの方策の取り組みが課題に挙げられた。

　また、全体の報告においても「国民の理解協力の増進」の項目では、以下のことが述べられた(同上：243)。

　　近代の文化遺産に限られるものではないが、文化財の保護を推進するためには、国民の理解と協力が不可欠である。特に、青少年に対しては、学校教育及び社会教育を通じて文化財に親しむ機会を充実することが必要である。また、多様かつ大量で、身近に存在することが多い近代の文化遺産を保存し活用するためには、地域の一人ひとりの自主的かつ自発的な活動の果たす役割が大きいことから、文化財に関するボランティア活動を奨励するとともに、地域の住民がその保存と活用のため支援・協力する「文化財トラスト」等、民間団体の育成に努める必要がある。

　このように、文化財全般について、その保存には国民の理解と協力が不可欠であり、青少年については、学校教育や社会教育を通じた普及が必要であり、近代の文化遺産の保存活用には、文化財に関するボランティア活動の奨励や支援に努める必要があることが述べられ、地域住民や民間活力を評価していることがわかる。

　1995(平成7)年7月26日には、文化政策推進会議において「新しい文化立国をめざして―文化振興のための当面の重点施策について―(報告)」が文化庁に提出された(文化庁、1999：417)。この報告の「文化財を取り巻く時代の変化に対応した文化財保護措置の拡大等」という項目には、「緊急に保護して

いくことが必要な多数の文化財(近代の文化遺産等)を登録する新たな保護制度の導入や、伝統的な生活文化等従来指定の対象となっていない分野への保護対象の拡大、また、文化財の種類の枠を超えて関連する文化財や文化財が置かれている環境の総合的・一体的な保護、文化財を取り巻く景観・環境をも視野に入れた保護など、文化財の総合的な把握と保護の推進」(同上:422)とあり、近代の文化遺産の保護措置として文化財登録制度の導入や未指定文化財を含めた保護対象の拡大など文化財の総合的把握を求めた。

　このように文化財保護企画特別委員会や文化政策推進会議の報告によって提言された事項を踏まえて、1996(平成 8)年10月に文化財保護法の一部が改正され、文化財登録制度が導入されることになった(同上:60-61)。この制度は文化庁によれば「従来の指定制度を補完するものとして、届け出制と指導・助言・勧告を基本とする緩やかな保護措置」(同上:356)であり、「地域の活性化のために積極的に活用しながら、文化財を緩やかに守っていくという制度でもある。」(同上:357)と述べられ、地域づくりでの文化財の活用を念頭に置いていることがわかる。

　その後、文化財保護企画特別委員会報告と近代の文化遺産の保存・活用に関する調査研究協力者会議報告「近代の文化遺産の保存と活用について(建造物分科会関係)(1995〈平成 7 〉年10月16日)」等において、重要文化財(建造物)の活用方策について検討する必要性があると指摘されていることに鑑みて、文化庁では、重要文化財(建造物)の活用指針に関する調査研究協力者会議を発足させ、1995(平成 7)年10月24日から重要文化財(建造物)の今後の活用の方向に関して調査研究を進めた(重要文化財〈建造物〉の活用指針に関する調査研究協力者会議、2006:235)。その結果は1996(平成 8)年12月16日に「重要文化財(建造物)の活用に対する基本的な考え方(報告)」としてまとめられた(同上)。この報告の「文化財の保存と活用」の項目では、次のことが述べられた(同上:236)。

　　文化財の保護は、文化財の価値を維持すること即ち保存することがまず
　必要な条件となるのは当然であるが、歴史的建造物保護の主たる対象が、近
　年まで社寺建築など現代的な活用には馴染まないものが中心であり、かつ、

優品に限定されていたことなどから、活用よりも保存が優先されてきたと考えられる。

　しかし、最近は所有者等や地域住民、地方公共団体などにおいて、文化財に対する関心が高まるとともに、それを積極的に活用したいという希望や意欲が高まっている。特に、現代社会の中で機能し続けているものが多い近代の建造物や、居住地に用いられている民家等の文化財では、継続的な使用を可能とし活用していくことが文化財としての保存の前提となる。また、保存のため公有化される文化財建造物も増えているが、公共の施設として活用されることが期待される。このように、文化財（建造物）が価値あるものとして後世に伝えるべきものであることについて理解を広げ、深めるためには、文化財（建造物）の保存とともに活用を適切に進めることが大切である。

　この報告書では、文化財建造物は従来、保存主義がとられてきたが、近年の文化財を地域で活用するという機運に応じて活用も考慮していく必要があることを求めている。ただ、「活用に当たっては文化財としての価値を損なうことのないよう特別に配慮する必要がある。」（同上：236）と断りを入れ、保存とのバランスをとるように言及している。

　また、「文化財の活用に求められるもの」という項目では、「文化財において、何をもって活用をしていると言うべきか。文化財の活用と言えば、建物内部を美術館やレストランとして使用している事例が直ちに思い起こされる。しかし、このような事例ばかりが活用ではない。公共の財産としている文化財の活用を、文化財の本来の価値や魅力が社会に示されることとするなら、文化的に日常的に接し得ることなども広く活用に該当すると考えられる。（中略）活用の中でも最も一般的な方法は、文化財の公開である。文化財を気軽に眺め親しめる存在にすることが、地域における最も有効な文化財の活用の手法と言える。」（同上）と述べられ、建造物の転用ばかりが活用でなく、公開することで文化財を日常的に親しめる存在にすることが、地域における活用の手法としており、文化財の活用に際し、地域を念頭に置いていることがわかる。

文化庁文化財保護部建造物課では、重要文化財（建造物）の活用指針に関する調査研究協力者会議の報告を受けて、1998（平成10）年3月に『文化財建造物活用への取組み　建造物活用事例集』を発行し、文化財建造物活用の事例と手法を広く紹介し、文化財の地域での活用という施策をより具体的に実施した（文化庁文化財保護部建造物課、1998）。

また、省庁の垣根を超えて1996（平成8）年8月1日には、文化庁・建設省連携推進会議が発足し、同年10月8日には、文化庁と建設省で、文化遺産を生かした街づくりに関する協議会を発足させた（文化庁、1999：503）。こうした流れの中で、先導的なモデル地域を選定し、文化財を活かした具体的な地域づくりを建設省、文化庁および地元が一体となって計画的に進める「文化財を生かしたモデル地域づくり事業」を進め、1996（平成8）年には10地域を取り上げ、整備が進められた（建設省、1997：113-115）。

文化政策推進会議は、先の1995（平成7年）の「新しい文化立国をめざして—文化振興のための当面の重点施策について—（報告）」で示された施策の体系に沿って具体的な施策の見直しを行うとともに、文化政策について諸改革の動向を踏まえ、21世紀を視野に入れた政策が必要であるという認識のもと新たな文化行政の総合的推進のための取り組みを求め、1998（平成10）年3月25日に「文化振興マスタープラン—文化立国の実現に向けて—」を提言した（文化庁、1999：34-35）。これを踏まえ、同年3月31日、文化庁では「文化振興マスタープラン」を策定した（同上：35）。

このマスタープランの「第1章　今なぜ文化立国か」の冒頭には「文化は、人として生きるあかしであり、創造的な営みの中で自己の可能性を追求する人間の根源的な欲求であり、生きがいである。また、文化は、人々の心のつながりや相互に理解し尊重しあう土壌を提供するものであり、心豊かなコミュニティを形成し、社会全体の心の拠り所となるものである。さらに、文化は、それ自体が固有の意義を有するとともに、国民性を特色付け、国民共通の拠りどころとなるものである。」（同上：450）と記され、文化に対する考え方が示された。

この文化に対する考えは、文化財にも反映されるものと捉えられ、文化財が「心豊かなコミュニティを形成し、社会全体の心の拠り所となる」ことを

第4章　近年の文化財保護施策の課題と地域主義　235

示すものといえる。また、「質の高い生活の実現と文化」という項目では、このことについて具体的な記述がある（同上：451）。

　　今日の経済的な豊かさの中にあって、人々は、単なる利便性や効率性だけでない快適さや心地よさといった本当の豊かさを必ずしも実感できていないことが指摘されている。あらゆる人が、心豊かな質の高い生活を送るためには、精神的な満足感をもたらす文化的な要素がかつてなく重要になってきている。（中略）環境に関しても、従来のような狭い意味での環境保護だけでなく、快適で心地よい生活環境の整備が求められており、この分野においても、文化はより大きな役割を担うようになっている。地域振興においても、こうした生活環境の実現のため、歴史的な町並みや民俗芸能などを活かした文化によるまちづくりが一層重要なものとなっている。

　このように、歴史的町並みや民俗芸能等の文化財にふれ、こうした文化財を活かした地域づくりが、心の豊かさを実現することにつながることが述べられた。
　また、マスタープランではこうした考え方のもとに具体的に文化財保護について「第3章　文化立国の実現のための施策の体系」の「伝統文化の継承・発展」の項目で次のように言及された（同上：457）。

　　我が国の長い歴史の中で生まれ、育まれ、今日まで、守り伝えてきた国民の貴重な財産である文化財は、我が国の歴史、伝統、文化等の理解のために欠くことができないものであると同時に、将来の文化の向上発展の基礎をなすものである。我が国の優れた伝統文化を守り伝え、発展させていくことは、文化政策の極めて重要な課題である。文化財に関する科学技術の成果を生かしながら、文化財を大切に保存して次世代に継承するとともに、積極的に公開・活用を行い、広く国民に親しめるようにしていくことが求められている。

　ここでは、文化財を保存するだけでなく、積極的に公開・活用することが

明記され、1996(平成 8)年の「重要文化財(建造物)の活用に対する基本的な考え方(報告)」から一貫した考え方が示されている。また、文化財が歴史等の理解のためだけでなく、将来の文化の向上発展の基礎をなすという認識も盛り込まれていることがわかる。

　マスタープランでは、こうした考えのもと、(1)文化財の保存・修理等の充実強化、(2)文化財の保存伝承基盤の充実、(3)文化財の公開・活用の推進、(4)文化財の保護対象の拡大と歴史的文化環境の保護、の 4 項目に具体的な施策が示された。

　この内、(3)文化財の公開・活用の推進では、「国宝・重要文化財・登録文化財等の建造物、歴史的集落・町並み、史跡、民俗芸能や民俗文化財等について、文化財を活かしたまちづくりなどにより、これらの活用を推進する。」(同上：458)とあり、文化財を地域づくりに活用する旨が明記されている。また、(4)文化財の保護対象の拡大と歴史的文化環境の保護では、「文化財を取り巻く時代の変化に対応し、保護対象を拡大していくとともに、文化的・歴史的な景観・環境の保存と活用を図るため、従来の文化財保護の体系を見直し、新たな保護体系を検討していく」(同上)と述べられ、指定文化財の枠組みを超えた保護措置を取ることが示された。

　このように地域における文化財の活用は、90年代に入り、文化政策推進会議や文化財保護審議会文化財保護企画特別委員会の提言によってけん引されてきたことがわかる。こうした提言により、近代化遺産の建造物の保存・活用や登録制度の導入など文化財保護制度が充実化するに至った。

第 2 節　2000年代以降の文化財の活用施策について

　1998(平成10)年 6 月 9 日に国の行政機関の再編成、事務および事業の減量・効率化等を図るため中央省庁等改革基本法が成立し、同法の施行により、2001(平成13)年 1 月 6 日に文部科学省が新たに設置され、引き続き外局として文化庁が置かれた(文化庁、2009：10)。同時に文化行政における政策の企画立案機能の充実を図るため、従来の国語審議会、著作権審議会、文化財保護審議会および文化功労者選考会の機能を整理・統合し、同年 2 月に、新たに文

化審議会が設置された(同上：166)。文化審議会には、国語分科会、著作権分科会、文化財分科会、文化功労者選考分科会の４分科会の他に、文化政策部会などが置かれ、審議が行われるようになった(同上)。

また、同年11月30日には文化芸術振興基本法が成立し、同年12月７日に公布・施行された(同上：2-4)。この法律には、第13条に「文化財等の保存及び活用」の条項が盛り込まれ、「国は、有形及び無形の文化財並びにその保存技術(以下『文化財等』という。)の保存及び活用を図るため、文化財等に関し、修復、防災対策、公開等への支援その他の必要な施策を講ずるものとする。」という条文が記載され、文化政策としても文化財保護を推進していくという国の姿勢がわかる。

2001(平成13)年２月14日には、文化審議会に文化財の保存および活用に関する総合的な政策の企画に係る重要事項を調査するため、文化財分科会企画調査会が設置された(文化審議会文化財分科会企画調査会、2002：30)。この調査会では、同年3月より、国内外における社会の諸情勢の変化を踏まえ、文化財の保存・活用方策についての見直しを行い、新たな視点による文化財の保存・活用の積極的な推進の検討を行い(同上：1)、同年11月16日に審議の報告を行った(文化庁、2009：354)。

この報告書には「文化財は、我が国の歴史における様々な時代背景の中で、人間生活とのかかわりにおいて生み出され、現代まで守り伝えられてきた国民の財産である。また、我々を取り巻く社会情勢の変化やグローバル化の動きの中で、ともすれば見失いがちなアイデンティティを確保し、自分たちの歴史、文化等を正しく理解するために欠くことのできないものである。文化財は、また、現在の我々の生活習慣や物事に対する考え方に対して大きな影響を与えるものであり、将来の文化の向上・発展の基礎をなすものでもある。」(文化審議会文化財分科会企画調査会、2002：1)という文化財に対する認識が示された。

こうした認識のもと「第1　未来へ生かす文化財の保存・活用の在り方」、「第2　文化財の保存・活用の今後の取組」、「第3　総合的な視野に立った文化遺産の保存・活用」、「第4　国民一人一人が文化遺産を大切にする社会を目指して」という４つの方針が示された(同上：1-15)。この内、「第2　文化

財の保存・活用の今後の取組」において、「地方公共団体に今後期待される役割」の「地域ごとの文化財保護の取組の充実」という項目で次のことが述べられた（同上：5）。

　文化財は、所在する地域の文化と密接な関連を有するものであることから、地方公共団体は、国指定等の文化財に関して、必要な場合には管理団体として文化財の管理、修理、公開等を行うとともに、所有者等に対して文化財保護に関する指導助言等を行うことが求められる。加えて、地方公共団体は、自らの地域文化の向上発展や個性ある地域づくりのため、当該区域内に存在するあらゆる文化財に関し、適切な保存・活用に努める必要がある。

　各地域には、「在地文化」とも言うべき有形・無形の文化遺産が存在している。これらの中には、これまで必ずしもその価値が認識されず、都市化の進展、生活様式の変化等によって失われつつある貴重なものも少なくない。

　一部には先進的な取組も見られるが、今後、こうした地域に根ざした文化遺産については、地域ごとに、地方公共団体が中心となって価値を見出していくとともに、地域の財産として継承する取組の一層の充実を図ることが必要である。

この項目では、地域づくりに言及し、地方公共団体が独自に地域に根ざした文化財の価値を見出し、文化財を保護する必要性が明記された。また、「民間等の活動の活性化」の項目では「民間レベルで文化財のために熱心な活動を行っているNPO、NGOや保存会と、国、地方公共団体は積極的な連携を図るとともに、NPO、NGO等が活動しやすい環境づくりに努めることが必要である。専門的な知識を地域の人々にわかりやすく解説する人材としても、NPO、NGO等で活動する人々の果たす役割は大きいと期待される。」（同上：5-6）と述べられ、文化財保護企画特別委員会報告で言及された民間活力の導入がNPO等として、具体的に示され、発展して内容が継承されていることがわかる。NPO等の民間団体の記述は、1998（平成10）年3月に成立し、同年12

月に施行された特定非営利活動促進法を受けたものと考えられ、時世を反映した内容といえる。

また、「文化財を生かした地域づくり」という項目も設けられ、次のように説明されている(同上：8)。

　人々が地域に魅力を見出す際には、風景・景観の美しさや歴史性など様々な側面が考えられるが、そうした中で文化財が地域づくりに果たす役割は大きい。文化財は、地域の誇りとしての地域づくりの中核となるものであり、観光資源として新たな視点から見直されたり、伝統産業の復興の好機ともなる。各地域においては、魅力ある地域づくりを推進する上での文化財の果たす役割を認識するとともに、地方公共団体が主体となって文化財を活用した地域づくりを積極的に推進することが必要である。例えば、周囲の環境も含めて文化財を総合的に理解させる『生活・環境博物館』の構想などを推進することも検討する必要がある。

この項目では、文化財が地域の魅力であり、地域の誇りとして地域づくりの中核をなすものと見なされ、観光資源として捉え直すことに言及し、その主体は地方公共団体であると明記された。

「第3　総合的な視野に立った文化遺産の保存・活用」の「緩やかな保護手法の導入」という項目では、1996(平成8)年の文化財保護法改正で導入された文化財登録制度について、建造物だけでなく、天然記念物、民俗文化財、美術工芸品についても導入を検討する提言がされ、民俗文化財については地方公共団体が主体となる制度導入の検討としている(同上：12-13)。また、「文化遺産の保存・活用への新たな取組」の項目では次のことが記された。

　新たな課題として現れてきた文化遺産に対し、その保存・活用をどのように行うかについては、その範囲、手法、主体に関し、より幅広い取組を求められるものである。これらの中には、一部既に文化財保護法の適用範囲とされているものや、運用の工夫により対応しているものもあるが、それだけでは十分な対応ができない部分もある。こうした部分に関しては、文

化財保護法の体系においてどこまで対応ができるか検討し、必要な部分について、文化財保護法の所要の改正を行うことを検討する必要がある。

さらに、今後、文化財保護法ではとらえきれない広い範囲の文化遺産に関し、総合的な視野に立ってその保護措置を講じていくためには、文化財保護法とは異なる新たな枠組を設けることも視野に入れて検討することが必要である。

この場合、広い範囲にわたる文化遺産の保存・活用を担う主体として、文化庁が中心的な役割を果たしていくことはもちろんであるが、それに加えて各省庁、地方公共団体、産業界、NPO、NGOなどの民間団体、さらには国民一人一人等が積極的な役割を担うことが必要である。また、こうした保存・活用のための取組を促すため、文化庁が中心となって呼びかけを行うことが必要である。

この内容は、先の「民間等の活動の活性化」や「文化財を生かした地域づくり」の内容に再度言及するとともに、「文化遺産」という概念を導入している。この「文化遺産」とは「今日の社会構造や国民の意識の変化を受け、有形・無形を問わず、歴史的な価値を有する文化的な所産を文化財を含む広い意味での文化遺産としてとらえ（後略）」（同上：12）と説明されており、従来の文化財概念を超えた新たな概念が示された。これは、未指定文化財を含んだ広範な概念と考えられる。

このように、文化財分科会企画調査会の審議報告は、地域を主体とした文化財保存と活用の在り方が、従来の報告や提言内容より強調されていることがわかる。また、民間活力の導入はNPO等が明記されるなど具体的な内容となっている。

こうした背景には「第1　未来へ生かす文化財の保存・活用の在り方」の「地方分権、規制緩和等行政における改革の動向」の項目に「今日の我が国の行政システムに関しては、国が果たすべき役割を明確にした上で、地方公共団体の自主性を高め、個性豊かな地域社会を形成することを目指した地方分権の取組や、許認可等による規制をできる限り廃止し、活力ある社会を築いていこうとする規制緩和の取組が進められており、今後の文化財保護の保存・

活用の在り方を検討する際には、こうした動向も考慮することが必要である。」
(同上：2)とあり、当時の政府による地方分権・規制緩和路線が影響している
と考えられる。ただ、「グローバル化の進展を背景とした文化財による国際交
流・国際協力の必要性」、「文化財を通じた国際交流・国際協力の推進」とい
う項目も同時に設けられており(同上：2-3)、国際的な視点による文化財保護
の在り方についても重点を置いていたことがわかる。

　2001(平成13)年に施行された文化芸術振興基本法の第7条には、文化芸術
の振興に関する施策の総合的な推進を図るため、政府が基本方針を策定する
ことが明記され、策定にあたっては、文部科学大臣が文化審議会の意見を聴
いて基本方針の案を作成し、方針が定められた際は、遅滞なく文部科学大臣
が公表しなければならないことが明記されている(同上：4)。

　このことから、2002(平成14)年6月5日に文部科学大臣は文化審議会に「文
化芸術の振興に関する基本的な方針について」の諮問を行い、文化審議会で
は同年12月5日に答申を行い、基本方針の原案が作成され、12月10日に閣議
決定された(同上：5)。その中で文化財についての施策は「文化財等の保存及
び活用」の項目で次のように述べられた[1]。

　　文化財は、我が国の歴史の営みの中で自然や風土、社会や生活を反映し
　て伝承され発展してきたものであり、人々の情感と精神活動の豊かな軌跡
　を成すとともに、現代の我が国の文化を形成する基層となっている。今日
　の社会構造や国民の意識の変化等を踏まえ、新たな課題にも積極的に対応
　することが求められていることから、次の施策を講ずる。
・建造物・史跡等の文化財の周辺環境や文化的景観、近代の科学・産業遺
　産、生活用具等の歴史的な価値を有する我が国の文化的な所産などの保
　存・活用方策について検討を進める。
・生活、教養、嗜好等に関する技能・技術に関し、特に、消失のおそれの
　ある民俗技術について重点的に調査や記録作成の措置を進めるとともに、
　その特性や実態に応じた保護方策について検討する。
・有形文化財(有形民俗文化財を含む)について、その種別や特性に応じて
　計画的に保存・修復を進める。また、保存施設等の整備、建造物の安全

性の向上、防火安全対策、伝統的建造物群保存地区をはじめ文化財集中地域等における総合的な防災対策の検討など、防災対策の充実を図る。その際、科学的な調査研究の成果を生かした取組を推進する。

- 無形文化財（無形民俗文化財を含む）について、伝承者の確保・養成や、用具の製作・修理など、保存伝承のための基盤の充実を図るとともに、記録映像等の活用を図る。
- 伝統的な様式表現を伴う身体文化について、適切に保存及び活用を図る。
- 文化財の保存技術について、選定保存技術制度の活用等により、その保存を図る。
- 「世界の文化遺産および自然遺産の保護に関する条約」に従い、地方公共団体等と連携して、我が国の文化遺産の登録推薦を進めるとともに、登録後の文化遺産の適切な保存を図る。
- 国民が文化財を理解し、親しむ機会の充実を図るため、文化財の特性や保存に配慮しつつ、情報通信技術や様々な映像技術など多様な手法も用いて、公開、活用を推進する。特に、史跡等については、必要に応じて史実に基づいた復元等の整備を行うことにより、国民にわかりやすい形での公開を促進する。
- 子どもたちが、学校や地域において継続的に文化財を学習、体験できる機会の充実を図る。
- 文化財の保存及び活用に当たり、地方公共団体、大学、専門的機関、NPO（民間非営利組織）・NGO（非政府組織）などの民間団体の活動や、文化ボランティア等の自主的、主体的な活動との適切な連携協力を促進する。
- 独立行政法人文化財研究所が、科学的・技術的な調査研究に基づく保存修復において我が国の中心的な役割を果たすことができるように、その充実を図るとともに、同研究所や大学等における文化財の保存修復等に関する研究水準の向上及び人材の養成に努める。

この内容は、これまで提言されてきた近代化遺産の保護や情報通信技術等の活用、世界遺産登録に加えて、文化財の保存・活用にあたり、民間活力を導入する旨が記され、文化財分科会企画調査会の審議報告の内容が踏襲され

ていることがわかり、こうした方向性は、文化政策において標準的な考えとして浸透していったものと考えられる。

2001（平成13）年には、文化庁文化財部建造物課が国土交通省の2001（平成13）年度地域活性化事業推進費により、マヌ都市建築研究所に委託して「住民のボランティア活動等を活かした歴史的文化的資源の保存活用と地域活性化に関する調査」を実施した（マヌ都市建築研究所、2002：あいさつ）。この調査は、文化財建造物の保存・活用に携わる住民活動の現状と課題を明らかにし、文化財建造物の保存・活用に関してより普及に努めるべく、今後の施策の基本とすることを目的に実施されたものであり（同上）、文化遺産を地域の活性化に結びつける方策を探ることをねらいとしていた。具体的には住民参加活動の全国的動向と当該活動に関する行政支援の現状把握を目的として、全国の文化財建造物（国宝・重要文化財、国登録有形文化財）もしくは、重要伝統的建造物群保存地区を1つ以上有する市町村1,060自治体に対して教育委員会文化財担当部局宛に郵送でアンケート調査を実施したものと（同上：11）、ケーススタディによる調査を実施した（同上：4）。また、調査対象とした文化財建造物等は地域づくりに様々な影響力をもつと考えられるものと捉え、これを「歴史的文化的資源」という概念で示した（同上：3）。

この報告書でいう「住民のボランティア活動等」は「有償・無償に係わらず、地域住民が歴史的文化的資源の保存活用に係わる活動全般を指すものとする。」と定義され、「地域活性化」は「経済的な活性化をはじめ、文化振興や、交流の促進、地域の魅力や個性に対する意識醸成など、広く地域のまちづくりに貢献する現象全般を指すものとする。」と定義された（同上）。つまり、文化財建造物を拠点とする地域住民の自主的な地域づくりの実態調査と捉えることができる。

この調査にあたって、「住民のボランティア活動等を活かした歴史的文化的資源の保存活用と地域活性化に関する調査」専門委員会委員長の上野邦一は「住民と政策」という項目で意見や感想として、次のように述べている（同上：はじめに〈2〉）。

　文化遺産を管理し、提供することが第一義であった国の施策、遂行する

主体は文化庁であった。その文化庁が市町村レベルの、しかも住民の活動に関心を持つに至ったのは、住民・市民の役割が高まりが、とくにボランティア活動が多彩に展開してきているからである。私は、国や自治体が住民・市民の意志・動向・要求を汲み上げて施策に反映させることは、行政の基本であると考えている。その意味で、住民・市民の意志・動向・要求を探ることは大切である。

　ただ、懸念もある。本来住民・市民の自主的な活動に、なんらかの方向性を与えたり、枠組みを提示するのは、避けねばならないだろう。しかし、住民・市民の意志・動向・要求が複雑で多数であれば、矛盾を少なくし調和した施策を策定して実行することことが求められる。調和した施策は、住民・市民の理解と支持も得られよう。もちろん、住民・市民の自主性を損なわないことに留意しなければならないことは言うまでもない。

　上野は、文化庁が主体となる文化財保護行政が近年、地域住民の文化財の保護活動に関心を示しはじめたのは、これら地域住民の活動が文化財保護に果たす役割を評価したものとするとともに、地域住民側の立場に立ったボトムアップ型の文化財保存と活用の在り方の重要性と地域住民による文化財保護の実態を探る必要性を述べている。ただし、地域住民に文化財保護を強いるような施策でなく、地域住民の自主性を尊重する考えを示している。このように、地域住民が主体となる文化財保存と活用の在り方を重要視する視点でこの調査が実施されたことがわかる。

　また、上野は「これからの価値観」という項目では次のようにも述べている(同上)。

　利便性・快適性の追求から、多少不便であっても・不快であっても環境に負荷を与えないことが価値判断の大きい要素になりつつある。歴史的に蓄積したものを取り壊して、新たにつくるという行為を繰り返すことの反省は高まりつつある。歴史的なストックを再利用する方策が様々に試みられている。

　歴史的遺産の継承を支えてきた考えは、高邁な理論ではなく、対象に込

められた、あるいは対象に所在する、人々の誇り・思い出・記憶であることが多い。多少不便であっても、使い勝手が悪くても、汚れたり綻びたりしていても、取り壊したり廃棄しなかったのは、人々の感性の蓄積が反映している。私は人々の思いが、それぞれの価値観の中でどのような意味が、どのような位置を占めるのか、私は適格には応えられない。しかし、人は精神的な何か、あるいは心の支えと呼ぶものによって、価値観を形づくっていることは間違いないと思う。

　上野は、文化財(歴史的遺産)の保護は、文化財が所在する地域の人々の誇り・思い出・記憶が動機付けになっていることが多いとし、文化財に対する価値観はそれが心の支えかどうかという点に重きを置いているのではないかと、自身の経験にもとづいた感想を述べている。こうした記述からは、上野が文化財に対して、文化財が地域住民に心の豊かさを与える存在であるという認識をもっていることがわかる。

　この調査の結果を踏まえて報告書では、今後の文化財保護施策について提言をしている。中でもケーススタディを実施して提言された「歴史的文化的資源の保存活用に係る住民参加活動の今後に向けた方策提案」の「生涯学習における文化財建造物活用の可能性」の項目では、「文化財建造物は、それ自体が生涯学習の対象になると同時に、生涯学習活動の『場』としての活用も考えられ、学習素材それ自体が学習拠点となりうる貴重な資源として、きわめて重要な役割が期待できる。また、文化財建造物は、その他の文化財と異なり、身近な社会を構成する資源であり、社会に対する関心を醸成したり、その活用が社会参加になるなど、まちづくりへの動きも生み出すものと考えられる」(同上：126)と述べられており、文化財建造物が生涯学習施策の中で活用されることが地域住民主体の地域づくりにつながる可能性をもち、重要な意味をもつことが主張された。

　文化財建造物の生涯学習施策における活用については、「施策の連携とまちづくりへの協調：生涯学習等関連施策との連携を中心に」という項目でもふれられ、「文化財建造物等に係る住民活動はその目的が多様化しており、関連する諸施策との連携が不可欠である。特に生涯学習の分野においては、これ

までも地域における様々な連携を図ってきたところではあるが、文化財建造物等の保存活用が果たす役割は重要であり、総合学習の導入等も背景として、今後さらに連携を図る必要がある。同時によりおおきなまちづくり運動や環境教育活動の一環としてこれら文化財建造物等が活用されることは少なくないので、こうした広域の活動を視野に入れた協調を模索しなければならない」(同上：140)とし、生涯学習施策に重点を置く必要性が繰り返し強調されている。

　生涯学習施策について具体的には、「方策１．生涯学習における文化財建造物等の保存活用に向けた方針やモデルプランの作成」、「方策２．生涯学習との連携手法」、「方策３．環境教育のフィールドとしての保存活用」、「方策４．まちづくり活動の拠点としての歴史的文化的資源」というように、４つの方策が示された(同上：140-141)。

　方策４には、「(前略)文化財建造物等の歴史的文化的資源はまち全体のまちづくり活動の拠点として機能することが有効である場合が少なくない。したがって、こうした活動に対して、施設使用料や家賃の割引制度等によって優先的にその利用を進めることは、まち全体に対する投資効果としては減収を補ってあまりあるといえる。上記の登録制度や規制緩和の仕組みを利用して、これら文化財建造物等が地域のまちづくり拠点として成長していくことを積極的に支援すべきである。こうしたまちづくり拠点として認められることによって、歴史的文化的資源のより広い意義も多くの市民の認めるところとなるであろう。すなわち、文化財建造物等の存在価値がさらに広範に認められることになり、その保存活用もより意義のあるものとなる。」(同上：141)と記され、文化財建造物がまちづくりの拠点として重要な意味をもち、まちづくりの拠点化の動きを積極的に支援すべきことが述べられている。

　以上のように、この報告書はアンケート調査、ケーススタディを通して文化財建造物を活用した生涯学習による地域づくりの重要性を提言している。この提言は、事例調査を踏まえたはじめての提言であるといえ、生涯学習施策において文化財の活用を明記したものとしても初出のものと考えられる。

　その後、地域住民を主体とし、文化財を地域づくりの要となるような活用を求める動きをみると、2004(平成16)年から2005(平成17)年にかけて文化庁

で「NPO等による保存活用のための実践的研究」が取り組まれており、この成果にもとづき、その後の「NPO等による文化財建造物活用モデル事業」等といった事業につながっていくことになった(苅谷、2008：66)。

この事業は2001(平成13)年の文化審議会文化財分科会企画調査会報告のフォローアップとして捉えられ[2]、一連の地域主義にもとづく文化財保存と活用の議論にもとづいて開始された事業であることがわかる。また、文化財建造物に限らず、NPO等の民間組織による文化財活用の実態についての調査は、2010(平成22)年に文化庁の委託事業で三菱総合研究所によって行われ、『文化財を支える市民団体の活動状況等に関する調査報告書』がまとめられた(三菱総合研究所、2010)。文化財保護の担い手として民間組織が重要視されていることが、こうした一連の動向からわかる。

このように90年代から2000年代初頭にかけて、文化財保護施策において文化財の活用は、地域住民が主体となる地域づくりにつながること、それが地域住民の誇りや心の豊かさにつながるものと認識され、施策に取り組んでいたことがわかる。また、このような観点にもとづき生涯学習施策として、文化財の活用に取り組む必要性が明示されたと考えられる。

こうした動向を踏まえてか、2004(平成16)年の文化財保護法改正時に文化財登録制度が建造物以外の有形文化財、有形の民俗文化財および記念物の拡充につながり(文化庁、2009：92)、70年代から熱望された登録制度は30年ほどかけて国レベルで完全に実現することになった。また、この法改正の際、文化的景観が新しく保護対象に追加された(同上：224)。

2007(平成19)年には、2001(平成13)年の文化審議会文化財分科会企画調査会報告を受けて、埋蔵文化財発掘調査体制等の整備充実に関する調査研究委員会によって『埋蔵文化財の保存と活用(報告)—地域づくり・ひとづくりをめざす埋蔵文化財保護行政—』がまとめられ(埋蔵文化財発掘調査体制等の整備充実に関する調査研究委員会、2007：4)、地域主義にもとづく文化財保存と活用の在り方は、埋蔵文化財保護行政においても広範に浸透していくことになった。

文化庁以外にも自治省(現総務省)では、1999(平成11)年に地域伝統芸術等への取り組みの基礎の報告として『歴史的遺産・伝統文化(伝説・神話等)の

活用による地域おこし懇談会報告書』をまとめ、この中で「地域文化財保存・歴史的遺産活用による地域おこしのためのプログラム」の提言がされた(自治総合センター、2004：39)。この提言は、国・都道府県・市町村ごとに文化財保存・活用の取り組みについてふれ、国は地域文化財保存事業への支援等、都道府県は、地域文化財保存委員会の設置や地域おこしのためのハード事業の実施等、市町村は日常的に地域ぐるみの保存活動を活発化させるという内容が謳われた(同上)。

この後、総務省は、2002(平成14)年に「地域資源活用促進事業要綱」や「地域文化財・歴史的遺産活用事業取扱要領」をまとめ、地域における文化財活用の方針について市町村および都道府県に通知した(小泉、2005：17-18)。

このように70年代からの地域主義にもとづく文化財保存と活用をめぐる議論は、途中低下したものの、90年代に入り、また、異なる脈絡から議論が方々で高まり、地域主義にもとづく文化財保存と活用の考えが国の施策に浸透していき、第1章で述べたように2007(平成19)年の文化審議会文化財分科会企画調査会報告における「歴史文化基本構想」が提言されるに至ったことがわかる。

次に、2007(平成19)年の文化審議会文化財分科会企画調査会報告後の文化財保護施策の動向をみていく。

第3節　2007(平成19)年の文化審議会文化財分科会企画調査会報告後の動向

2007(平成19)年の文化審議会文化財分科会企画調査会の報告書では、「歴史文化基本構想」について「歴史文化基本構想に対する支援の方策など」という項目において今後の展望を次のように示した(文化審議会文化財分科会企画調査会、2007：11)。

　歴史文化基本構想に対する支援の方策など地方公共団体が、歴史文化基本構想を策定するに当たり、国は、望ましい基本構想の策定のための指針の提示や、各地方公共団体に専門的知識を持つ職員がいない分野に関する

助言、優れた基本構想やそれに基づく保護のための取組についての顕彰及び幅広い情報発信などを通じて、基本構想の策定を支援する必要がある。そのため、幾つかの地域において、モデルケースとして基本構想の策定を行い、その方向性や課題を明らかにしていく必要がある。また、その成果を踏まえつつ、地方公共団体が基本構想を策定できる根拠となる規定を、今後、法律に設けることを早急に検討する必要がある。

　報告書では、モデルケース事業や文化財保護法での「歴史文化基本構想」の位置付けを早急に行うよう提言した。この内、モデル事業については、文化庁で「文化財総合的把握モデル事業」を実施し、全国で「歴史文化基本構想」策定の自治体を募り、今後の策定の参考となるよう2012(平成24)年2月に「『歴史文化基本構想』策定技術指針」をまとめた。

　以上のように「歴史文化基本構想」策定にあたり、様々な取り組みがなされた。ただ、地方公共団体が「歴史文化基本構想」を策定できる根拠となる規定が文化財保護法に明記されることはなかった。

　企画調査会の委員を務めた西山徳明は、歴史まちづくり法において、市町村が定めなければならない「歴史的風致維持向上計画」は「歴史文化基本構想」策定によって一部その機能を果たすと述べている(西山、2009：23)。ただ、「歴史文化基本構想」を「歴史的風致維持向上計画」の役割のみに終わらせないことが重要で、「歴史文化基本構想」は、歴史まちづくり法のように「国指定、選定文化財を中心とする歴史的風致」に限定せず、民俗文化財や美術工芸等の無形・有形の動産のみから構成される文化財群も含む、包括的かつ地域の文化財の実情を直視したものという違いがあり、地域住民の生活に寄り添って当たり前に存在している歴史文化の所産を総合的・包括的に保存・活用しようとする観点からすると、歴史まちづくり法は不足する部分があると指摘する(同上)。

　西山はこうした観点から、企画調査会において「歴史文化基本構想」は市町村が自立した文化財保護を展開する基本となるものであり、本来的には文化財保護法の中に規定されるべき内容であり、これが「歴史文化基本構想」を「歴史的風致維持向上計画」の役割に終わらせるべきではないとする理由

と説明する(同上)。このように、「歴史文化基本構想」は企画調査会で意図したものとは異なり、不完全な状況で文化財保護施策の中で取り扱われていることがわかる。

「歴史文化基本構想」策定の取り組みが進んでいた2011(平成23)年度には、文化庁で「文化遺産を活かした観光振興・地域活性化事業」の取り組みをはじめた(文化庁文化財部伝統文化課、2012)。この事業は、都道府県・市町村等が地域の実情を踏まえた「地域の文化遺産を活用した観光振興・地域活性化の総合的な計画」を策定し、文化庁がこの実施計画の伝統行事・伝統芸能の公開や後継者養成、地域の美術館・博物館の活性化、重要文化財建造物等の公開活用や、史跡等の復元・公開等の事業を支援するという内容である(同上)。

一見すると「歴史文化基本構想」に至る議論から生じた事業のようにみえる。しかし、この事業は2010(平成22)年6月に閣議決定された『新成長戦略―「元気な日本」復活のシナリオ―』において、「我が国独自の文化財・伝統芸能等の文化遺産の活用は、地域経済の活性化や雇用機会の増大の切り札である。」と位置付けられたことを契機にしている(同上)。この他にも2011(平成23)年2月に閣議決定された「文化芸術の振興に関する基本的な方針(第3次基本方針)」において、文化芸術振興に関する重点施策のひとつとして、「文化財建造物、史跡、博物館や伝統芸能等の各地に所在する有形・無形の文化芸術資源を、その価値の適切な継承にも配慮しつつ、地域振興、観光・産業振興等に活用するための取組を進める。」と定められたことを受けての事業と説明されている(同上)。このように文化遺産を活用し、文化振興とともに、観光振興および地域活性化を推進する活動を支援することを目的にこの事業を開始したことが説明されており(同上)、文化財を観光振興等に活用することを目的とする事業であることがわかり、企画調査会などで議論された内容とは、別の出自をもつ取り組みであるといえる。

このように、2007(平成19)年の文化審議会文化財分科会企画調査会の報告後の文化財保護行政の動向をみると、地域主義にもとづく文化財保存と活用よりも観光振興による地域活性化における文化財活用に主眼が置かれ、90年代からの議論と文化財保存と活用の在り方の方針について相違が確認できる。

第4章　近年の文化財保護施策の課題と地域主義　251

この相違点を明らかにするため、次に文化財の活用と観光施策の関連について
みていく。

第4節　観光における文化財の活用の取り扱いの変遷

　観光施策の中での文化財の取り扱いは、1963（昭和38）年に成立した観光基
本法第14条の「観光資源の保護、育成及び開発」という条項に「国は、史跡、
名勝、天然記念物等の文化財、すぐれた自然の風景地、温泉その他産業、文
化等に関する観光資源の保護、育成及び開発を図るため必要な施策を講ずる
ものとする。」という条文がみられ（観光法規研究会、1963：185）、文化財が
観光資源として扱われていることがわかる。

　『運輸白書 昭和45年度』の「第5章　観光開発と観光資源の保護」によれ
ば、1970（昭和45）年7月28日には、観光基本法にもとづき内閣総理大臣・国
土交通大臣・関係大臣の諮問に応じ、観光に関する重要事項に対して調査・
審議し、また意見を述べるため設置された観光政策審議会によって「望まし
い観光の発展のために」が答申された（運輸省、1970）。

　ここでは、増大する観光需要に備えて、自然、文化財の保護と調和をはか
りつつ「よい観光地」を積極的に開発する必要があるという内容を確認する
ことができる（同上）。ただ、文化財の観光での活用は、劇的に進むことはな
く、こうした動きが本格化していくのは2000年代に入ってからであった。以
下でその動向をみていく。

　2000（平成12）年10月17日には、社団法人経済団体連合会から「21世紀のわ
が国観光の在り方に関する提言—新しい国づくりのために—」という意見書
が公表された。

　この意見書では、趣旨として以下のことが述べられた[3]。

　　わが国において観光は単なる物見遊山とみなされ、観光振興のための政
　策・制度や意識面での環境整備が、生産活動に比べて著しく軽視されてき
　た。このことは、毎年1,600万人以上の日本人が外国を訪れる中、日本を訪
　れる外国人観光客が依然としてその4分の1強に止まっていることなどに

も現われている。

　しかしながら、ゆとりや潤いのある生活を求める近年の国民意識の高まりや価値観の多様化、経済的・時間的に余裕のある高齢人口の増大に伴い、観光は21世紀の成長産業の一つになると目されている。また、観光を通じた余暇活動の充実は、国民の明日への活力や創造力を生み出す源泉となるばかりではなく、家族の絆の強化、地域づくりにおける参加意識の向上などを通じて、社会の安定をもたらす。さらに、自然や歴史など地域の資源を活用して観光の振興を図ることは地域経済の活性化にもつながるとともに、自然との触れ合いは情操教育、環境教育の一環ともなる。これらに加えて、観光を通じた諸外国との人的交流は、日本人の「内なる国際化」と国際的な相互理解の増進、ひいては平和の促進にも寄与する。

　こうした観光の意義は、人と人が「交流」し、様々な活動に「参加」することにより自己の確立と連帯意識が醸成され、広い意味での良好なコミュニティ（人間社会）が形成されることにある。また、観光は、非日常の世界に身を置くことにより、自らの生活のみならずわが国の歴史や文化を見つめ直し、国や社会のありようを問い直す機会を提供する。それゆえ、ここで改めてこうした観光の意義を再認識し、わが国の観光を振興するための環境を整備することが求められる。

　以上の観点から、広く国民各層において今後の観光の在り方、新しい国の在り方を検討する材料として、本提言を提起する。

　この意見書からは、観光振興の政策・制度が軽視されている現状から、観光による地域づくりへの寄与や諸外国との人的交流を促進するために取り組むべきという内容がわかる。

　こうした考えのもとで文化財については、「自然環境や歴史遺産に配慮した持続可能な観光（サステイナブル・ツーリズム）の推進」という項目の、「文化遺産保全、まちなみ整備、景観保存のための取組み強化」において次のように言及された。

　わが国においても、自然や農村等が織り成す景観および独自の歴史遺産

は、他国や他地域には見られない日本が誇るべき観光資源であり、次世代の資産として継承、保存していくことが重要である。地域の具体例として、大分県湯布院町における観光まちづくりを見ると、リゾート開発を規制するため、既に90年に「潤いのある町づくり条例」を制定して以来、安易に商業主義的な観光地をつくるのではなく、まず自分たちが住み易く、訪れる人に対して誇れるようなまちづくりをすることによって地域の振興を実現している。

　このように、文化財を観光資源として継承・保存することの重要性が述べられており、こうした意見の下地には、大分県湯布院町のインタビュー調査があったと述べられ、従来のリゾート開発型の観光の反省から、持続可能な地域が主体となる観光まちづくりの必要性が示された。

　この意見書に引き続いて、日本経済調査協議会が2002(平成14)年に『国家的課題としての観光—21世紀のわが国における使命と役割を考える—』をまとめ(日本経済調査協議会、2002)、同年10月に経済同友会「外国人をひきつける日本」研究会が『外国人が「訪れたい、学びたい、働きたい」日本となるために』を公表した(経済同友会「外国人をひきつける日本」研究会、2002)。

　このように2000年代初頭に民間において訪日外国人旅行者を対象とした観光施策が求められ、この中に観光資源としての文化財の活用が含まれることになった。こうした動きは、当時の政府でもみられ、2002(平成14)年6月21日に閣議決定された「経済財政運営と構造改革に関する基本方針2002」における産業発掘戦略の中の「観光産業の活性化・休暇の長期連続化」という項目で、「国土交通省は、関係府省と協力して、2002(平成14)年度から、外国人旅行者の訪日を促進するグローバル観光戦略を構築し、個性ある日本の文化、自然環境などの国際PRや、地域の特性、創意工夫を活かした観光地づくりを推進する。」(内閣府、2002：15)と文化や自然環境を活かした観光地づくりの推進が謳われた。

　また、同年12月には、国土交通省によって「グローバル観光戦略」が示された(国土交通省、2002)。ここにおいても、国際競争力をもった魅力ある観光交流空間づくりの戦略として「地域固有の歴史・文化遺産、伝統芸能、生

活文化、産業文化、景観、生態系等を外国人に見せる・体験させるための工夫」が掲げられ、「文化財保護制度の拡充及び文化遺産の世界遺産登録推薦に向けた取組の推進」、「文化財や遺跡等を保全し、積極的に公開するなど、地域の歴史的・文化的・自然的資源の保全活用等を行い、観光振興の拠点となる公園の整備」、「歴史的・文化的価値のある官庁施設の整備・保存」を施策の例に示している（同上：8-9）。このように観光振興による経済活性や地域振興に対する期待の高まりをこの時期、官民の両方で確認することができる。

　訪日外国人旅行者を対象とする観光促進の背景には、海外観光旅行が自由化された1964（昭和39）年以降、円高や国民所得の増加によって、日本人海外旅行者が増加する一方、訪日外国人旅行者についての対策があまりなされなかったために、日本人海外旅行者と訪日外国人旅行者数の間に著しい不均衡が生じていたことが挙げられている（松岡、2013：49）。

　その後、観光促進の動きは、政府で本格化し、2003（平成15）年1月には、小泉純一郎内閣総理大臣が第156回国会施政方針演説において、日本を訪れる外国人旅行者を2010（平成22）年に倍増させることを目標とすることを打ち出し、これを受けて、観光立国としての基本的な在り方を検討するため（観光立国懇談会、2003：1）、観光立国懇談会が同年1月14日に発足した（同上：25）。この懇談会の報告書では、文化財に関連して次のことが述べられた（同上：6）。

　　観光は、住む人々が地域の「光」をよりよく自覚することを可能にするだけでなく、訪れる人々にとっても地域の「光」をよりよく感じさせるものでなければならない。さらに全ての人々が身体的条件や経済的条件にかかわらず安心して楽しめる観光が世界的に推進されていることを考えて、日本もこの点に配慮した観光立国を促進する必要がある。従来の大量生産・大量販売型の観光に代わって、個々の観光客の主体性を尊重して、学びや癒しや遊びなど、それぞれなりの楽しみ方を可能にする「新しい型の観光」の促進も図らねばならない。さらに、地域の貴重な自然資源や文化資源を持続可能な方法で活用する「持続可能な観光」を念頭に、地域の人々が主導的に展開する「自律的観光」の実現化を図ることも重要である。

　　観光システムの改革こそ、観光の革新のために不可欠な要素である。

本文には文化財（文化資源）を活用することで「持続可能な観光」と地域住民が主体となる「自律的観光」の実現を目指すことが述べられ、この観光は海外からの観光客を意識していることがわかる。

その後、観光立国懇談会の報告を受け、観光立国実現への課題と戦略が示されるとともに、国土交通省が海外へ日本ブランドを戦略的に発信するビジット・ジャパン・キャンペーンが開始され、同年9月には観光立国担当大臣が任命された（松岡、2013：49）。また、内閣は関係行政機関の緊密な連携を確保し、観光立国実現のための施策の効果的かつ総合的な推進を図るため、同年5月に観光立国関係閣僚会議を開催し、行動計画の作成に着手し、「観光立国行動計画」を同年7月31日に打ち出した（観光立国関係閣僚会議、2003）。この計画では、今後実施すべきまたは実施する措置として、文化財については「日本の歴史の扉を開く国宝・重要文化財・史跡等の活用」、「地域文化財・歴史的遺産の保存、修復等」、「文化ボランティアの育成」という項目が並べられている（同上：4-5）。

「日本の歴史の扉を開く国宝・重要文化財・史跡等の活用」の項目で文化財は、「我が国の歴史の営みの中で受け継がれ、観光資源としても重要な文化遺産について、国宝・重要文化財等の指定等を行い、その適正な管理・修理や継承などに必要な施策を推進するとともに、国内外の人々に向けた公開活用を図る。」（同上：4）と言及され、この計画が、文化財を重要な観光資源として位置付けていることがわかる。

2004（平成16）年5月17日には、観光立国実現のための施策を効果的かつ総合的に実施するため、観光立国関係閣僚会議のもとに、観光に関する有識者で構成する観光立国推進戦略会議が設置され、同年11月30日に『観光立国推進戦略会議報告書—国際競争力のある観光立国の推進—』が作成された（観光立国推進戦略会議、2004）。この報告書においても提言として、「国・地域は、適切な保存に留意しつつ、ユネスコ世界遺産や文化財、皇室関連施設を観光資源としても活用する。」（同上：9）と文化財を観光資源として活用する旨が明記された。

こうした観光立国としての動きは政府内で活発化し、2005（平成17）年には、

観光基本法の改正に向けた検討作業がはじまった(福山、2006：3)。同年の総選挙に際し、自民党が発表した「政権公約2005」とその後とりまとめられた「自民党重点施策2006」において、観光基本法改正案の早期提出が明記され、2005(平成17)年12月22日には、同党観光特別委員会に、観光基本法改正プロジェクトチームが設置された(同上)。

2006(平成18)年12月6日には、第165臨時国会において塩谷立衆議院国土交通委員長が、観光基本法を全面改正する観光立国推進基本法案を衆議院に提出し、同日中に国土交通委員会が全会一致で可決するとともに、自民・民主・公明3会派共同提案による8つの項目からなる「観光立国の推進に関する件」が決議された[4]。この決議の第8項には「観光立国の実現に関する施策の遂行に当たっては、各省庁の横断的な英知を結集しながら、総合的、効果的かつ効率的に行い、行政改革の趣旨を踏まえて、観光庁等の設置の実現に努力すること」[5]とあり、観光庁等の設置を政府に要求した。

そして、2006(平成18)年12月20日に観光立国推進基本法が成立し、2007(平成19)年1月1日に施行された(観光庁、2009：2-4)。観光基本法と同様に文化財についても言及されており、第13条の「観光資源の活用による地域の特性を生かした魅力ある観光地の形成」には、「観光資源の活用による地域の特性を生かした魅力ある観光地の形成を図るため、史跡、名勝、天然記念物等の文化財、歴史的風土、優れた自然の風景地、良好な景観、温泉その他文化、産業等に関する観光資源の保護、育成及び開発に必要な施策を講ずるものとする。」(同上：3)と定められている。観光基本法の「観光資源の保護、育成及び開発」の条項と比較すると条文にも活用が謳われ、これまでの資源の保護という姿勢から明確に観光資源の活用という姿勢に転じ、観光資源としての文化財の活用が法律によっても明文化されるに至った。

この観光立国推進基本法にもとづき、観光立国の実現に関する基本的な計画として「観光立国推進基本計画」が2007(平成19)年6月に閣議決定した(内閣府、2007)。この「観光立国推進基本計画」において文化財は「観光資源の活用による地域の特性を生かした魅力ある観光地の形成」という項目において、次のように言及された(同上：29-30)。

①文化財に関する観光資源の保護、育成及び開発
（文化財の保存・活用）
　国民的財産である文化財（有形文化財、無形文化財、民俗文化財、記念物、文化的景観、伝統的建造物群）は我が国の歴史、文化等の正しい理解のために欠くことのできないものであると同時に、将来の文化の向上発展の基礎をなすものであり、重要な観光資源ともなるものである。このため、こうした文化財について国と地方公共団体、所有者、国民が一体となって保存修理や整備等に取り組むことにより、文化財を災害や衰退の危機等から保護して次世代に継承していくとともに、積極的な公開・活用を行っていく。特に、国民共有の財産であり、地域の歴史的・文化的シンボルである史跡等について、城の石垣などの修理といった保存のための整備、建物復元・遺構の露出展示やガイダンス施設の設置といった整備を行い、その魅力を高めていく。
（世界文化遺産の保護）
　世界遺産への文化遺産の登録は、海外へ日本文化を発信するとともに、我が国の文化を再認識し、歴史と文化を尊ぶ心を培い、また、文化財の次世代への継承を促すことにつながる。このため、「世界の文化遺産及び自然遺産の保護に関する条約」（平成４年締結）に基づき、登録推薦の推進、登録後の文化遺産の適切な保護、世界遺産に係る正確な理解の促進、条約の精神の普及啓発を行う。
（ナショナルトラスト運動の推進）
　国民的財産として後世に継承すべき産業・文化遺産や自然等の観光資源を保存・活用するため、現在、財団法人日本ナショナルトラスト、社団法人日本ナショナル・トラスト協会、全国近代化遺産活用連絡協議会等の全国団体や地域の団体等が全国各地でナショナルトラスト運動を展開している。こうした民間レベルの運動は、政府や地方公共団体の取組を補完するとともに、観光資源を大切に守る意識を醸成するためにも重要であり、地域の人々や企業の資金協力も含めた参加を得て、適切な保全策を講じつつ、これまで以上に公開や利用に力点を置いた活動を奨励する。

このようにこの計画では、文化財について「文化財の保存・活用」、「世界文化遺産の保護」、「ナショナルトラスト運動の推進」の３つの要点を示した。「文化財の保存・活用」では、重要な観光資源という認識が示され、保護の意味合いは、文化財を災害や衰退の危機等から守り、次世代に継承することとした。「世界文化遺産の保護」では世界遺産登録によって日本文化を世界に発信すること、「ナショナルトラスト運動の推進」は観光資源を大切に守る意識を醸成するためにも重要という認識を示した。

2006（平成18）年に決議された「観光立国の推進に関する件」に謳われた観光庁等の設置についても、2008（平成20）年10月には国土交通省の外局として観光庁が新設され（国土交通省、2009：10）、観光立国実現のための体制が強化された。

こうした観光立国推進の動きは、2009（平成21）年の政権交代後にも引き継がれ、2010（平成22）年６月18日に閣議決定された『新成長戦略─「元気な日本」復活のシナリオ─』では、「観光立国の推進」という項目が設けられ、2020年までの目標として「訪日外国人を2020年初めまでに2,500万人、将来的には3,000万人。2,500万人による経済波及効果約10兆円、新規雇用56万人」（内閣府、2014：23）が明記され、海外を意識した観光政策となっていることがわかる。また、文化財はこの中で以下のように言及された（同上）。

（観光は少子高齢化時代の地域活性化の切り札）

我が国は、自然、文化遺産、多様な地域性等豊富な観光資源を有しており、観光のポテンシャルは極めて高い。例えば、南国の台湾の人々は雪を見に北海道を訪ね、欧州の人々は伝統文化からポップカルチャーまで日本の文化面に関心を持ち、朝の築地市場など生活文化への関心も高くなっている。このように、日本を訪れる外国人の間では、国によって訪れる場所や楽しむ内容に大きな相違があるが、その多様性を受け入れるだけの観光資源を地方都市は有している。また、日本全国には、エコツーリズム、グリーンツーリズム、産業観光など観光資源が豊富にあり、外国人のみならず、日本人にとっても魅力的な観光メニューを提供することができる。公的支出による地域活性化を期待することが難しい現在、人口減少・急激な

少子高齢化に悩む地方都市にとって、観光による国内外の交流人口の拡大や我が国独自の文化財・伝統芸能等の文化遺産の活用は、地域経済の活性化や雇用機会の増大の切り札である。

ここでは、文化財（文化遺産）を観光資源とした上で、これらの活用は、地域経済の活性化や雇用機会の増大の切り札と認識されていることがわかる。また、他にも「第四の『観光立国・地域活性化戦略』のうち、観光は、文化遺産や自然環境を活かして振興することにより、地域活性化の切り札になる。」（同上：3）あるいは「我が国は、自然、文化遺産、多様な地域性等豊富な観光資源を有しており、観光のポテンシャルは極めて高い。」（同上：15）とふれられており、繰り返し、文化財（文化遺産）が地域活性化の切り札になることが述べられている。

以上のように政府の方針は、2000年代に入り、文化財を観光資源に位置付けて、この観光への活用によって地域活性化を図ろうとしていることがわかる。こうした文化財の観光資源への活用は、文化庁の施策の中にも浸透していくことになる。

例えば、2011（平成23）年2月8日に閣議決定された「文化芸術の振興に関する基本的な方針（第3次基本方針）」をみると、「重点戦略5：文化芸術の地域振興、観光・産業振興等への活用」の中では、「我が国には、各地域に多様で豊かな文化が存在し、その厚みが日本文化全体の豊かさの基盤を成している。文化芸術資源（文化芸術そのものの価値や文化芸術活動の成果）を発掘し、それらを活用する各地域の主体的な取組を支援するとともに、各地域の生活に根ざした『くらしの文化』の振興施策を講ずることにより、地域振興、観光・産業振興等を図る。」とした上で、重点的に取り組むべき施策として、「文化財建造物、史跡、博物館や伝統芸能等の各地に所在する有形・無形の文化芸術資源を、その価値の適切な継承にも配慮しつつ、地域振興、観光・産業振興等に活用するための取組を進める。」と文化財の観光振興での活用方針が示された（文化庁、2011：7）。

このように「文化芸術資源」という広範な概念の中には文化財も含まれており、これらの活用による地域振興、観光・産業振興の取り組みを文化庁と

しても進めることが明示された。

　先ほどみたとおり、こうした『新成長戦略―「元気な日本」復活のシナリオ―』、「文化芸術の振興に関する基本的な方針（第3次基本方針）」を受けて、文化庁では、日本各地の「たから」である多様で豊かな文化遺産を活用し、文化振興とともに、観光振興および地域の活性化を推進する活動を支援することを目的とする「文化遺産を活かした観光振興・地域活性化事業」を2011（平成23）年度から開始した。

　同年3月には、観光庁によって『地域の観光振興のための地域遺産の管理・活用状況調査等事業報告書』が公表された（国土交通省・観光庁、2010）。この調査における地域遺産は「日本の都市や農村には、地域固有の魅力を有した自然環境、歴史的な風景、歴史的町並みや建造物、近代化遺産や伝統芸能、そして生活環境など観光にも有用な多数の資源が存在する。」（同上：7）とし、文化財を含んだ幅広い概念として用いられている。また、「これらの資源は地域に暮らしている私たちに豊かな時間を与えてくれるとともに、人口減少時代に突入した日本の地域が持続的に発展するための要素の一つとしても評価されつつある。」（同上）と説明され、こうした文化財への認識は、2007（平成19）年の企画調査会報告の内容に類似している。

　この調査は、アンケート調査とその結果にもとづいたヒアリング調査としており、対象は都道府県等アンケートにより把握した民間組織に加えて、先述の「住民のボランティア活動等を活かした歴史的文化的資源の保存活用と地域活性化に関する調査」で抽出された民間組織およびインターネット検索（民間助成団体の助成実績リストの検索）により抽出した民間組織としている（同上：8-9）。

　このように「住民のボランティア活動等を活かした歴史的文化的資源の保存活用と地域活性化に関する調査」の調査結果を踏まえており、調査の構成もこの調査に類似することから、「地域の観光振興のための地域遺産の管理・活用状況調査」は、「住民のボランティア活動等を活かした歴史的文化的資源の保存活用と地域活性化に関する調査」を踏襲していると考えられる。ただ、「本調査は観光振興のための地域遺産の管理・活用状況について、全国の様々な取り組み主体について地域遺産への関わり方や活動の維持方法といった点

に着目し、その全体像を明らかにする。」(同上：8)とし、調査目的は観光振興のための地域遺産の管理・活用状況と明記されており、趣旨は過去の調査と異なっていることがわかる。

2012(平成24)年には、「観光立国推進基本計画」の見直しが行われ、同年3月30日に閣議決定された(内閣府、2012)。この中で、文化財に関しては第1次計画の項目「文化財に関する観光資源の保護、育成及び開発」の中に、「文化遺産を活かした観光振興・地域活性化」という項目が追加され、次のように説明された(同上：30)。

　我が国の「たから」である地域の多様で豊かな文化遺産を活用し、文化振興とともに観光振興・地域活性化に資する各地域の実情に即した総合的な取組を推進するため、都道府県・市町村が策定する文化遺産を活かした観光振興・地域活性化に関する計画に盛り込まれた、地域に伝わる伝統芸能等の後継者育成、民俗芸能等の発表機会の確保、地域の美術館・博物館における地域の文化資源・人材を活用した取組や外国人利用者等に対応する取組、重要文化財建造物の公開のための施設・設備の整備、史跡等の復元・公開活用等に対して支援する。

この内容は、文化庁が2011(平成23)年から取り組みをはじめた「文化遺産を活かした観光振興・地域活性化事業」の内容に一致するもので、観光施策と文化財保護施策が一体的に取り組まれていることがわかる。

また、2013(平成25)年6月14日に閣議決定された「日本再興戦略—JAPAN is BACK—」においても、「観光資源等のポテンシャルを活かし、世界の多くの人々を地域に呼び込む社会」という項目で「国宝、重要文化財などの地域の文化財について、保存・整備を図るとともに、情報発信・活用方法の検討を今年度内に実施し、観光資源として積極的に国内外へ発信し、活用する」(内閣官房日本経済再生総合事務局、2013：83-84)と説明されるに至り、政府として、文化財を観光立国推進に活用する方針を明確に打ち出していることがわかり、自民党への政権交代後もこうした動きは、継続されることになった。

第5節　近年の文化財の活用をめぐる政府の方針について
　　　―2010年代を中心として―

　文化財の観光立国政策への活用の動きは、2010年代に入ると活発化していくことが明らかになった。こうした動向の中、2010年代以降、文化財保護施策はどのような内容になっていくかみていく。

　2013（平成25）年2月26日に開催・発足した、クールジャパン推進会議[6]では、同年5月28日の第4回会議において、「クールジャパン発信力強化のためのアクションプラン」が示された[7]。このアクションプランの中で文化財に関係して以下のことが示された[8]。

　　国宝、重要文化財の呼称も含めた検討のほか、世界文化遺産を目指すものについて「日本遺産（仮称）」とし位置づけるなど、文化財の保存・整備や活用・発信、伝統芸能工を含む文化芸術の創造・発信を通じて、インバウンドを推進するためのストーリーが各地域において作られ、文化芸術創造都市機能の強化等につながるような措置を講じる。（文部科学省）

　この中では新たに「日本遺産」制度設立により、文化財の情報発信による訪日外国人旅行者の増進を図ることが謳われており、文化財を訪日外国人旅行者向けの観光資源として活用する趣旨が示された。

　2013（平成25）年12月13日には、文化審議会文化財分科会企画調査会によって、『今後の文化財保護行政の在り方について（報告）』が示された（文化審議会文化財分科会企画調査会、2013）。

　この企画調査会では、教育委員会制度の改革に伴い、教育委員会等の役割が抜本的に見直されることとなる場合、文化財保護行政の在り方についても検討が求められることから、教育制度分科会における審議状況も踏まえながら、検討を行ったもので、審議の内容はおもにその検討内容になっている。ただ、報告書の冒頭では以下のことが記された（同上：2）。

第4章　近年の文化財保護施策の課題と地域主義　263

　本年9月には、2020年オリンピック・パラリンピック競技大会の開催地が東京に決定されたが、今後、その開催に向けて、日本が世界の文化交流のハブとなることを目指し、そのために、日本独自の魅力ある文化を再発見し、あわせて、世界全体で共有すべき日本文化の発信を強力に推進し、社会の活気を持続させるなど、我が国の文化力を計画的に強化することが求められている。

　このような状況の中、我が国が「文化芸術立国」として世界の文化交流の中枢的な役割を果たすことを目指すに当たっては、これまで以上に、歴史の文脈の中で受け継がれてきた文化財を保存・活用し、その根底にある「知」と「技」を後世のあらゆる人々に継承していくことが求められている。

　報告書では、2020年オリンピック・パラリンピック競技大会の東京開催を意識し、「文化芸術立国」として国際交流の中枢の役割を果たすのに文化財の保存・活用が求められると述べられている。この報告書では、文化財について「5. 情報発信・活用方法の在り方の見直し」の項目で次のことが言及された(同上：18)。

　これまで、文化財については、文化財保護法に基づきその保存・整備を図るとともに、インターネット上で我が国の文化遺産に関する情報を公開する「文化遺産オンライン」の運用など、各種の情報発信を行ってきた。他方、近年、文化財が地域振興、観光振興などに資するものとの認識が高まってきており、文化財に期待される効果や役割が拡大している。しかしながら、観光資源としての国内外への発信が必ずしも十分ではなく、我が国の文化財の魅力をわかりやすく伝えることが出来ていない。

　本年2月に設置された「クールジャパン推進会議」においても、文化財に係る情報発信・活用方法の在り方の見直しについて指摘がなされており、本年5月28日に同会議において取りまとめられた「クールジャパン発信力強化のためのアクションプラン」においても、「国宝、重要文化財の呼称も含めた検討」や「世界文化遺産を目指すものについて「日本遺産(仮称)」として位置づける」といった記載が盛り込まれているところである。

このような指摘も踏まえ、今後、我が国の「たから」である文化財について、その特性や保存に配慮しつつ、魅力をより一層引き出すような形で、対外的に発信していくことが必要である。とりわけ、海外への情報発信に当たっては、文化財保護法上の類型にとらわれず、統一的なコンセプトで発信していく方策の検討が求められる。

　このように文化審議会文化財分科会企画調査会においても、文化財が観光資源としてその魅力を発信することに重点を置く必要性を示し、クールジャパン推進会議の審議内容を受けて、特性や保存に配慮するという断りを入れた上で、海外へ情報発信していくことを求めた。

　また、この報告書では「3．開発行為との均衡」という項目で「（前略）文化財保護行政については、その専門的・技術的判断が実際の運用においても担保されるよう、首長部局や開発事業者などが行う開発行為と文化財保護との均衡を図る必要がある。なお、特に文化財の活用の場面においては、まちづくり行政や観光行政の担当部局などとの連携も重要であり、単純な二項対立の関係としてのみ捉えることのないように留意すべきである」（同上：6）と述べられ、開発と保護を二項対立の関係としてのみ捉えず、活用に際しては文化財をまちづくりや観光に資するために他の部局との連携も重要と説明した。

　その後、報告書に記載された「日本遺産」の認定制度は、2014（平成26）年に創設され、地域振興を目的とした内容であると説明された[9]。

　「日本遺産」認定制度は、2014（平成26）年6月24日に閣議決定された「経済財政運営と改革の基本方針2014—デフレから好循環拡大へ—」の中にも「（前略）文化芸術立国を目指し、地方公共団体や民間団体等、文化芸術の振興に取り組む様々な主体との適切な連携の下、観光等他の分野との協働や産業振興等の視点も踏まえつつ、『日本遺産（Japan Heritage）』など魅力ある日本文化の発信、子どもの文化芸術体験機会の確保、国立文化施設の機能強化、文化芸術の担い手の育成、文化財の保存・活用・継承等に取り組む。」（内閣府、2014：8-9）と記載され、その後、2015（平成27）年6月30日に閣議決定された「経済財政運営と改革の基本方針2015—経済再生なくして財政健全化なし—」

でもこの内容が謳われており（内閣府、2015：14）、政府でも重点的に取り扱っている内容であることがわかる。

「日本遺産」認定制度創設の背景について文化庁では「（前略）地域における文化財のより効果的な保存・活用を図るためには、文化財をその類型を超えて総合的に把握し、それらを一定のテーマやストーリーの下で捉えることが有効であることから、文化庁においては、市町村による『歴史文化基本構想』の策定を推奨している。しかしながら、平成26年8月現在、同構想の策定済み市町村は全国で38市町村にとどまっているほか、策定済み市町村においても、それらを実際に活用して成果を上げている事例は必ずしも多くないなど、いまだ取組が十分に浸透しているとは言えない状況にある。」（ランドブレイン株式会社、2015：77）とした上で、「我が国には有形・無形の優れた文化財が各地に数多く存在しており、それらにストーリー性などの付加価値を付けつつ魅力を発信する体制を整備するとともに、文化財を核に当該地域（周辺部も含めて）の産業振興・観光振興や人材育成等とも連動して一体的なまちづくり政策を進めることが、地域住民のアイデンティティの再確認や地域のブランド化等にも貢献し、ひいては地方創生に大いに資するものとなる。」（同上）と述べた。

このように文化財をテーマやストーリーのもとで捉えることを重要視し、同様の取り組みである「歴史文化基本構想」の策定が浸透しないことから、別枠としてこうした認定制度を創設しており、これらが地域づくりに寄与することを目的としていることがわかる。

また、この「日本遺産」の構想は、観光立国推進閣僚会議が2013（平成25）年6月11日にまとめた「観光立国実現に向けたアクション・プログラム」（観光立国推進閣僚会議、2013）の中でも確認することができる。このアクション・プログラムの「日本ブランドの作り上げと発信」という項目の「クールジャパンと一体となった日本ブランドの発信」の中で「国宝、重要文化財の呼称も含めた検討のほか、世界文化遺産を目指すものについて『日本遺産（仮称）』として位置付けるなど、地域の文化財等の保存・整備を図るとともに、観光資源として積極的に国内外へ発信するなど、活用を図る。」（同上：2-4）と述べられており、文化庁で制度創設の検討が行われていた時期に観光立国推

266

進施策の中に登場することがわかる。

　以上のように「日本遺産」制度は観光立国促進のひとつの要素として創設された背景をもつと考えられる。「日本遺産」制度の内容は、次のように説明されている。（文化庁文化財部記念物課、2016：8）。

　2020年に東京で開催予定のオリンピック・パラリンピックに向け、年間の訪日外国人旅行者数が増加しつづけることが見込まれます。これら旅行者が日本全国を周遊し、地域の活性化に結びつくようにするためには、観光客の受け皿となるべき日本遺産が日本各地にバランス良く存在することが理想的です。

　その一方で日本遺産としてのブランド力を保つためには、認定件数を一定程度に限定することも有効と考えられます。以上を踏まえ、文化庁では、日本遺産を2020年までに100件程度認定していく予定です。

　この内容から「日本遺産」制度は、地域活性化をねらいとしたものであり、地域活性化のためには、2020年東京オリンピックの旅行者の受け皿となるべき日本遺産が日本各地にバランスよく存在することが理想的であるとし、観光資源として文化財を活用する必要性が示された。

　こうした東京オリンピック開催を念頭に置いた制度の下地は、2014（平成26）年3月28日付で下村博文文部科学大臣より「文化芸術の振興に関する基本的な方針（第4次）」の策定に向けた文化審議会への諮問の中にも次の内容が確認できる(10)。

　昨年9月には、2020年に開催するオリンピック・パラリンピック競技大会の東京開催が決定されました。私は、この2020年には、文化芸術においても、「日本の文化力」という資産が大いに生かされて、文化を通じた世界の人々の往来、交流を生み出し、日本が「世界の文化交流のハブ」になることを目標にしたいと考えております。

　このため、2020年に向けて、日本の文化基盤の計画的整備を行い、同年には、全国の自治体や、多くの芸術家等関係者とともに、日本全国津々浦々

で文化イベントが行われている状態を作り出したいと考えております。さらに、その後もこうした姿を継承・発展させ続けることで、真の「文化芸術立国」を目指すという構想を描いております。

　諮問文からは、文化政策において2020年に開催するオリンピック・パラリンピックが強く意識されていることがわかる。この諮問の中に示された「文化芸術立国」の中期プランでは、次のことが述べられた[11]。

　　2020年は、単なる五輪開催の年という位置付けではなく、これを契機として、「新しい日本」を創造するための年にする。我が国は、世界に誇るべき有形・無形の文化財を有しているとともに、多様な文化芸術活動が行われている。また、日本人には地域に根付いた祭りや踊りに参加する伝統があったり、日常においても、稽古事や趣味などを通して様々な文化芸術体験が盛んに行われている。こうした「世界に誇る日本各地の文化力」は、我が国の「強み」である。
　　こうした「強み」を生かし、2020年東京オリンピック・パラリンピック競技大会に合わせ、東京をはじめ日本全国で、全国の自治体や、多くの芸術家等の関係者と共に、日本の伝統や地域の文化芸術活動の特性を生かした文化プログラムを提供する。

　このように、2020年開催のオリンピック・パラリンピックをひとつの画期として、文化芸術を活用し、新たな日本を創造するという目的がわかる。こうした考えのもと、中期プランには文化財に関連するものとして、「地域を元気にする」という項目で、施策として「文化財の保存修理・防災対策等の抜本的強化」、「まちづくりの推進」が掲げられている。また、「文化財の保存修理・防災対策等の抜本的強化」では、地域のたからである文化財の保存修理・防災対策等を抜本的に強化するとし、「まちづくりの推進」では、地域の文化資源を発掘し、それを生かしたまちづくりを推進するとした上で、「歴史文化基本構想」の策定支援による文化財を生かしたまちづくりの展開・普及を図り、具体的には「歴史文化基本構想」策定自治体数を20地域（2012〈平成24〉年

度）から100地域へ増加させるという内容が確認できる。

　つまり、2020年開催のオリンピック・パラリンピックに向けた国内の文化的基盤づくりのために、文化財保護が位置付けられていることがわかる。「日本遺産」制度は、従来想定されていた世界遺産登録を目指す地域の総称という位置付けから、観光振興の脈絡のもとに位置付けられ、2020年東京オリンピックの訪日外国人旅行者の受け皿としての役割が付与されたと考えられる。

　また、政府は2015（平成27）年度から、5年間で取り組む人口減少対策や地域経済活性化策の工程表と、2020年時点の数値目標を、「まち・ひと・しごと創生総合戦略」に提示し(12)、2014（平成26）年12月27日に閣議決定された（内閣官房まち・ひと・しごと創生本部事務局、2014）。この中で、人口減少と地域経済縮小の克服のためには、「国及び地方公共団体は、国民とともに問題意識を共有しながら、これまでにない危機感を持って、人口減少克服と地方創生に取り組む必要がある。」（同上：1-2）ことが示されている。この地方創生という用語については次のように示された（同上：61）。

　　地方創生は、日本の創生である。新しい国の形づくりを進め、この国を、子や孫、更にはその次の世代へと引き継いでいくことは、今日を生きる我々世代の最も重要な責務であり、そのためにも、日本の良さを豊かにたたえた活力ある地域づくりに取り組んでいかなければならない。

　　この「総合戦略」は、そうした基本認識の下で、人口減少を克服し、地方創生を成し遂げることを目指して、我が国が初めて取り組む総合戦略であり、本戦略自体もまた、その進捗に応じて、目標も含め不断に見直していかねばならない。

　地方創生とは地域づくりを指す言葉であり、地域活性化を目指した取り組みであるということがわかる。この中で、文化財の活用に言及した部分についてみると、「地域の歴史・町並み・文化・芸術・スポーツ等による地域活性化」という項目に次の説明が載せられた（同上：27）。

　地域の歴史、町並み、文化・芸術、スポーツを地域資源として戦略的に活

用し、地域の特色に応じた優れた取組を展開することで交流人口の増加や移住につなげるなど、地域の活性化を図る新しい動きを支援する。

地域の歴史、町並み、文化・芸術においては、世界遺産や国宝等を地域活性化に活用するほか、2015年度より新たに「日本遺産」を認定する仕組みを創設するなど、観光・産業資源としての魅力の向上や、地域の複数の文化財を一体的に活用する取組を支援する。併せて、地域の特色ある文化芸術活動や劇場・音楽堂などの活動を推進し、文化・芸術を起爆剤とする地方創生の実現を図る。2020年には、文化・芸術を目的に訪日する外国人を大幅に増加させる。

この項目には、世界遺産や国宝等を地域活性化に活用する旨が明記され、「日本遺産」制度も盛り込まれており、観光・産業資源として活用することで地方創生を目指すことが謳われた。このように文化財の活用が地方創生の一角をなす施策に位置付けられていることがわかる。つまり、政府の方針として文化財を活用した地域づくりとは、観光・産業資源としてこれを活用し、経済活性を図り、地域を豊かにする発想が根本にあると考えられる。

こうした流れを受けてか2015（平成27）年5月22日に閣議決定された「文化芸術の振興に関する基本的な方針（第4次）」においても、「『日本遺産（Japan Heritage）』認定の仕組みを新たに創設し、歴史的魅力に溢れた文化財群を地域主体で国内外に戦略的に発信するなど、地域の複数の文化財を総合的かつ一体として活用する取組を支援する。」（文化庁、2015：16）とし、「日本遺産」制度の趣旨を説明するとともに、国内のみならず、文化財の海外への情報発信に重点を置いていることがわかる。

2015（平成27）年6月に観光立国推進閣僚会議で決定した「観光立国実現に向けたアクション・プログラム2015—『2000万人時代』早期実現への備えと地方創生への貢献、観光を日本の基幹産業へ—」においても「文化資源、歴史的遺産の観光への活用」という項目で、「地域の歴史的魅力や特色を通じて我が国の文化・伝統をストーリーとして現す『日本遺産（Japan Heritage）』の認定を、2020年度までに100件程度行う（2015年度は18件を認定）。さらに、ストーリーを語る上で不可欠な、魅力ある有形・無形の文化財群を、地域が主

体となって総合的に整備・活用し、国内外に戦略的に発信する。」(観光立国推進閣僚会議、2015：48)と示されており、「日本遺産」のみならず、その他の文化財も観光に活用する内容がわかる。

　また、2014(平成26)年に閣議決定された「まち・ひと・しごと創生総合戦略」は翌年、全面改訂されて、2015(平成27)年12月24日に閣議決定された(内閣官房まち・ひと・しごと創生本部事務局、2015)。この内容の「観光業を強化する地域における連携体制の構築」という項目の「多様な地域の資源を活用したコンテンツづくり」の中に、前年の計画で示された「地域の歴史・町並み・文化・芸術・スポーツ等による地域活性化」の項目が移され、次のように示されている(同上：61)。

　　世界遺産や国宝等の地域活性化への活用のほか、「日本遺産」の認定を2020年までに100件程度行うなど、文化資源の観光・産業資源としての魅力の向上等の強化や、地域の複数の文化財を一体的に活用する取組の支援、地域の特色ある文化芸術活動や劇場・音楽堂等の活動の推進に取り組むとともに、2020年東京オリンピック・パラリンピック競技大会に向け文化プログラムを全国津々浦々で展開し、文化資源の活用を通じたGDPの拡大を目指す。

　この改訂版の戦略からは、前回の計画に加え、「日本遺産」認定の具体的な数値目標が示されるなど、文化財の活用が観光施策に組み込まれ、GDPの拡大を目指す手段として捉えられていることがわかる。

　以上のように2020年に開催するオリンピック・パラリンピック競技大会の東京開催の決定は、観光立国促進の要因となり、その中に文化財の活用も観光資源の活用という形で組み込まれていったことがわかる。

　2016(平成28)年3月の新聞報道では、訪日外国人旅行者を増やすために政府が検討している新観光戦略は、保存優先であった各地の文化財を観光に活用し、全国200か所を拠点とし、また、政府としても東京オリンピック・パラリンピックの開催を機に文化財を観光振興に活用するねらいがあるとされる[13]。

こうした中、文化庁では2016(平成28)年4月28日に「文化財活用・理解促進戦略プログラム2020」を公表した。このプログラムでは文化財の活用について以下のように説明されている(14)。

　全国各地において長く守り伝えられてきた有形、無形の文化財は、地域の誇りであるとともに、観光振興に欠かせない貴重な資源である。ついては、観光資源としての戦略的投資と観光体験の質の向上による観光収入増を実現し、文化財をコストセンターからプロフィットセンターへと転換させる必要がある。その際、文化財は専門家のためだけのものではなく、一般の人や外国人観光客に「見られて感動し、その価値を知ってもらって初めて真価を発揮するもの」であるという意識改革を現場へ浸透させることが重要である。
　こうした問題意識のもと、「文化財活用・理解促進戦略プログラム2020」を策定し、文化資源の活用・情報発信の強化や修理・美装化によって観光資源としての質の向上を計画的に進める。具体的には、個々の文化財を「点」として保存することから地域の文化財を「面」として一体的に整備・活用するよう発想を転換するとともに、専門家でなければ分からない解説ではなく、誰にとっても分かりやすい解説を整備し、多言語化及び国内外に向けた情報発信を進める。また、修理遅れによる文化財の資産価値の低下・劣悪な外観が散見される現状を打開するため、適切な周期での根本修理に加え、観光資源としての価値を高める美装化にも取り組む。こうした取組を計画的に進めることによって、文化財を「真に人を引きつけ、一定の時間滞在する価値のある観光資源」として活用していくことを目指す。

　文化財に対する認識はそれが地域の誇りであるとともに、観光振興に欠かせない貴重な資源と捉え、文化庁としても文化財を観光資源として活用し、これを推進していくことを明確に示していることがわかる。また、文化財を享受する対象として、一般の人に加え、外国人観光客を対象とすることも明示した。
　他にも「地域の歴史的魅力や特色を通じて我が国の文化・伝統をストーリ

ーで表現する『日本遺産』を2020年までに100件程度認定する。さらに、ストーリーを語る上で不可欠な、魅力ある有形・無形の文化財群を、地域が主体となって総合的に整備・活用し、国内外に戦略的に発信するとともに、『日本遺産』のブランド化を推進することにより地域活性化を図る。」、「地域の文化財の指定・未指定を問わず、その周辺環境も含めた保存・活用を図るための基本的な指針である『歴史文化基本構想』の策定を支援する。」といった記述もみられ、「まち・ひと・しごと創生総合戦略」を反映させた内容であることがわかる。

　また、「歴史文化基本構想」の位置付けもこうした観光資源づくりの取り組みの一環として捉えられていることが明らかである。このことから、文化財保護施策に政府の観光振興における文化財活用という方針が色濃く反映されていることがわかる。

　2016（平成28）年6月2日に閣議決定された「ニッポン一億総活躍プラン」で示された年度計画には、「文化財の『稼ぐ』力の強化・積極的活用」という項目に「地域の文化財の戦略的活用、適切なサイクルの修理・美装化、施設の機能強化」、「日本遺産をはじめ、文化財を中核とする観光拠点整備」、「文化財解説の多言語化等を通じた、文化財の価値・魅力の効果的発信」という内容が示された（首相官邸、2016：73）。この内容からは、観光客の外貨をもって地域経済を潤す地域づくりのシナリオの中に、文化財が明確に観光資源として位置付けられていることがわかる。

第6節　観光資源としての文化財の活用に対する意見

　政府の方針の中で文化財の取り扱いをみると2000年代に入り、文化財を観光資源として活用する取り組みが際立ってくることが明らかになった。とくにそれは、海外の旅行客の受け皿としての文化財の活用であり、現在の文化財保護施策における文化財の活用は、観光資源としての活用に重点が置かれていることがわかる。

　こうした文化財の観光振興での活用は、これまで文化財保護企画特別委員会や2006（平成18）年度の文化審議会文化財分科会企画調査会で議論されてき

た地域主義にもとづく文化財保存と活用の在り方と異なる方針であり、地域主義にもとづく文化財保存と活用の考えは、近年に入って、文化財保護施策にあまり反映されてこなかったと考えられる。

文化財の保護と観光は、2013（平成25）年度の文化審議会文化財分科会企画調査会の報告においても単純な二項対立の関係としてのみ捉えることのないようにと述べられているとおり（文化審議会文化財分科会企画調査会、2013：6）、従来はそれらを管轄する部局は連携することはなく、距離を保っていたと考えられる。

実際、第1章でみたように、過去には芳賀登が文化財を単に観光資源化してしまう傾向を問題視したり（芳賀、1975b：25-26）、他にも小林隆幸によって、遺跡整備において地域住民の生活を無視し、観光客を優先し誘客したりする観光開発の在り方を危惧する意見が示されている（小林、1996：430）。

近年においても、文化財を観光資源として活用する方針に対しては、2007（平成19）年5月15日に行われた第6回の文化審議会文化財分科会企画調査会においても以下のような意見が出された[15]。

　　文化財と市民の間には差があり、なかなか市民レベルまで下がっていかず一緒にならない。「活用」は理解と参加の中に入っていると思うが、観光化したらいいとは考えておらず、閉じながらどう開いていくかだと思う。文化財はその地域の人たちの暮らしと密接に関わっているので、単に観光資源として見るようなことは絶対してはいけないし、どうやって守っていくかを必ず考えなければいけない。ただ、今の生活者にとって、文化財は国が決めたもので大事にされているが、地域の暮らしとどれだけ関わっているかという意味で、課題はあると思う。

このように文化財分科会企画調査会においても、単に文化財を観光資源化してしまうことに対する危惧が意見された。

また、文化庁文化財部伝統文化課文化財保護調整室でまとめた『「歴史文化基本構想」策定ハンドブック』では、文化財の観光振興の活用について以下のように述べた（文化庁文化財部伝統文化課文化財保護調整室、2015：3）。

（前略）近年全国各地の観光施策や地域づくりにおいて、文化財に着目し積極的に活用しようとする動きがみられます。文化財の活用自体は大切な取組ですが、文化財がもつ本質的な価値やその性質を理解しないまま保存に影響を与えるような行為は避けなければなりません。貴重な文化財を後世に確実に継承するために、文化財の保存と活用のどちらかに偏ることのなく、一体的な取組であることに留意する必要があります。このため、多くの関係者が文化財保護に関する情報を共有しながら取り組むことができるよう文化財保護の指針を定め、広く周知していくことが必要となります。

このハンドブックでは、文化財の観光や地域づくりへの活用は大切な取り組みとしたうえで、保存と活用どちらに偏ることなく行われるのが望ましいとしている。このように、行き過ぎた観光振興活用は保護をおろそかにするとともに、地域住民と文化財の乖離を生む可能性をもつと考えられる。

このことに関連し、世界遺産登録の現状について、2006（平成18）年当時文化庁文化財部記念物課で主任文化財調査官を務めていた本中眞は次のように述べている（本中、2006：254-255）。

（前略）現在、日本の世界文化遺産は10、暫定一覧表に残されているものは4である。それ以外にも、自薦・他薦の世界遺産候補が30〜50程あるとされている。いずれも国が指定した国宝・重要文化財、特別史跡名勝天然記念物・史跡名勝天然記念物ばかりであるが、世界遺産として顕著な普遍的価値を有するか否かについては不明である。しかし、それらの自薦活動はいよいよ激しさを増しているといっても過言ではない。このような傾向の背景には、他の文化財との差別化を求める強い潜在意識がある。差別化により世界的観光地としてのブランドを望み、そのことによって地域経済の活性化を図ろうとの意図が見え隠れする。世界遺産登録後には保存管理状況に関する定期報告書の提出が義務付けられ、常に厳しい国際的な監視の眼が注がれるということについては十分に認識されていない場合が多い。

第4章　近年の文化財保護施策の課題と地域主義　275

　本中は世界遺産登録の推進は、世界的観光地としてのブランドと、観光振興による地域経済の活性化が背景にあると述べ、その後の厳重な保存対策についてはあまり認識がされない現状を述べており、文化財保護という認識よりも観光振興が優先的に捉えられている現状がわかる。

　これは、世界遺産に限ったことではなく、国内の文化財保護制度にも当てはまることである[16]。現状はこうしたインバウンド消費を目的とした施策が主であり、地域主義にもとづく文化財保存と活用の観点からの施策は、企画調査会の議論が出自ではないものの、「文化遺産を活かした地域活性化事業」が確認できる程度である。

　無論、妻籠宿のように地域が主体となり、歴史的町並みを保存しながら、自律的観光に取り組み、地域づくりにつながった事例もあり、文化財の観光活用が絶対悪ではないことは確かである。ただ、訪日外国人旅行者の受け皿として文化財の数を増やすという国レベルでの決定は、国主導の観光地づくりにつながる危惧があり、文化財保護に対する地域の主体性は無視されてしまう恐れがあるといえる。

　また、観光資源としての文化財の数を増やすという施策は結局のところトップダウンの文化財保護の在り方であり、ボトムアップ型の文化財保護制度として設計された伝統的建造物群保存地区制度や「歴史文化基本構想」も、すべてトップダウン型の文化財保護の在り方に変容を強いられてしまう恐れがあり、地域主義にもとづく文化財保存と活用の視点は、現行の文化財保護施策でますます矮小化していくといえ、危惧される地域住民と文化財との乖離を生みかねない状況にあるといえる。

　小　結

　地域主義にもとづく文化財保存と活用の主張や議論は、1970年代から繰り返されているが、文化財が地域住民にとってどのような意味をなすのか、また、地域づくりにいかに寄与するのかといった研究の蓄積がないのが現状であるといえる。このことから、地域主義にもとづく文化財保存と活用が現在の文化財保護に対して、ひいては地域づくりにどのような影響を与えるかを

明確に示す機会が少なかったことが考えられ、文化財の側面の中で観光資源という外部に目立つ端的な部分のみが着目され、本質的な部分にまで入り込んだ議論ができなかったことが考えられる。

2000年代初頭の文化財の観光振興における活用は、地域住民による自律的観光を意識したものであったが、近年はインバウンド戦略の一環として捉えられており、こうした地域からの視点は霞んでいるといえる。また、2001（平成13）年に実施した「住民のボランティア活動等を活かした歴史的文化的資源の保存活用と地域活性化に関する調査」で課題として示された生涯学習施策への取り組みもこれに直結する施策は現在、豊富に存在するとはいえない。

このように、近年の文化財保護施策を振り返っても、地域主義にもとづく文化財保存と活用は矮小化し、観光振興における文化財活用の方針が台頭していることは明らかである。

文化財の観光資源化を推進するという、政策や施策のみがこのまま進んでいくとすれば、文化財は観光客の興味・関心を引き付ける性質のみが取り沙汰され、地域住民の心の拠り所となるという性質は委縮してしまう恐れがあるといえる。70年代から続く、地域主義にもとづく文化財保存と活用を求める主張や議論は、無意味なものになってしまうだろう。

ひとことに地域活性化や地域づくりといっても、様々な考え方にもとづいていることは言うまでもない。地域活性化が何を意味するのか、またどのような手段や過程を経た地域活性化なのかによって文化財の活用方法が変わるのは当然である。近年の文化財を活用した地域活性化とは、文化財を観光資源として捉え、観光を地域の産業とし、外貨で地域経済を潤すという発想であるといえる。一方で地域主義にもとづく文化財保存と活用が求めてきた地域づくりとは、文化財が地域住民の生活に根ざして、地域住民の心を豊かにし、文化財との関わりが、地域づくりの原動力として作用するものである。それは、本研究が示したように文化財建造物を拠点にした地域づくりのような形で実態がみられる。

また、事例の旧津金学校と旧尾県学校は県指定文化財であり、こうした事例の文化財は国の直接的な関与無しに保護措置が取られているものであり、国の文化財保護施策が関与しないところで地方においては、文化財を核とした

地域づくりの実践が存在しており、これは本書が示した事例に限らず、国内には数限りなく事例が存在している可能性が考えられる。

こうした中で実際に地域主義にもとづく文化財保存と活用の観点から保護制度を設計した自治体も存在する。例えば、1985（昭和60）年には、横須賀市で横須賀市文化振興条例が制定され、その中で市民文化資産の指定等が条例に記載されている（根木、2003：164-165）。この市民文化資産は指定文化財と異なり、文化の振興に資すると認められるもので、この条例の第1条の目的には「（前略）心豊かで潤いと活力のある地域社会の実現に寄与することを目的とする。」[17]とあり、文化財を住民の精神的拠り所として捉えた制度といえ、文化財登録制度よりも地域での文化財の活用をさらに強調した地域独自の取り組みといえる。

近年、佐倉市でも2003（平成15）年に「地域住民に継承されてきた歴史・文化・自然に関する資産を、市民文化資産として市民が主体的に保全・活用を図り、もって地域文化活動の振興を図る」ことを目的に佐倉市市民文化資産の保全及び活用に関する条例を制定し、市民文化遺産を考えるワークショップを実施している（秋山・林、2006：279-280）。

2007（平成19）年には、遠野市でも世間に評価されているものを大切にするのでなく、地域の人が大切に守ってきたものに光を当て、それを次世代に継承していく取り組みとして遠野遺産認定条例を制定したり（本田・松田・栗原、2010：27）、2010（平成22）年に太宰府市では、太宰府の景観と市民遺産を守り育てる条例を制定しており、条例第2条に「市民や地域又は市が伝えたい太宰府固有の物語、その物語の基盤となる文化遺産（文化遺産群を含むものとする。〈後略〉）及び文化遺産を保存活用する活動を総合したもの」と太宰府市民遺産を定め[18]、太宰府固有の物語と文化遺産のリスト化や育成活動がセットで提案されている（城戸、2013：119）。

2012（平成24）年当時、太宰府市教育委員会文化財課の城戸康利は、この取り組みについて「（前略）登録・認定は行政が上から指定等するものでなく、自らの地域への愛情を表現するきわめてボトムアップな仕組みであるはずであるが、文化財的なもの、世界遺産的なもののように誤解して権威に変化すること、することを求められることが恐れられる。」（同上、：123）と述べており、

太宰府市民遺産制度は、世界遺産登録制度とは異なり、あくまで地域における価値が重視され、指定文化財や世界遺産のように権威化することを回避しようという意図がわかる。

　このように、国の観光資源として指定文化財を増加させようとする意図とは異なり、地方では、地域で大切と考えられる文化財を遺し伝える独自の仕組みづくり、すなわち地域資源の地域遺産化の動きが広がっていることがわかる。この動きは第1章でみた、1975（昭和50）年の文化財保護法改正後の文化財登録制度導入をめぐる、国と地方での取り組みの相違に類似しているといえる。

　以上から考えると、文化財保護の方針は、国と地方でねじれ状態にあるといえる。このまま文化財保護施策のねじれ化が進めば、国と地方で文化財保存と活用の在り方が二極化し、やがて分断することが危惧される。これが現在の文化財保護施策の課題であると考えられ、このねじれを是正することが求められているといえる。

　このねじれの解消には、90年代から文化財保護企画特別委員会や文化財分科会企画調査会などで議論された、地域主義にもとづく文化財保存と活用の内容を振り返る必要があると考えられ、現在の観光振興施策に地域視点による自律的な文化財保護の発想を反映させる手立てを考える必要があるといえる。

第4章　近年の文化財保護施策の課題と地域主義　279

文化財保護施策・観光振興施策年表

年代	文化財保護施策	観光振興・その他施策、政府の動き
1988 (昭和63)年	• 国連総会にて「世界文化発展の10年」を定める • 国際文化交流懇談会を設置	
1989 (平成元)年	• 国際文化交流懇談会最終報告 • 文化政策推進会議を設置	
1991 (平成3)年	• 文化政策推進会議「文化の時代に対処する我が国の文化振興の当面の重点方策について」提言	
1992 (平成4)年	• 文化財保護審議会の下に文化財保護企画特別委員会が発足 • 世界遺産条約に批准	
1993 (平成5)年	•「法隆寺地域の仏教建造物」、「姫路城」、「屋久島」、「白神山地」が世界遺産に登録 • 文化財保護企画特別委員会審議経過報告	
1994 (平成6)年	• 文化財保護企画特別委員会「時代の変化に対応した文化財保護施策の改善充実について」審議報告 • 近代の文化遺産の保存・活用に関する調査研究協力者会議発足	
1995 (平成7)年	• 近代の文化遺産の保存・活用に関する調査研究協力者会議記念物分科会、建造物分科会「近代の文化遺産の保存と活用について」報告 • 重要文化財(建造物)の活用指針に関する調査研究協力者会議発足 • 文化政策推進会議「新しい文化立国をめざして―文化振興のための当面の重点施策について―」報告	
1996 (平成8)年	• 近代の文化遺産の保存・活用に関する調査研究協力者会議美術・歴史資料、生活文化・技術分科会「近代の文化遺産の保存と活用について」報告 •「重要文化財(建造物)の活用に対する基本的な考え方」報告 • 文化庁・建設省連携推進会議発足、文化庁・建設省で文化遺産を生かした街づくりに関する協議会発足 •「文化財を生かしたモデル地域づくり事業」開始 •「文化財保護法」改正(文化財登録制度導入)	
1998 (平成10)年	•『文化財建造物活用への取組み　建造物活用事例集』発行 • 文化政策推進会議「文化振興マスタープラン―文化立国の実現に向けて―」提言 • 文化庁「文化振興マスタープラン」策定	• 特定非営利活動促進法施行

1999 (平成11)年	• 自治省『歴史的遺産・伝統文化(伝説・神話等)の活用による地域おこし懇談会報告書』作成	
2000 (平成12)年		• 地方分権の推進を図るための関係法律の整備等に関する法律(地方分権一括法)施行 • 社団法人経済団体連合会「21世紀のわが国観光の在り方に関する提言―新しい国づくりのために―」
2001 (平成13)年	• 文部科学省設置、文化庁に文化審議会を設置 • 文化審議会に文化財分科会企画調査会を設置 • 文化審議会文化財分科会企画調査会が審議報告 • 文化芸術振興基本法施行 • 文化庁文化財部建造物課「住民のボランティア活動等を活かした歴史的文化的資源の保存活用と地域活性化に関する調査」を実施	
2002 (平成14)年	• 文化審議会に「文化芸術の振興に関する基本的な方針について」答申 • 総務省「地域資源活用促進事業要綱」・「地域文化財・歴史的遺産活用事業取扱要領」作成	• 日本経済調査協議会『国家的課題としての観光―21世紀のわが国における使命と役割を考える―』公表 • 社団法人経済同友会「外国人をひきつける日本」研究会が『外国人が「訪れたい、学びたい、働きたい」日本となるために』公表 • 「経済財政運営と構造改革に関する基本方針2002」閣議決定
2003 (平成15)年		• 観光立国懇談会発足
2004 (平成16)年	• 文化庁「NPO等による保存活用のための実践的研究」実施 • 文化財保護法改正(文化的景観を保護対象に追加、文化財登録制度の対象を拡大)	• 国土交通省ビジット・ジャパン・キャンペーン開始 • 観光立国担当大臣を任命 • 観光立国関係閣僚会議を開催、「観光立国行動計画」を打ち出す
2005 (平成17)年	• 埋蔵文化財発掘調査体制等の整備充実に関する調査研究委員会『埋蔵文化財の保存と活用(報告)―地域づくり・ひとづくりをめざす埋蔵文化財保護行政―』作成	• 「観光立国関係閣僚会議」の下に「観光立国推進戦略会議」を設置 • 『観光立国推進戦略会議報告書―国際競争力のある観光立国の推進―』公表 • 観光基本法の改正に向けた検討作業開始
2006 (平成18)年		• 観光立国推進基本法成立
2007 (平成19)年	• 文化審議会文化財分科会企画調査会報告、歴史文化基本構想の提言	• 観光立国推進基本法施行 • 「観光立国推進基本計画」閣議決定

第4章　近年の文化財保護施策の課題と地域主義　281

2008 (平成20)年	• 文化財総合的把握モデル事業開始	• 地域における歴史的風致の維持及び向上に関する法律(歴史まちづくり法)施行 • 観光庁設置
2009 (平成21)年		• 民主党に政権交代
2010 (平成22)年	• 『文化財を支える市民団体の活動状況等に関する調査報告書』作成	• 『新成長戦略―「元気な日本」復活のシナリオ―』閣議決定 • 観光庁『地域の観光振興のための地域遺産の管理・活用状況調査等事業報告書』公表
2011 (平成23)年	• 「文化芸術の振興に関する基本的な方針(第3次基本方針)」閣議決定 • 「文化遺産を活かした観光振興・地域活性化事業」開始	
2012 (平成24)年	• 「『歴史文化基本構想』策定技術指針」策定	• 自民党に政権交代 • 「観光立国推進基本計画」の見直し、閣議決定
2013 (平成25)年	• 文化審議会文化財分科会企画調査会「今後の文化財保護行政の在り方について」審議報告	• 「日本再興戦略―JAPAN is BACK―」閣議決定・クールジャパン推進会議発足、「クールジャパン発信力強化のためのアクションプラン」公表 • 観光立国推進閣僚会議「観光立国実現に向けたアクション・プログラム」決定 • 2020年オリンピック・パラリンピック競技大会の開催地が東京に決定
2014 (平成26)年	• 「日本遺産」認定制度創設	• 「経済財政運営と改革の基本方針2014―デフレから好循環拡大へ―」閣議決定 • 「まち・ひと・しごと創生総合戦略」閣議決定
2015 (平成27)年	• 「文化芸術の振興に関する基本的な方針(第4次)」閣議決定	• 観光立国推進閣僚会議「観光立国実現に向けたアクション・プログラム2015―『2000万人時代』早期実現への備えと地方創生への貢献、観光を日本の基幹産業へ―」決定 • 改訂「まち・ひと・しごと創生総合戦略」閣議決定
2016 (平成28)年	• 文化庁「文化財活用・理解促進戦略プログラム2020」公表	• 「ニッポン一億総活躍プラン」閣議決定

註

(1) 文化審議会「文化芸術の振興に関する基本的な方針について(答申)(2002年12月5日)」http://www.mext.go.jp/b_menu/shingi/bunka/toushin/021201.htm#2-2(2016年5月4日閲覧)。

(2) 文化庁「文化財の保存・活用の新たな展開―文化遺産を未来に生かすために―(H13.11.16企画調査会報告)のフォローアップについて2006 平成18年度第2回文化審議会文化財分科会企画調査会資料3(2006年12月22日)」http://www.bunka.go.jp/seisaku/bunkashingikai/bunkazai/kikaku/h18/02/shiryo_3.html(2016年5月14日閲覧)。

(3) 意見書の内容は全て次のウェブサイトを参照し、引用した。経済団体連合会「21世紀のわが国観光の在り方に関する提言―新しい国づくりのために―(2000年10月17日)」https://www.keidanren.or.jp/japanese/policy/2000/051/honbun.html(2016年5月14日閲覧)。

(4) 衆議院「第165回国会 国土交通委員会 第8号会議録(2006年12月6日)」http://www.shugiin.go.jp/internet/itdb_kaigiroku.nsf/html/kaigiroku/009916520061206008.htm(2016年5月4日閲覧)。

(5) 同上。

(6) 首相官邸「クールジャパン推進会議の開催について(2013年2月26日)」http://www.kantei.go.jp/jp/singi/titeki2/cool_japan/konkyo.pdf(2016年5月16日閲覧)。

(7) 首相官邸「第4回クールジャパン推進会議議事次第(2013年5月28日)」http://www.kantei.go.jp/jp/singi/titeki2/cool_japan/dai4/sidai.html(2016年5月16日閲覧)。

(8) 首相官邸「クールジャパン発信力強化のためのアクションプラン 第4回クールジャパン推進会議資料」(2013年5月28日)、http://www.kantei.go.jp/jp/singi/titeki2/cool_japan/pdf/p2.pdf(2016年5月16日閲覧)。

(9) 「『日本遺産』制度を創設 文科省、地域振興に生かす」、日本経済新聞、2014年8月29日付、電子版、http://www.nikkei.com/article/DGXLASDG28056_Z20C14A8CR0000/(2016年5月16日閲覧)。

(10) 文化庁「文化審議会への諮問文 第1回文化審議会第12期文化政策部会資料4(2014年5月15日)」http://www.bunka.go.jp/seisaku/bunkashingikai/seisaku/12/01/pdf/shiryo_4.pdf(2016年5月14日閲覧)。

(11) 文化芸術立国の中期プランの内容は全て次の資料を参照し、引用した。文化

庁「文化芸術立国中期プラン（概要）　第1回文化審議会第12期文化政策部会資料3（2014年5月15日）」http://www.bunka.go.jp/seisaku/bunkashingikai/seisaku/12/01/pdf/shiryo_3.pdf（2016年5月14日閲覧）。

(12)　「まち・ひと・しごと創生総合戦略」、山梨日日新聞、2014年12月26日付朝刊、1面。

(13)　「政府が新たな観光目標」、山梨日日新聞、2016年3月31日付朝刊、3面。

(14)　文化庁「文化財活用・理解促進戦略プログラム2020　報道発表資料（2016年4月26日）」http://www.bunka.go.jp/koho_hodo_oshirase/hodohappyo/pdf/2016042601.pdf（2016年5月17日閲覧）。

(15)　文化庁「文化審議会文化財分科会企画調査会（第6回）議事概要　第7回文化審議会文化財分科会企画調査会資料2（2007年6月27日）」http://www.bunka.go.jp/seisaku/bunkashingikai/bunkazai/kikaku/h18/07/shiryo_2.html（2016年5月14日閲覧）。

(16)　藤木庸介は「『世界遺産』に限らず、例えば日本の文化財保護法における『重要伝統的建造物群保存地区』（以下「重伝建」）や、あるいは2008年に施行された通称『歴史まちづくり法』等も、そもそも地域の住民生活によって培われた文化遺産の保護を目的に制定された制度である。しかし今や、当該制度の適用は、観光開発を行うための宣伝要素、すなわち、地域の『ブランディングツール』として機能しているように見え、本来の文化遺産保護へ向けたアプローチが、観光開発の影に隠れて見えにくくなってしまっている感も否めない。（中略）地域のブランディングツールとなる文化遺産保護制度の獲得に失敗して観光開発が振るわず、当該文化遺産を維持することさえままならぬ地域もかなりの数に上ると思われる。すなわち、文化遺産保護と観光開発は、車の両輪であると同時に、両刃の剣であり、ここに堆積する問題は簡単ではない」（藤木、2010年：11-12）とし、国内の文化財保護制度もブランディングツールとして機能していると主張している。

(17)　横須賀市「文化振興条例（平成19年3月29日改正）」http://www.city.yokosuka.kanagawa.jp/reiki/reiki_honbun/g204RG00001366.html#e000000125（2016年6月26日閲覧）。

(18)　太宰府市「太宰府の景観と市民遺産を守り育てる条例（2010〈平成22〉年10月1日）」http://www.city.dazaifu.fukuoka.jp/soumu/reiki_int/reiki_honbun/q023RG00000909.html（2016年6月26日閲覧）。

終 章

本書の結論と課題・展望

第1節　本書のまとめ

　結論を述べる前に、まず、第1章から第4章の内容を要約して、概要を示す。

　第1章では、現行の文化財保護行政において、地域主義にもとづく文化財保存と活用が求められていることを2007（平成19）年の文化審議会文化財分科会企画調査会の報告書から明らかにし、ここで提言された「歴史文化基本構想」は、こうした保存と活用の在り方を示した制度であることを確認した。このような保護の要請は、文化財保護法のもつ優品主義的性質を補完する目的があることが背景に確認された。地域主義にもとづく文化財保存と活用を求める主張や議論は、高度経済成長期の文化財保存運動に端を発して、1970年代に文化財に関係する研究者からなされ、1975（昭和50）年の文化財保護法改正に一部は反映されたものの、主張や議論で熱望された文化財登録制度の導入は、見送られたことを明らかにした。1980年代に入ると70年代と比較すると地域主義にもとづく文化財保存と活用を求める主張は少数となるが、これは、文化財登録制度が文化財保護法改正後に地方独自の取り組みとして文化財保護条例に盛り込まれていったことや、法改正を機に各学会の活動の方向性が変化したことによるものと推測した。

　地域主義にもとづく文化財保存と活用を求める主張は1990年代、2000年代に入っても引き続き、「歴史文化基本構想」提言後もその主張は継続したことを確認した。本書では「歴史文化基本構想」は地域主義にもとづく文化財保存と活用への具体的な取り組みを示したひとつの到達点であり、その発露であることは間違いないと考えた。しかし、「歴史文化基本構想」は制度面において不十分であると指摘もされ、この構築だけでは地域主義にもとづく文化財保存と活用の取り組みとして課題を残し、地域主義にもとづく文化財保存と活用をさらに浸透・発展させる余地は残されているといえる。また、この主張は70年代から40年以上経過した現在も続いているわけで、70年代以降、こうした議論は何らかの課題を含んだまま、空転していると考えた。

　そこで、議論の課題の抽出のため、70年代の議論に遡ると、芳賀登が当時、

文化財保存運動の主体や意識の研究を行うことを頻繁に訴えているが、こうした視点からの研究は、現在までほとんどなされていないことが明らかになった。また、文化財保護法改正に際した日本学術会議の勧告では、文化財が国民の精神的な拠り所であるという認識が示されているが、現在、こうした認識にもとづく文化財保護施策は、国では積極的に取り組まれていないことを示した。ここから、地域主義にもとづく文化財保存と活用の実態が、地域住民や地域づくりに与える影響を分析する研究の蓄積がなく、推進される観光振興施策における文化財活用を前にこうした発想にもとづく文化財保存と活用の在り方は霞んでしまい、文化財保護施策の中で矮小化している可能性を導いた。地域主義にもとづく文化財保存と活用を浸透・発展させるためにはまず、過去からの議論の課題で示されたように、こうした保存活用の実態の研究から、文化財が地域住民の心の拠り所であり、いかに地域づくりに寄与するものか明示する必要があるとした。

　そこで、第2章では、第1章で示した課題にもとづいて、地域主義にもとづく文化財保存と活用の実態を示す事例抽出を目的に、文化財の成立と保存・活用に地域住民の関与が大きいと考えられる文化財を対象とし、文化財の成立と保存経緯、現在の活用について、地域住民の関与を検証し考察した。

　文化財の中でも建造物は、地域住民の関与が多い事例が多く、とくに学校は、地域住民の愛着のもと存在している可能性をみた。次に文部科学省が行った廃校の保存・活用の検討過程に特色のある事例を選んだ「廃校リニューアル50選」の中に含まれる文化財指定された学校(廃校)を手掛かりにし、現在の活用主体が自治体でなく地域住民である山梨県内の藤村式建築の2事例を抽出した。この2事例に加えて、山梨県内で保存されている藤村式建築の3事例を加えた5事例を対象に、文化財の成立から保存、現在の活用に地域住民がどのような関与をしてきたかその経緯を明らかにした。結果、藤村式建築の成立は、県令藤村紫朗の意思だけでなく、地域住民側の意思もあって建設された建造物であることを明らかにした。また、保存に関しては、旧春米学校以外の事例で地域住民の関与がみられ、活用に関しては、旧睦沢学校、旧津金学校、旧尾県学校の事例で地域住民の関与がみられた。各事例を比較した結果、文化財成立から活用までの地域住民の関与の連綿性から旧津金学

校、旧尾県学校の事例を地域主義にもとづく文化財保存と活用の実態を示す事例として抽出した。そして、文化財保護の動機付けを地域住民の建物への愛着である可能性を考察した。

　第2章ではおもに文化財の成立と保存に重点を置いて検証したが、第3章では、その後の活用とその内容について、前章で抽出した2事例の文化財を拠点に活動するコミュニティに焦点をあて、(1)文化財を拠点としたコミュニティ活動と地域づくりの結びつき、(2)地域住民の文化財と文化財の保存・活用に対する意識、の2点について検証した。そして、地域住民が主体となる文化財保護と文化財を活用する地域づくりの関係性を明らかにし、地域主義にもとづく文化財保存と活用の実態を示した。

　その結果、(1)文化財を拠点としたコミュニティ活動と地域づくりとの結びつきについては、いずれの活動も拠点とする文化財(資料館)の保護を超えた内容で、文化資源活用協会は、観光・交流促進型の活動、尾県郷土資料館協力会は社会福祉型の活動というそれぞれ特色をもち、これら活動が地域課題を解決に導き、地域のアメニティ実現を目指す活動であることを明らかにした。こうした活動は、地域の外部者とのゆるやかなつながりの中、相互の交流と支援によって活動が多様化したことを考察した。また、このつながりの生成には、キーパーソンが大きく関与していると考察し、活動の方針についてもキーパーソンの地域への愛着や自律の精神がコミュニティ活動に方針を与えていることを明らかにした。

　同時に各コミュニティ活動を保母武彦が示す内発的発展を有効に進める条件に照らすと、保母が示す条件のみでは、十分といえないことが確認された。こうした検証を通して、文化財保護と地域づくりとの明確な接点を明らかにした。

　(2)地域住民の文化財と文化財の保存・活用に対する意識については、地域住民が文化財に愛着や地域の誇りを抱いていることを明らかにし、この意識は、文化財が歴史性と建物の様式美や造形の特異性による地域のシンボルであり、そして「記憶の場」であるという2つの性質によって喚起されると推測した。また、この意識が地域住民の文化財の保存と活用を動機付けている可能性があると考察した。文化財の活用に対する地域住民の意識は、コミュ

ニティ活動の参加者やその他の地域住民にとっても生きがいや誇りなどに結びつくものとして認識され、前向きに捉えられ、地域住民の心を豊かにする活動であることを示した。

文化財活用の行為主体は、文化財保存と同様に複数存在し、とくにキーパーソンと地域の外部者の存在が活用に関して重要な要素であること、活用の内容は自律的なものであり、こうした活用の内容は、地域主義にもとづく文化財保存と活用に特徴的な性質であるとまとめた。

第4章では、第1章で言及した地域主義にもとづく文化財保存と活用が、現行の文化財保護施策の中で矮小化している可能性を明らかにするため、地域主義にもとづく文化財保存と活用の在り方が、国の文化財保護施策の中でどのように取り扱われてきたか、90年代から現在に至るまでを概観し、文化財保護施策の現状の方針と地域主義の観点から課題を明らかにすることにした。

その結果、90年代に入ると、文化政策推進会議や文化財保護企画特別委員会によって文化財の活用の必要性が主張され、地域づくりなどの文脈でも文化財活用の必要性が訴えられるようになり、1998（平成10）年の「文化振興マスタープラン」や2001（平成13）年度の文化審議会文化財分科会企画調査会の報告の内容からも、文化財に対して1975（昭和50）年の文化財保護法改正時の日本学術会議勧告と同様の認識が示されるようになったことを明らかにした。こうした認識は、2007（平成19）年度の文化審議会文化財分科会企画調査会報告にも受け継がれ、「歴史文化基本構想」の提言に至ったことを確認した。

2011（平成23）年度には、文化庁で「文化遺産を活かした観光振興・地域活性化事業」が取り組まれるが、これは文化財の観光振興における活用に主眼を置いたもので、政府の方針を受けてのことであり、文化審議会文化財分科会企画調査会などで議論されてきた内容と異なる脈絡から登場した背景をもつことを確認した。

以上から、国が文化財を観光資源として活用する方針である可能性を指摘し、文化財の活用と観光振興施策の関連について、2000年代からの観光振興施策の中での扱いを振り返ることにした。結果、2000年代初頭に官民で訪日外国人旅行者を対象とした観光振興政策や施策についての議論が活発化し、政府が日本の観光立国を目指す方針を示したことを確認した。そして、近年

では、文化財を観光資源として活用することが、政府の各種計画や方針に明示されるに至ったことを確認し、現在の文化財保護施策には、政府の観光振興に文化財を活用するという方針が色濃く反映されていることを明らかにした。

ただ、2006(平成18)年度開催の文化審議会文化財分科会企画調査会の意見などからは、文化財が観光振興活用に偏重することにより、地域住民と文化財との乖離が危惧されていることを確認した。地域が主体となり、歴史的町並みを保存しながら、自律的観光に取り組み、地域づくりにつながっている事例もあり、文化財の観光振興における活用は、絶対悪ではないと考える。しかし、現在の訪日外国人旅行者の観光の受け皿として、文化財の数を増やすという国の方針は、国主導の観光地づくりにつながる恐れがあるといえる。そして、文化財保護における地域の主体性が無視されることや、文化財の数を増やすという施策は、結局のところトップダウンの文化財保護の在り方であり、地域主義にもとづく文化財保存と活用の視点は、現行の文化財保護施策でますます矮小化していく可能性を指摘した。

本書が示したように、地域住民が主体となる文化財保存と活用事例は国内に、国が関与しない所で数多く存在していると考えられる。また、地域主義にもとづく文化財保存と活用の観点から、独自に保護制度を設計した地方自治体も存在することから、文化財をめぐる両者の方針は、国では観光資源化と地方では地域遺産化というように方向性が異なり、文化財保護の在り方がねじれ状態にあることを指摘した。文化財保護施策のねじれ化の進行は、文化財保護の国と地方での二極化と分断につながるとし、こうした状況を現在の文化財保護施策の課題として示した。

第2節　結　論

まず、第2章と第3章を通して論じた地域主義にもとづく文化財保存と活用の実態を図示し、その内容を整理して、これら保存と活用を成立させる要因を示す。また、こうした保存と活用が現在の文化財保護施策の課題にどのような作用をもたらすか示す。その上で地域主義にもとづく文化財保存と活

用を支えるコミュニティ活動の展望を示し、結論とする。

1. 地域主義にもとづく文化財保存と活用の実態

図1は第2章、第3章と通して明らかにした地域主義にもとづく文化財保存と活用の実態を図示したものである。文化財保存・活用をめぐる行為主体を地域の内部と外部で分け、行為主体を記号で示し、それぞれの関係性を線で示した。なお、大学関係者は大学が同じ地域にあっても、活動範囲を同地域に限定するものでないと考えたため、地域外の行為主体とした。同様に市町村の文化財審議会委員のような有識者は地域内としたが、地域を超えて活動する有識者の事例については、外部とした。また、地域内の住民の中には地域の外部からの移住者も含んでいる。

まず、文化財保存は、地域住民が主体となり、文化財審議会委員等の有識者や市町村教育委員会がそこに携わり、協働が成立したことを明らかにした。これは、おもに図1の右側の実線で描かれた円の中での出来事である。活用の段階でキーパーソンになる人物は保存の段階では、コミュニティの中で率先

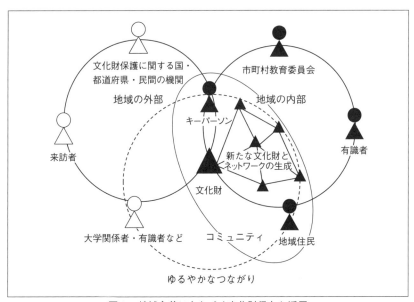

図1　地域主義にもとづく文化財保存と活用

した行動はとっておらず、他の地域住民とともに保存運動に取り組んでいる。

　保存された文化財がその後危機的状況になり、保存に関与したキーパーソンが台頭し、地域住民とともに文化財（資料館）を拠点としたコミュニティが生成され、文化財の活用に結び付く活動が取り組まれた。文化財活用に関係する行為主体は、おもに図１の左側の円で示された地域の外部にあたる部分である。この活動には、大学関係者や有識者がキーパーソンの接触によって活動に参加し、相互の交流や支援からなる、ゆるやかなつながりを生成している。こうした活動は、地域の中で他の文化財が顕在化され、ネットワーク化が行われ、地域の中に文化財の情報や価値が共有されている。

　こうしてみると、保存には地域内部の行為主体、活用には地域外部の行為主体の連携から成立し、保存と活用の領域、地域の内外をキーパーソンが仲立ちし、両者の関係性をつなぎ、同時に、文化財も地域の内外を結ぶ接点になっており、人々の関係性を生成する媒体としての役割を果たしているといえる。

　以上から地域主義にもとづく文化財保存と活用は、地域住民が主体となり、地域の内外の行為主体を交えた、ゆるやかなつながりによる、多様な行為主体との協働の上で成り立つものと考えられる。

　次に文化財を取り巻く行為主体の役割や意識と地域づくりについて図２に示した。図２は文化財活用の段階を示している。

　図の一連の流れをみると、地域住民の文化財保存の意識は、愛着や地域の誇りなどの感情に起因し、地域にとってその文化財が重要な意味をもつという価値付けがなされ、保存に取り組んでいる。

　地域住民と地域の外部者（大学関係者や有識者など）は、相互に交流・支援する関係にあり、文化財を核としてゆるやかなつながりが生成され、文化財への興味や関心によって、文化財に関与し、外部の視点で文化財が価値付けされる。このことにより、文化財が地域の内外にとって多面的な意味をもつといえる。

　地域づくりに結び付くコミュニティ活動は、会員である地域住民にとって自身に役割があるという生きがいや誇りを生み出し、こうした想いが新たな活動の原動力につながっていくものと考えられる。同時に活動に参加してい

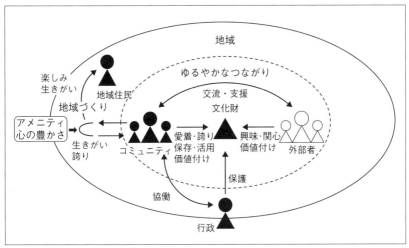

図2 文化財を取り巻く行為主体の役割や意識と地域づくり

ない地域住民にとっても活動から楽しみや生きがいがもたらされ、活動は地域のアメニティ実現のみならず、地域住民の心の豊かさを充溢させているといえる。

また、行政は文化財に対して、文化財保護法や文化財保護条例にもとづいた保護措置を取り、コミュニティが文化財活用をけん引していることから、こうした意味で文化財保護にあたり、行政とコミュニティとの協働が成立しているといえる。

文化財を核とした地域づくりは、単に地域の外面を変えていくだけでなく、地域住民の心性に影響し、地域をより良くしていくという想いや志を呼び起こしていくといえる。これは新たな文化財保護の担い手、ひいては地域づくりの担い手の育成につながることであり、第2、第3のキーパーソンがその中から生まれ、コミュニティをけん引していくことになると考えられる。つまり、地域主義にもとづく文化財保存と活用における地域づくりとは、人づくりそのものといえ、キーパーソンのもつ自律の精神による地域の自治の構築へとつながっていると考えられる。

2. 現在の文化財保護施策の展望

第4章では、現在の文化財保護施策において国と地方で方向性を異として、保護方針のねじれ化が起きており、これを解消する必要があるとまとめた。以下では、このねじれを含んだ現在の文化財保護施策の展望を、地域主義にもとづく文化財保存と活用の観点から示す。

文化財の観光における活用と地域における活用の在り方は、地域の外に文化財の優品的価値を知らしめる活用と地域の内部でその価値が享受され、地域住民の心性の豊かさを充溢させる活用と言い換えることができ、これは、優品主義と地域主義という、ふたつの文化財保護の在り方の対比に類似していることがわかる。これは、第1章の地域主義にもとづく文化財保存と活用の議論のまとめでも言及したとおり、これらが両輪として成立することが重要であり、そのことではじめて文化財は、地域内外の人々にとって意味あるものになると考える。

つまり、単に海外に文化財を日本文化の情報として発信するのではなく、文化財が地域においてどういう意味をもち、地域住民とどのような関わりをもつのか、という視点が導入される必要があるといえ、このことが文化財のもつ多様な価値を引き出すと考えられる。ここから、地方の方針と国の方針をいかに関連させ、現在の文化財保護の展開・発展させていくか、思考していく必要があるといえる。

本書で扱った事例の文化財は、地域内外からの価値付けにより成立したもので、こうした地域内外の双方向からの保護が人々のゆるやかなつながりをつくり、地域づくりへと至り、結果として旧津金学校の事例のように観光振興につながっていることが、この展望を、少なからず示しているといえる。

現在のねじれを解消するには、地域主義にもとづく文化財保存と活用の実践を地方では地域住民と市町村・都道府県で取り組み、その実践と経験を蓄積していくことに努め、国はこうした実践を把握し、現在の施策への反映に努める必要があると考えられる。

林英夫は、文化財の保護を例えるのに「鶴はゴミタメのなかでは保護することはできない。環境が守られ環境とともに保護するという原則が文化財の保存を全うする上での基本である。」(林、1976：239)と述べているが、ここに

述べられる環境とは、文化財を取り巻く自然環境のみならず、地域住民を含む人的環境も含まれていると考えられる。その文化財がはたして文化財保護行政の力だけで、保護し続けることができるかというと疑問を生じ得ない。また、文化財を観光資源として活用して経済効果が見込めたとしても、それが地域から乖離した存在であり、人々の生活と何ら無関係であるならば、地域住民の心の豊かさに届くものではない。

　文化財を核とした地域づくり、あるいは地域活性化とは、地域住民が主体となり、文化財の保存・活用を通し、地域の中で心豊かに生活できる基盤づくりであるといえ、観光振興はその基盤があってはじめて成り立つのではないかと考える。

3. 地域主義にもとづく文化財保存と活用を支えるコミュニティ活動の展望

　地域主義にもとづく文化財保存と活用は、地域住民の心性を豊かにする地域づくりにつながり、地域の自治を構築する可能性を述べた。こうした保存と活用を成立させる要因は、まず地域住民の文化財への愛着にもとづいた保護措置を取ることが考えられる。

　この保護措置は、保存の段階では、地域住民・行政・文化財保護審議会の協働が確認でき、活用の段階では地域住民を主体としたコミュニティ・行政・地域の外部者が確認され、こうした多様な行為主体が文化財保存・活用に参加し、連携していることがわかる。このことから、文化財保護の在り方を閉鎖的にするのでなく、行政、NPOや任意団体といったコミュニティ、大学などの多様な行為主体との連携を前提とした保護措置を講ずる必要があると考えられる。地方独自の地域遺産制度は、少なからずこうした考えの表れのひとつであるといってよい。

　また、キーパーソンの存在は不可欠であり、キーパーソンの育成は地域主義にもとづく文化財保存と活用を成立させる要であるといえる。コミュニティ活動から新たなキーパーソンが生まれていく可能性は述べたが、これを恣意的にコミュニティ任せにするのではなく、ここにおいても多様な行為主体が連携する中で育成の方策を練る必要があると考える[1]。とくに、現在、独自に地域の文化財保存・活用に取り組む各地のコミュニティ活動は、それぞ

れの手に委ねられており、今後のコミュニティ活動の持続可能性を考える上でもこうした多様な行為主体による連携は重要であり、課題といえ、現在の文化財保護施策もこうした保存・活用の活動を支援する方針がさらに求められると考える。

第3節　本書の課題と展望

　本書には、踏み込むことのできなかった課題が残されている。以下で残された課題についてふれておく。

　第1章では、地域主義にもとづく文化財保存と活用は、文化財保存運動に端を発した1970年代の研究者の主張にはじまることを明らかにしたが、国内の動向だけでなく、国際的な動向も少なからず関与している可能性がある。例えば、1999（平成11）年にイコモスが採択した「国際文化観光憲章（International Cultural Tourism Charter — Managing Tourism at Places of Heritage Significance —）」のイントロダクションで次のことが謳われている[2]。

At a time of increasing globalisation, the protection, conservation, nterpretation and presentation of the heritage and cultural diversity of any particular place or region is an important challenge for people everywhere. However, management of that heritage, within a framework of internationally recognised and appropriately applied standards, is usually the responsibility of the particular community or custodian group.

A primary objective for managing heritage is to communicate its significance and need for its conservation to its host community and to visitors. Reasonable and well managed physical, intellectual and/or emotive access to heritage and cultural development is both a right and a privilege. It brings with it a duty of respect for the heritage values, interests and equity of the present-day host community, indigenous custodians or owners of historic property and for the landscapes and cultures from which that heritage evolved.

　この内容は、文化遺産の保護と開発の関係や観光と地域住民との関係を謳ったもので、文化遺産を保護するおもな目的は、受け入れ側の地域に、そして、観光客にその重要性とその保護の必要を伝えることと明記されている。また文中に登場する「custodian（カストーディアン）」は、「門番」の意味をもつ言葉で、地域の文化的価値を見出して育む人々を指すもので（宗田、2009：145）、この憲章の中で重要視されていることが明らかである。

　また、2012（平成24）年11月に京都で行われた京都世界遺産条約採択40周年記念最終会合にて示された「京都ビジョン」には「コミュニティの役割の重要性」という項目に次のことが記されている（外務省・文化庁・環境省・林野庁、2013）。

　　我々は、世界遺産条約の履行において、5つの戦略的目標の5番目の「C」（2007年採択）及び戦略的行動計画2012−2022にもあるとおり、地域社会と先住民を含むコミュニティが重要な役割を果たしていることを何度でも強調する。

　　世界遺産条約は、その第4条において、文化及び自然遺産の認定、保護、保存、整備及び次世代への伝承を確保する締約国の責任を明記している。同時に、条約の目的の一つが、遺産に「社会（コミュニティ）生活における役割」を与える（第5条）ことであるならば、コミュニティの関心と要望は、遺産の保存と管理に向けた努力の中心に据えられなくてはならない。

　「京都ビジョン」には、コミュニティが世界遺産の保護に重要な役割を果たすことを明確に示している。こうした地域住民や民間の活力を重視した視点は90年代に入り国連で言及されはじめたとされ（菊地、2013：136-137）、国内での地域主義にもとづく文化財保存と活用の主張や議論との接点や関係については、今後明らかにしたいと考える。

また、1970年代から従来型の博物館と異なり地域志向型の博物館である「地域博物館」の概念が登場しはじめ（小泉、2005：227）、当時、地域主義的な発想と従来の優品主義的な発想は、文化財保護だけでなく、広範に相関性をもちながら議論されていた可能性が考えられ、こうした文化財の展示公開施設における議論についても言及し、地域主義にもとづく文化財保存と活用との接点を明らかにする必要があると考える。

これに関連して馬場憲一は、地域志向型博物館と文化財保護行政の実績を踏まえ、ここに欠落しがちな住民参加の視点を導入したものとして「エコミュージアム」の存在を述べている（馬場、1998：145）。これは、地域主義にもとづく文化財保存と活用を博物館活動という形態において発展させる方策として「エコミュージアム」の存在を示唆したもので、今後、地域主義にもとづく文化財保存と活用を展開させる点において、本書で明らかにしたその実態を博物館活動と摺合せて「エコミュージアム」的な方策を加味し思考する文化財保護研究も課題といえる。

第3章では、「記憶の場」としての文化財の存在を明らかにした。「記憶の場」としての文化財保護は本書で扱った学校建造物に限らず、史跡等でも確認されているもので、「記憶の場」と文化財保護の関係性をさらに明らかにするためにも他の事例を含めた今後の研究が求められるといえる[3]。

第4章では、文化財の観光振興の活用に対し、文化財と地域やコミュニティの乖離の危惧を述べたが、「持続可能な観光」の観点から文化財活用における地域やコミュニティの参加の実態を明らかにした研究が西山徳明らによって、行われており[4]、こうした研究成果を地域主義にもとづく文化財保存と活用の視点で捉えることにより、文化財の観光振興における活用という方針を地域がいかに受容し、活用し得るか示すことにつながると考えられ、今後の研究課題としておく。

また、観光振興を目的とした文化財保護と地域主義にもとづく文化財保存と活用は、その方針は異なるものの、対抗関係にあるわけではなく、各地で取り組まれる地域主義にもとづく文化財保存と活用については、地域主義にもとづく文化財保存と活用が高度経済成長期の国土開発の反作用として登場した背景に言及したように、こうした保存と活用を成り立たせる何らかの対

抗軸が存在している可能性が考えられる。こうした対抗軸を明らかにすることは地域主義にもとづく文化財保存と活用に取り組むコミュニティの活動の長期継続要因を明らかにするとともに、持続可能性の考察にもつながると考えられ、こうした研究も課題としたい。

　最後に研究の展望を示す。本書は文化財建造物と地域住民の関係性を事例から分析したものであるが、文化財建造物に限らず、史跡や遺跡といった他の不動産文化財あるいは有形文化財でなく無形文化財もコミュニティ生成の媒体になっている可能性もある。こうした他事例を対象とした研究と、研究が蓄積されていくことは、地域主義にもとづく文化財保存と活用の普遍性を示すことにつながると考えられる[5]。これは研究の展望のみならず自身の今後の取り組むべき目標としたい。

　また、小田切徳美は現在の地域再生において、誇りの空洞化という視点が欠如しているという指摘をしているが(小田切、2009：7)、本書が示した文化財保護を通じた、誇りを再生する地域づくりの在り方は、文化財保護施策を超えて、地域再生施策においても有用性を示す可能性があると考えられ、こうした分野での研究の取り組みも課題とする。

註

(1)　こうした発想に近い取り組みとして、兵庫県では2000(平成12)年に兵庫県文化財保護審議会の「ヘリテージマネージャー制度の創設」提言を受けて、講習会を修了した建築士等がヘリテージマネージャー(歴史文化遺産活用推進員)として地域に眠る歴史的に価値ある建造物を発掘・評価・修理・保存に当たり、地域づくりに活かすべく県教育委員会や所有者に対して助言を行うという「ヘリテージマネージャー制度」を導入して運用している(文化審議会文化政策部会、2005：20)。また、文京区と日本女子大学では、学術交流協定にもとづき2006(平成18)年から「区民が区民の目線で地域の文化と歴史を区民および区外の人たちに語り伝える伝達者」として、「文の京地域文化インタープリター」人材養成講座に取り組んでいる(柳澤、2012：97)。

(2)　日本イコモス国内委員会「INTERNATIONAL CULTURAL TOURISM CHARTER　Managing Tourism at Places of Heritage Significance (1999)」http://www.icomos.org/charters/tourism_e.pdf(2016年5月17日閲覧)。

(3)　文化財保護と「記憶の場」との接点を明らかにした研究は、馬場憲一によっ

て東京都三鷹市の勝淵神社の柴田勝家兜埋納伝説を事例に歴史学的視点から実施したものがある（馬場、2015b）。

(4) 日本を含むアジア・太平洋地域を対象とし、文化遺産を抱える地域社会とツーリズムがどのような発展段階にあり、そこでホスト（受け入れ地域）とゲスト（来訪者）のどのような関係が形成されようとしているかについて、領域横断的な研究を実施している（西山、2004、2006）。

(5) 本書が扱った地域主義にもとづく文化財保存と活用の実態を示す2事例からは、過程として次の普遍的モデルが示される。(1)文化財が滅失の危機に瀕し、保存のため地域住民をはじめとした行為主体による保存運動が起き、保存される（保存運動期）。(2)文化財や関連文化財の危機から保存運動に携わった有志からキーパーソンが台頭し、コミュニティが生成され、新たな保存運動が起きる（保存運動更新・コミュニティ生成期）。(3)文化財がコミュニティの活動拠点として活用され、キーパーソンを通じた地域内外のゆるやかなつながりが生成され活動が発展する（文化財活用・コミュニティ活動期）。このように地域主義にもとづく文化財保存と活用は、文化財の危機を契機とした地域住民による保存運動とコミュニティ生成がその過程に表れていることがわかる。言い換えれば、こうした保存と活用は、文化財のもつ価値への地域住民の気付きを発端にしたものといえる。今後、他事例を含めた検証から、こうした普遍的モデルを過程のみならず、担い手についても言及しながら精緻なものにしていくことが、地域主義にもとづく文化財保存と活用の取り組みに対して手掛かりを与えると考える。

参考文献

書籍・論文

青木孝寿「『地域主義』研究集談会松本大会」『地方史研究』156号、地方史研究協議会、1978年、pp.51-54。

秋山寛・林洋一郎「佐倉市の市民文化資産の保全と活用―佐倉市市民文化遺産―」田畑貞寿・田代順孝編『市民ランドスケープの展開』環境コミュニケーションズ、2006年、pp.279-287。

甘粕健「文化財を守る全国組織の結成準備進む」『歴史評論』235、歴史科学協議会、1970年、p.123。

甘粕健「序論―新しい段階を迎えた文化財保存運動―」文化財保存全国協議会編『文化遺産の危機と保存運動』青木書店、1971年、pp.7-19。

甘粕健「埋蔵文化財について」『東京都世田谷区文化財保護行政事務提要』世田谷区、1979年、pp.73-80。

甘粕健先生退官記念論集刊行会「甘粕健先生略年譜」『考古学の遺跡と保護　甘粕健先生退官記念論集』甘粕健先生退官記念論集刊行会、1996年、pp.439-440。

有泉貞夫「県令藤村紫朗と近代山梨」山梨県編『山梨県史研究』創刊号、1993年、pp.110-128。

石部正志「地域づくりと文化財」文化財保存全国協議会編『遺跡保存の事典』三省堂、1990年、pp.232-233。

石部正志「日本考古学五十年を歩まれた岡本勇さん」『岡本勇先生追悼文集　岡本勇　その人と学問』岡本勇先生追悼文集刊行会、1999年、pp.138-141。

市川秀和「福井県の歴史的環境の保存と建築論の課題―渡部貞清の町並み調査と稲垣栄三の増田友也追悼講演から考える―」『福井大学地域環境研究教育センター研究紀要』20、2013年、pp.63-71。

一志茂樹「現行文化財保護法と地方公共団体の立場」『文化財信濃』5-4、(社)長野県文化財保護協会、1979年、pp.1-22。

伊藤延男「文化財保護法と保護行政について」『地方史研究』156、地方史研究協議会、1978年、pp.2-5。

伊藤延男「発展する文化財保護」『月刊文化財』9月号、文化庁文化財保護部、1988年、p.27。

井上敏雄「あとがき」都留市教育委員会編『尾県学校の沿革と復元』1987年、

302

pp.113-114。

井上敏雄「尾縣学校設立について」『郡内研究』4、都留市郷土研究会、1990年a、pp.81-89。

井上敏雄『ふるさと小形山』ぎょうせい、1990年b。

色川大吉編『多摩の五千年　市民の歴史発掘』平凡社、1970年、pp.26-30。

色川大吉・芳賀登・林英夫「地方史の思想と視点(座談会)」児玉幸多・林英夫・芳賀登編『地方史の思想と視点』柏書房、1976年、pp.2-27。

植松光宏「藤村式建築を建てた人々―小宮山弥太郎と松木輝殷―」『甲斐路』26、山梨郷土研究会、1975年、pp.95-104。

植松光宏『山梨の洋風建築―藤村式建築百年―』甲陽書房、1977年。

植松光宏「藤村式建築のルーツを探る」『甲斐路』105、山梨郷土研究会、2004年、pp.25-31。

江戸川区教育委員会社会教育課文化財係編『江戸川区文化財関係令規集』江戸川区教育委員会、1981年。

NPO法人文化資源活用協会『うらやましいつがね』2006年。

NPO法人文化資源活用協会『続うらやましいつがね』2010年。

大河直躬編『都市の歴史とまちづくり』学芸出版社、1995年。

大河直躬編『歴史的遺産の保存・活用とまちづくり』学芸出版社、1997年。

大木喬命「懐旧談」甲府市琢美学校同窓会『甲府市立琢美学校同窓会創立五十周年記念会誌』1924年、pp.79-81。

大阪歴史学会・地方史研究協議会編『地域概念の変遷』雄山閣出版、1975年。

大月市史編纂室編『大月市史　通史編』大月市役所、1978年。

大西直樹・西山徳明「萩市『まちじゅう博物館』構想を用いた文化遺産マネジメントに関する研究　その1住民意識の把握に関して」『日本建築学会九州支部研究報告論文集』43、2004年、pp.253-256。

大野真平・大山勲・高橋正明・山路恭之助「農村過疎地域における空き家対策のための住民意識の調査―山梨県北杜市須玉町津金集落を事例にして―」『土木学会関東支部第31回技術研究発表会講演集』2005年、pp.121-122。

大森威和「近代の山梨県における文化財・史蹟名勝保護運動の背景」『国学院大学博物館学紀要』第39輯、国学院大学博物館学研究室、2014年、pp.71-89。

岡本勇「文化財保護の意義」『ジュリスト』No.544、有斐閣、1973年、pp.15-17。

岡本勇先生追悼文集刊行会「岡本勇先生年譜」『岡本勇先生追悼文集　岡本勇　その人と学問』岡本勇先生追悼文集刊行会、1999年、pp.408-409。

小川幸代「林英夫先生の古文書講座と地方史」『地方史研究』328、地方史研究協議会、2007年、pp.91-93。

荻野昌弘編『文化遺産の社会学—ルーヴル美術館から原爆ドームまで—』新曜社、2002年。

奥秋壱作「尾県学校と太鼓」『都留の今昔』都留市老人クラブ連合会、1978年、pp.35-36。

奥　隆行『写真で綴る20世紀の都留　下巻』、2009年。

小田切徳美『農山村再生「限界集落」問題を超えて』岩波書店、2009年。

小田切徳美「農山村再生とは何か—その意味づけと戦略—」『JC総研レポート』vol.25、JC総研、2013年、pp.2-12。

尾谷雅比古『近代古墳保存行政の研究』思文閣出版、2014年。

小野正文「史跡と建造物の保存について」羽中田壮雄先生喜寿記念論文集刊行会『甲斐の美術・建造物・城郭』岩田書院、2002年、pp.449-462。

甲斐叢書刊行会編『甲斐国志　上（甲斐叢書第10巻）』第一書房、1974年。

垣内恵美子編『文化財の価値を評価する　景観・観光・まちづくり』水曜社、2011年。

梶浦恒男「これからの『地域開発』—『新全総』・『新都市計画法』批判—」文化財保存全国協議会編『文化遺産の危機と保存運動』青木書店、1971年、pp.38-44。

禾生第一小学校創立百周年記念事業実行委員会『禾生村誌　復刻版（明治43年10月発刊）』1973年。

片桐雅隆『過去と記憶の社会学—自己論からの展開』世界思想社、2003年。

加藤秀俊・中村富十郎・西村幸夫・田中琢・河野愛「座談会　時代の変化に対応した文化財保護施策の改善充実について」文化庁『文部時報』11月号、ぎょうせい、1994年、pp.8-17。

角川日本地名大辞典編纂委員会他編『角川日本地名大辞典　19　山梨県』角川書店、1984年。

金井塚良一「地域にねざした科学運動と文化財問題」『歴史評論』No.249、1971年、pp.4-18。

金井塚良一「老考古学徒の軌跡—自己紹介に代えて—」金井塚良一先生の傘寿を祝う会編『常歩無限—考古学研究60年の軌跡—』まつやま書房、2010年、pp.223-228。

金山喜昭「公立博物館の経営効率をみる　直営館とNPO運営館を比較する」『生涯学習とキャリアデザイン』9、法政大学、2012年、pp.23-32。

金田智成「文化財をまもる地域活動」『文部時報』 1 月号、文部省、1966年a、pp.31-38。

金田智成「文化財保護普及行政の方向」『月刊文化財』3月号、文化財保護委員会、1966年 b、pp.26-27。

鎌倉市市史編さん委員会編『鎌倉市史　近代通史篇』吉川弘文館、1994年。

亀井由紀子「歴史的環境保全地区における住民活動の機能評価に関する研究—橿原市今井町重要伝統的建造物群保存地区を事例として—」『日本建築学会計画系論文集』76、2011年、pp.2381-2386。

亀山純夫「地域再生のコンセプトとしての風土の意義」唯物論研究会編『地域再生のリアリズム』青木書店、2009年、pp.148-175。

苅谷勇雅「文化財建造物　保存と活用の新展開」『政策科学』15- 3 、立命館大学、2008年、pp.57-76。

川名俊次「古都保存法制定の背景と実際」『都市計画』176号、日本都市計画学会、1992年、pp.28-31。

川村恒明監修『文化財政策概論—文化遺産保護の新たな展開に向けて—』東海大学出版会、2002年。

観光庁監修『観光実務必携2009』ぎょうせい、2009年。

観光法規研究会編『観光基本法解説』学陽書房、1963年。

関西情報・産業活性化センター『地域の人材形成と地域再生に関する調査研究報告書』2007年。

勘田加津代・扇田信・足達富士夫・吉原崇恵「歴史的街区の保存について(その 1)—今井町の居住環境に対する住民意識—」『大会学術講演梗概集計画系』44、日本建築学会、1969年、pp.683-684。

菊地淑人「国際憲章等にみる遺産のパブリック」『パブリックな存在としての遺跡・遺産、平成24年度　遺跡等マネジメント研究集会(第2回)報告書』奈良文化財研究所文化遺産部遺跡整備研究室、2013年、pp.135-137。

城戸康利「ローカルからはじめる遺跡・遺産—太宰府市民遺産—」『パブリックな存在としての遺跡・遺産、平成24年度　遺跡等マネジメント研究集会(第 2 回)報告書』奈良文化財研究所文化遺産部遺跡整備研究室、2013年、pp.118-123。

記念誌編集委員会編『百年のあゆみ　太鼓堂　増穂小学校創立百年記念誌』増穂小学校創立百年記念事業実行委員会、1987年。

木原啓吉『歴史的環境—保存と再生—』岩波書店、1982年。

木村礎「郷土史・地方史・地域史研究の歴史と課題」『岩波講座　日本通史』別巻

２、岩波書店、1994年、pp.3-31。

清成忠男『地域創生への挑戦』有斐閣、2010年。

近代の文化遺産の保存・活用に関する調査研究協力者会議「近代の文化遺産の保存と活用について」国立教育政策研究所社会教育実践研究センター編『平成18年度　博物館に関する基礎資料』2006年、pp.241-255。

朽木量「メモリー・スケープによる地域文化の再構築―地域を実体化する地域文化政策―」『文化資産の活用と地域文化政策の未来講演論文集』ヘリテージ・スタデーズ研究会、2009年、pp.26-32。

倉島幸雄「祖先の遺産文化財の保護」『東京都世田谷区文化財保護行政事務提要』世田谷区、1979年、pp.50-51。

経済企画庁『新全国総合開発計画(増補)』1973年。

経済企画庁国民生活局編『市民活動レポート　市民活動団体基本調査報告書』1997年。

経済同友会「外国人をひきつける日本」研究会編『外国人が「訪れたい、学びたい、働きたい」日本となるために』2002年。

建設省編『建設白書(平成９年版)』大蔵省印刷局、1997年。

釼持輝久「岡本勇さんと横須賀考古学会」『岡本勇先生追悼文集　岡本勇　その人と学問』岡本勇先生追悼文集刊行会、1999年、pp.221-224。

小泉雅弘『下町の学芸員奮闘記―文化財行政と生涯学習の最前線―』文芸社、2005年。

江東区文化財調査委員会「江東区における文化財保護条例制定に係る制度内容及び運営上の留意事項について(答申)」『江東区文化財保護の手引き』東京都江東区教育委員会社会教育課文化財係、1990年、pp.45-46。

甲府市市史編さん委員会『甲府市史　史料編　第６巻　近代』甲府市役所、1989年。

児玉幸多「地域における文化財の保存と活用」『文部時報』３月号、文部省、1984年、pp.23-28。

児玉幸多・仲野浩編『文化財保護の実務　下巻』、柏書房、1979年。

後藤治「住民団体の活動からみた文化財建造物の力」文化庁編『文化庁月報』No.408、2002年、pp.12-13。

後藤春彦『景観まちづくり論』学芸出版社、2007年。

小林隆幸「遺跡の整備と活用」『甘粕健先生退官記念論集　考古学と遺跡の保護』甘粕健先生退官記念論集刊行会、1996年、pp.423-435。

小林史彦・川上光彦・倉根明徳・西澤暢茂「金沢市三茶屋街における居住世帯の特

性と町並み・住環境・観光に対する意識の関係」『都市計画論文集』37、日本都市計画学会、2002年、pp.955-960。

権　安理「廃校活用研究序説―戦後における歴史と公共性の変容―」『応用社会学研究』立教大学、2011年、pp.89-99。

齋藤智志『近代日本の史蹟保存事業とアカデミズム』法政大学出版局、2015年。

佐成屋匡哲・大山勲・鈴木輝隆・高橋正明「過疎農村における市民主導まちづくりの取り組み―山梨県北杜市須玉町津金地区を事例として―」『土木学会関東支部第33回技術研究発表会講演集第4部門』2007年、p.IV-076。

椎名慎太郎『精説　文化財保護法』新日本法規出版、1977年。

敷島町役場『敷島町誌』1966年。

敷田麻美「よそ者と地域づくりにおけるその役割にかんする研究」『国際広報メディア・観光学ジャーナル』9、北海道大学大学院国際広報メディア・観光学院、2009年、pp.79-100。

自治総合センター『文化を基調とした地域再生に関する研究会中間報告書』2004年。

篠田授樹編『桂川のゴミをなくすための有効な方策の検討』桂川をきれいにする会、1999年。

清水小八郎「明治初期における学校建築と藤村県令」『甲斐路』56、山梨郷土研究会、1986年。

清水重敦『擬洋風建築(日本の美術　446)』至文堂、2003年。

衆議院文教委員会調査室『衆議院文教委員会審議要録　第73回国会閉会中―第75回国会―』1975年。

十菱駿武「文化財保護法・条例と埋蔵文化財」甘粕健編『地方史と考古学』柏書房、1977年、pp.236-254。

十菱駿武「加曽利貝塚(千葉県)」文化財保存全国協議会編『遺跡保存の事典』三省堂、1990年、pp.104-105。

重要文化財(建造物)の活用指針に関する調査研究協力者会議「重要文化財(建造物)の活用に対する基本的な考え方(報告)」国立教育政策研究所社会教育実践研究センター編『平成18年度　博物館に関する基礎資料』2006年、pp.235-240。

鈴木輝隆「NPO法人文化資源活用協会の人たち」『ろーかるでざいんのおと　田舎意匠帳』全国林業改良普及協会、2005年、pp.230-241。

鈴木輝隆「ローカルデザイン力」江戸川大学ライフデザイン学科編『19歳のライフデザイン』春風社、2007年、pp.95-111。

鈴木靖「林英夫先生を偲んで」『地方史研究』328、地方史研究協議会、2007年、

pp.94-95。

須田英一『遺跡保護行政とその担い手』同成社、2014年。

須玉町『須玉町誌』須玉町誌編集委員会、1975年。

須玉町教育委員会『津金御所前遺跡』1986年。

須玉町教育委員会他編『蟹坂遺跡』2001年。

須玉町教育委員会他編『五反田(堰下西)遺跡・二ツ木遺跡(第1次・2次・3次)・
　　大免遺跡』2002年a。

須玉町教育委員会他編『湯沢古墳2号墳・3号墳』2002年b。

須玉町史編さん委員会編『須玉町史　社寺・石造物編』須玉町、2001年a。

須玉町史編さん委員会編『須玉町史　通史編　第1巻』、須玉町、2002年。

須玉町史編さん委員会編『須玉町史　通史編　第2巻』、須玉町、2001年b。

世田谷区「未指定文化財も保護の対象に」『東京都世田谷区文化財保護行政事務提
　　要』1979年、pp.48-49。

高木博志「第一次世界大戦前後の日本の文化財保護と伝統文化」山室真一他編『精
　　神の変容(第一次世界大戦3)』岩波書店、2014年、pp.241-265。

高橋実「史料保存利用運動」地方史研究協議会編『地方史・地域史研究の展望』2001
　　年、pp.169-185。

田代順孝・坂本新太郎・田畑貞寿「公園緑地整備制度における個別手法の段階的拡
　　充と総合化プロセス」『千葉大学園芸学部学術報告』50、1996年、pp.107-115。

玉野井芳郎『地域分権の思想』東洋経済新報社、1977年。

玉野井芳郎・清成忠男・中村尚司編『地域主義』学陽書房、1978年。

玉野井芳郎『地域主義の思想』農山漁村文化協会、1979年。

圭室文雄「芳賀登先生の思い出」『風俗史学』50、日本風俗史学会、2013年、pp.77-
　　79。

段木一行『学芸員の理論と実践』雄山閣、1997年。

段木一行「文化財保護法制定以前—文化財の共通理解のために—」『法政史学』52
　　法政大学史学会、1999年、pp.4-11。

地方史研究協議会編集委員会「特集にあたって」『地方史研究』125、地方史研究協議
　　会、1973年、p.2。

地方史研究協議会編『地方史・地域史研究の展望』名著出版、2001年。

塚本学「文化財概念の変遷と史料」『国立歴史民俗博物館研究報告』35、1991年、
　　pp.273-295。

都留市教育委員会編『尾県学校の沿革の復元』1987年。

都留市史編纂委員会編『都留市史　地誌・考古編』都留市、1986年。

都留市史編纂委員会編『都留市史　資料編　都留郡村絵図・村明細帳集』都留市、
　　1988年。

都留市史編纂委員会編『都留市史　資料編　近現代』都留市、1993年。

都留市史編纂委員会編『都留市史　通史編』都留市、1996年。

都留市社会福祉協議会・都留市ボランティア連絡会編『私たちのまちのボランティ
　　ア活動ガイドブック』2003年。

都留市役所企画課編『広報つる縮刷版』、1979年 a。

都留市役所企画課編『第2次都留市長期総合計画』1979年 b。

鶴見和子「内発的発展論の系譜」鶴見和子他編『内発的発展論』東京大学出版会、
　　1989年、pp.43-64。

時枝務「近代の文化財保護と考古学」『明治聖徳記念学会紀要』第43号、錦正社、
　　2006年、pp.131-147。

内閣官房日本経済再生総合事務局編『日本再興戦略—JAPAN is BACK—』経済産
　　業調査会、2013年。

内閣府『経済財政運営と構造改革に関する基本方針2002』2002年。

内閣府『観光立国推進基本計画(平成19年6月閣議決定)』2007年。

内閣府『観光立国推進基本計画(平成24年3月30日閣議決定)』2012年。

中澤義明「甲府市中心市街地活性化基本計画について」『新都市』63-7、都市計画
　　協会、2009年、pp.89-92。

仲野綾・西山徳明・有川智子・吉村重昭「『萩まちじゅう博物館』における文化遺
　　産マネジメントに関する研究　その3　NPO設立と文化遺産マネジメントに関わ
　　る主体」『日本建築学会九州支部研究報告論文集』44、2005年、pp.521-524。

中野利子「二つの木造校舎を訪れて」『世界』1月号、岩波書店、1987年、pp.334-
　　341。

中野八吾編『学校沿革誌』四、都留市教育委員会、1971年。

中村賢二郎『わかりやすい文化財保護制度の解説』ぎょうせい、2007年。

長山享・香川公一・松本晶行・中村康彦「難波宮跡を守る文化財訴訟」文化財保存
　　全国協議会編『文化遺産の危機と保存運動』青木書店、1971年、pp.126-147。

楢原郁美・八木雅夫「歴史的環境の保存・活用における市民協働活動に関する考察
　　—集落遺跡における竪穴建物の自立的復元と継続的保存管理について—」『日
　　本都市計画学会第7回関西支部研究発表会講演梗概集』2009年、pp.33-36。

奈良幸枝・渡辺孝之・綾井美小子・伊藤洋子「室伏学校の当初平面の調査と考察—

藤村式学校建築の調査研究　その１―」『職業能力開発大学校紀要』第26号Ａ、
　　職業能力開発大学校、1997年ａ、pp.43-50。

奈良幸枝・綾井美小子・渡辺孝之・伊藤洋子「竣工改造による平面の変遷考察―藤
　　村式学校建築の調査研究　その２―」『職業能力開発大学校紀要』第26号Ａ、職
　　業能力開発大学校、1997年ｂ、pp.51-63。

西川幸治「都市史および保存修景に関する基礎的考察」『建築雑誌７月号』86-1040、
　　1971年、日本建築学会、pp.634-636。

西川幸治『都市の思想―保存修景への指標―』日本放送出版協会、1973年。

西川幸治「Ⅰ基調講演・地域文化財の保存修景計画」いかにして地方都市を築くか
　　シンポジウム実行委員会編『21世紀の思索　地域の文化財』九州大学出版会、
　　1986年、pp.3-53。

西嶋洋一「御谷騒動・古都鎌倉の風致保存と世界遺産登録」『総合政策研究』15-２、
　　愛知学院大学、2013年、pp.25-36。

西村幸夫「都市空間の再生とアメニティ」吉田文和・宮本憲一編『環境と開発』岩
　　波書店、2002年、pp.121-150。

西村幸夫『都市保存計画―歴史・文化・自然を活かしたまちづくり―』東京大学出
　　版会、2004年。

西村幸夫「文化財保護の新たな展開―歴史文化基本構想のめざすもの―」文化庁文
　　化財部監修『月刊文化財』10月号、第一法規、2011年、pp.4-8。

西山徳明編『国立民族学博物館調査報告No.51 文化遺産マネジメントとツーリズム
　　の現状と課題』国立民族学博物館、2004年。

西山徳明編『国立民族学博物館調査報告No.61 文化遺産マネジメントとツーリズム
　　の持続可能な関係構築に関する研究』国立民族学博物館、2006年。

西山徳明「文化財の総合把握と歴史文化基本構想の役割について（企画調査会の取
　　りまとめから）」『季刊まちづくり』25、学芸出版社、2009年、pp.20-29。

西山徳明「文化資源からはじまる歴史文化まちづくり」『季刊まちづくり』35、学
　　芸出版社、2012年、pp.4-16。

日本学術会議『勧告・声明集』第７集、1975年。

日本学術会議広報委員会編『日本学術会議月報８・９月号（1975年）』16-８、1975年。

日本経済調査協議会編『国家的課題としての観光―21世紀のわが国における使命と
　　役割を考える―』2002年。

日本木造住宅産業協会編『木芽』147、2013年。

丹羽弘行・小暮宣雄『地域がつくる文化新時代』ぎょうせい、1992年。

310

根木昭『文化政策の法的基盤―文化芸術振興基本法と文化振興条例―』水曜社、2003
　　年。

ハウジングアンドコミュニティ財団編『第17回「住まいとコミュニティづくり活動
　　助成」報告書』2010年。

芳賀登「幕末変革期における国学者の運動と論理―とくに世直し状況と関連させて
　　―」芳賀登・松本三之介校注『国学運動の思想（日本思想大系51）』岩波書店、
　　1971年、pp.662-714。

芳賀登「郷土資料とは何か」杉山博・芳賀登・池永二郎編『郷土資料の活用』柏書
　　房、1975年a、pp.2-21。

芳賀登「都市的伝統と地方文化保存」『都市問題研究』300、都市問題研究会、1975
　　年b、pp.14-26。

芳賀登「考古陳列館・郷土館・郷土博物館・民俗館・民芸館など」杉山博・芳賀
　　登・池永二郎編『郷土資料の活用』柏書房、1975年c、pp.29-49。

芳賀登「戦後地方史研究の反省とその転回」児玉幸多・林英夫・芳賀登編『地方史
　　の思想と視点』柏書房、1976年、pp.153-168。

芳賀登『芳賀登著作選集別巻　わが学問の原点と現状』雄山閣、2004年。

橋本淳治・板倉聖宣「明治初期の洋風小学校の建設とその思想史的・経済史的背景
　　―どんな人びとが洋風小学校に期待を託したか―」『教育史像の再構築（教育学
　　年報6）』世織書房、1997年、pp.261-312。

橋本博文「文化財保存運動の先達」『明日への文化財』72、文化財保存全国協議会、
　　2015年、pp.38-47。

長谷川輝夫「色川大吉教授退任記念号の発刊に寄せて」『人文自然科学論集』103、
　　東京経済大学人文自然科学論集編集委員会、1997年、p.3。

羽中田壮雄「重要文化財『旧睦沢学校校舎』の復元保存過程」『甲斐路』29、山梨
　　郷土研究会、1976年、pp.167-186。

馬場憲一「現代社会における文化財保護の意義」『東京の文化財』16、東京都教育
　　庁社会教育部文化課、1983年、p.4。

馬場憲一『地域文化政策の新視点―文化遺産保護から伝統文化の継承へ―』雄山閣、
　　1998年。

馬場憲一「日本における文化遺産の活用と地域づくり―1990年代の文化財政策との
　　関わりの中で―」『現代福祉研究』創刊号、法政大学現代福祉学部現代福祉研
　　究編集委員会、2001年、pp.35-47。

馬場憲一「文化財保護における歴史学的視点の現状」『法政史学』60、法政大学史

学会、2003年、pp.30-46。

馬場憲一編『歴史的環境の形成と地域づくり』名著出版、2005年。

馬場憲一「地域社会における史跡の認識過程と保護のあり方—文化財の保存・活用の新しい動きを視野に入れて—」『現代福祉研究』11、法政大学現代福祉学部現代福祉研究編集委員会、2011年、pp.9-32。

馬場憲一「地域主権実現のための自治体文化財政策について—新たな『文化財』概念の構築を踏まえて—」『現代福祉研究』13、法政大学現代福祉学部現代福祉研究編集委員会、2013年、pp.1-22。

馬場憲一「地域における文化財保護の意義と課題—地域主権・市民協働・文化財享有権を視野に入れて—」『多摩のあゆみ』160、たましん地域文化財団、2015年a、pp.6-19。

馬場憲一「『記憶の場』の形成と『歴史的環境』との関わりについて—勝淵神社の柴田勝家兜埋納伝説を事例に—」『現代福祉研究』15、法政大学現代福祉学部現代福祉研究編集委員会、2015年b、pp.153-170。

土生田純之編『文化遺産と現代』同成社、2009年。

林　英夫「地方主義の復権」『地方史研究』130、地方史研究協議会、1974年、pp.4-7。

林　英夫「地方文化の保存とその意義」『都市問題研究』300、都市問題研究会、1975年、pp.27-36。

林　英夫『絶望的近代の民衆像—地方主義の復権—』柏書房、1976年。

林　英夫「地域文化の育成について」『東京都世田谷区文化財保護行政事務提要』世田谷区、1979年、pp.67-72。

平川新「地域主義と国家」『歴史学研究』610、青木書店、1990年、pp.1-17、24。

広井良典『コミュニティを問いなおす—つながり・都市・日本社会の未来—』、筑摩書房、2009年。

福島正樹「新しい文化財保護の在り方—文化財保護法の改正をめぐって—」『文化財信濃』31-4、(社)長野県文化財保護協会、2005年、pp.1-18。

福富城介「城陽市・文化財保護と地域づくり」『月刊社会教育』21-6、国土社、1977年、pp.34-39。

福山潤三「観光立国実現への取り組み—観光基本法の改正と政策動向を中心に—」『調査と情報—Issue Brief—』554、国立国会図書館調査及び立法考査局、2006年、pp.1-10。

福山敏男・西川幸治・野口英雄「歴史的遺産保存への新提案 京都における長岡宮跡

の調査と保存計画」『国際建築 6 月号』32-6、美術出版社、1965年、pp.57-60。

藤木久志「立教の林英夫先生」『地方史研究』328、地方史研究協議会、2007年、pp.88-89。

藤木庸介編『生きている文化遺産と観光—住民によるリビングヘリテージの継承—』学芸出版社、2010年。

藤澤浩子『自然保護分野の市民活動の研究』芙蓉書房出版、2011年。

藤森照信『日本の近代建築　上　幕末・明治篇』岩波書店、1993年。

文化財建造物保存技術協会編『重要文化財旧睦沢学校校舎(甲府市藤村記念館)移築保存修理工事報告書』甲府市、2010年。

文化財保護委員会編『文化財保護の歩み』1960年。

文化財保護審議会文化財保護企画特別委員会『時代の変化に対応した文化財保護施策の改善充実について—審議経過報告—』1993年。

文化財保護審議会文化財保護企画特別委員会「時代の変化に対応した文化財保護施策の改善充実について—文化財保護企画特別委員会審議経過報告—」国立教育政策研究所社会教育実践研究センター編『平成18年度　博物館に関する基礎資料』2006年、pp.211-225。

文化財保護法研究会監修『文化財保護関係法令集〈第 3 次改訂版〉』ぎょうせい、2009年。

文化財保存新潟県協議会『文化財保存新潟県協議会会報』49、2012年。

文化審議会文化財分科会企画調査会『文化財の保存・活用の新たな展開—文化遺産を未来へ生かすために—審議の報告』2002年。

文化審議会文化財分科会企画調査会『文化審議会文化財分科会企画調査会報告書』文化庁、2007年。

文化審議会文化政策部会『「地域文化で日本を元気にしよう！」文化審議会文化政策部会報告書』2005年。

文化庁『新しい文化立国の創造をめざして　文化庁30年史』ぎょうせい、1999年。

文化庁『文化財保護法五十年史』ぎょうせい、2001年。

文化庁『文化芸術立国の実現を目指して—文化庁40年史—』ぎょうせい、2009年。

文化庁『文化芸術の振興に関する基本的な方針(第 3 次基本方針)』2011年。

文化庁文化財保護部建造物課編『文化財建造物活用への取組み　建造物活用事例集』1998年。

法政大学多摩シンポジウム実行委員会編『文化遺産の保存活用とNPO　法政大学第27回多摩シンポジウム報告集』岩田書院、2012年。

北杜市教育委員会編『後田遺跡』2005年。

北杜市教育委員会『北杜市文化財年報―平成18年度―』2007年。

北杜市教育委員会編『北杜市文化財報告第3集　山梨県指定有形文化財　旧津金学校校舎調査報告書』2010年。

保母武彦『内発的発展論と日本の農山村』岩波書店、1996年。

本田敏秋・松田和子・栗原祐司「Interview04 博物館を核に地域文化を掘り起こす永遠の日本のふるさとづくり」『Cultivate』36、文化環境研究所、2010年、pp.24-29。

埋蔵文化財発掘調査体制等の整備充実に関する調査研究委員会『埋蔵文化財の保存と活用（報告）―地域づくり・ひとづくりをめざす埋蔵文化財保護行政―』文化庁、2007年。

前川洋輝・小林史彦・川上光彦「歴史まちづくりの展開過程における文化遺産の保全・活用施策とその主体に関する研究 加賀市大聖寺地区を事例として」『都市計画論文集』46、日本都市計画学会、2011年、pp.193-198。

牧丘町誌編纂委員会編『牧丘町誌』牧丘町役場、1980年。

増穂町誌編集委員会編『増穂町誌　下巻』、増穂町役場、1976年。

増穂町役場総務課編『広報「ますほ」縮刷版　第1巻』、1991年。

松岡亮「観光立国実現に向けた取組と課題―訪日外国人旅行者数1,000万人を達成するために―」『立法と調査』342、参議院、2013年、pp.48-62。

松本四郎「尾県学校沿革」都留市教育委員会編『尾県学校の沿革と復元』1987年、pp.1-31。

マヌ都市建築研究所編『住民のボランティア活動等を活かした歴史的文化的資源の保存活用と地域活性化に関する調査報告書』文化庁文化財部建造物課、2002年。

三浦卓也「山梨県都留市旧尾県小学校校舎について」『昭和61年8月（北海道）日本建築学会大会学術講演梗概集』日本建築学会、1986年、pp.741-742。

道村南海「山梨県における宮大工の近代―松木輝殷と藤村式建築―」（都留文科大学学士学位論文）、2009年。

三菱総合研究所『文化財を支える市民団体の活動状況等に関する調査報告書』2010年。

宮口侗廸・湯川次義・池俊介・米浜儘人「過疎地域における廃校舎の活用の実態とその意義」『早稲田教育評論』第25-1号、早稲田大学、2011年、pp.39-56。

宮口侗廸『新・地域を活かす』原書房、2007年。

睦沢小学校編『睦沢小学校創立百周年記念誌』、1972年。

宗田好史『町家再生の論理―創造的まちづくりへの方途―』学芸出版社、2009年。

村上佳代・西山徳明「萩市における文化資源の発掘と都市遺産概念について　歴史文化まちづくりにおける文化資源マネジメントに関する研究(その1)」『日本建築学会計画系論文集』75、2010年、pp.2615-2623。

村松貞次郎編『明治の洋風建築(近代の美術20)』、至文堂、1974年。

ムリネモ協議会『都留市フィールドミュージアム構想』1990年。

モーリス・アルヴァックス、小関藤一郎訳『集合的記憶』行路社、1989年。

本中眞「日本における世界文化遺産の推薦・登録の傾向と課題」田畑貞寿・田代順孝編『市民ランドスケープの展開』環境コミュニケーションズ、2006年、pp.245-262。

森本和男『文化財の社会史―近現代史と伝統文化の変遷―』彩流社、2010年。

文部省『学制百年史　記述編』ぎょうせい、1974年a。

文部省『学制百年史　資料編』ぎょうせい、1974年b。

文部省編『我が国の文教施策(平成4年度)』大蔵省印刷局、1992年。

文部省編『我が国の文教施策(平成8年度)』大蔵省印刷局、1996年。

柳澤愍「インタープリターの将来構想」渡邊明義編『地域と文化財―ボランティア活動と文化財保護―』勉誠出版、2012年、pp.97-113。

山崎正史「保存修景計画研究会の歩みと現在の課題」『建築雑誌』Vol.90、No.1088、日本建築学会、1975年、pp.23-25。

山梨教育会『東山梨郡誌』山梨教育会東山梨支会、1916年。

山梨県編『山梨県史　資料編14　近現代1政治行政1』山梨日日新聞社、1995年。

山梨県編『山梨県史　資料編16　近現代3経済社会1』山梨日日新聞社、1997年。

山梨県編『山梨県史　文化財編』山梨日日新聞社、1999年。

山梨県編『山梨県史　通史編5　近現代1』山梨日日新聞社、2005年。

山梨県『山梨県地域活性化協働事業費補助金事例集』2007年。

山梨県教育委員会『山梨県教育百年史　明治編　第1巻』、1976年。

山梨県教育委員会編『山梨県棟札調査報告書　河内Ⅰ』1997年。

山梨県教育委員会学術文化財課編『山梨県の近代化遺産―山梨県近代化遺産総合調査報告書―』1997年。

山梨県教育委員会学術文化財課編『山梨県の近代和風建築―近代和風建築総合調査報告書―』2015年。

山梨県埋蔵文化財センター編『中谷遺跡』山梨県教育委員会、1996年。

山梨県立図書館編『山梨県史3巻』、1960年。

山梨県立図書館編『山梨県史 4 巻』、1961年 a。

山梨県立図書館「郷土資料室だより」『甲斐路』第 2 号、山梨郷土研究会、1961年 b、pp.70-73。

山梨県立図書館編『山梨県史 5 巻』、1962年。

山梨県立図書館編『山梨県史 6 巻』、1963年。

山梨県立図書館編『山梨県史 7 巻』、1964年。

山梨県立図書館編『山梨県史 8 巻』、1965年。

山梨日日新聞社『甲州夏草道中記』下巻、山梨日日新聞社、1970年。

山梨日日新聞社編『六郷町誌』六郷町誌編纂委員会、1982年。

横道清孝『日本における市町村合併の進展(アップ・ツー・デートな自治関係の動きに関する資料No. 1)』自治体国際化協会・政策研究大学院大学比較地方自治研究センター、2006年。

若原幸範「内発的発展論の現実化に向けて」『社会教育研究』25、北海道大学大学院教育学研究科社会教育研究室、2007年、pp.39-49。

和島誠一「平城京の保存運動」文化財保存全国協議会編『文化遺産の危機と保存運動』青木書店、1971年、pp.107-115。

電子資料(雑誌・報告書)

池邊このみ・斎藤英俊・西村幸夫・西山徳明・大和智「歴史文化基本構想座談会」『文化庁月報　2012(平成24)年 8 月号』No.527、2012年、http://prmagazine.bunka.go.jp/pr/publish/bunkachou_geppou/2012_08/special_02/special_02.html(2015年 5 月17日閲覧)。

石野利和「歴史文化基本構想」『文化庁月報　2012(平成24)年 8 月号』No.527、2012年、http://prmagazine.bunka.go.jp/pr/publish/bunkachou_geppou/2012_08/special_01/special_01.html(2016年 4 月17日閲覧)。

運輸省『運輸白書 昭和45年度』1970年、http://www.mlit.go.jp/hakusyo/transport/shouwa45/ind110501/002.html(2016年 5 月14日閲覧)。

外務省・文化庁・環境省・林野庁『世界遺産条約採択40周年記念最終会合報告書』2013年、http://www.mofa.go.jp/mofaj/gaiko/culture/kyoryoku/unesco/isan/world/pdfs/report_40th.pdf(2016年 5 月17日閲覧)。

観光立国関係閣僚会議『観光立国行動計画—住んでよし、訪れてよしの国づくり　戦略行動計画—』首相官邸、2003年、http://www.kantei.go.jp/jp/singi/kanko2/kettei/030731/keikaku.pdf(2016年 5 月14日閲覧)。

観光立国懇談会『観光立国懇談会報告書─住んでよし、訪れてよしの国づくり─』
　　首相官邸、2003年、http://www.kantei.go.jp/jp/singi/kanko/kettei/030424/
　　houkoku.pdf（2016年 5 月14日閲覧）。

観光立国推進閣僚会議『観光立国実現に向けたアクション・プログラム』2013年、
　　http://www.mlit.go.jp/common/001000830.pdf（2016年 5 月16日閲覧）。

観光立国推進閣僚会議『観光立国実現に向けたアクション・プログラム2015─「2000
　　万人時代」早期実現への備えと地方創生への貢献、観光を日本の基幹産業へ
　　─』2015年、http://www.mlit.go.jp/common/001092004.pdf（2016年 5 月 4 日
　　閲覧）。

観光立国推進戦略会議『観光立国推進戦略会議報告書─国際競争力のある観光立国
　　の推進─』首相官邸、2004年、http://www.mlit.go.jp/common/000059766.pdf
　　（2016年 5 月14日閲覧）。

国土交通省『グローバル観光戦略』2002年、http://www.mlit.go.jp/kisha/
　　kisha02/01/011224_3/011224_3.pdf（2016年 5 月14日閲覧）。

国土交通省『観光白書の概要　平成21年版』2009年、http://www.mlit.go.jp/haku
　　syo/kankou-hakusyo/h21/images/01.pdf、（2016年 5 月14日閲覧）。

国土交通省・観光庁『地域の観光振興のための地域遺産の管理・活用状況調査等事
　　業報告書』2010年、http://www.mlit.go.jp/common/000997971.pdf（2016年 5
　　月20日閲覧）。

首相官邸『ニッポン一億総活躍プラン』2016年、http://www.kantei.go.jp/jp/singi/
　　ichiokusoukatsuyaku/pdf/plan1.pdf（2016年 6 月16日閲覧）。

内閣官房まち・ひと・しごと創生本部事務局『まち・ひと・しごと創生総合戦略』
　　2014年、http://www.kantei.go.jp/jp/singi/sousei/pdf/20141227siryou5.pdf
　　（2016年 5 月14日閲覧）。

内閣官房まち・ひと・しごと創生本部事務局『まち・ひと・しごと創生総合戦略
　　（2015改訂版）』2015年、http://www.kantei.go.jp/jp/singi/sousei/info/pdf/
　　h27-12-24-siryou2.pdf（2016年 5 月14日閲覧）。

内閣府『経済財政運営と改革の基本方針2014─デフレから好循環拡大へ─』2014
　　年、http://www5.cao.go.jp/keizai-shimon/kaigi/cabinet/2014/2014_
　　basicpolicies_01.pdf（2016年 5 月 4 日閲覧）。

内閣府『経済財政運営と改革の基本方針2015─経済再生なくして財政健全化なし
　　─』2015年、http://www5.cao.go.jp/keizai-shimon/kaigi/cabinet/2015/2015_
　　basicpolicies_ja.pdf（2016年 5 月 4 日閲覧）。

廃校施設の実態及び有効活用状況等調査研究委員会『廃校施設の実態及び有効活用状況等調査研究報告書』文部科学省初等中等教育局、2003年、http://www.mext.go.jp/a_menu/shotou/zyosei/03062401/houkoku_pdf/houkoku.pdf（2014年4月21日閲覧）。

文化審議会文化財分科会企画調査会『今後の文化財保護行政の在り方について（報告）』2013年、http://www.bunka.go.jp/seisaku/bunkashingikai/bunkazai/kikaku/h25/pdf/houkokusyo.pdf（2016年5月16日閲覧）。

文化庁『文化芸術の振興に関する基本的な方針─文化芸術資源で未来をつくる─（第4次基本方針）』2015年、http://www.bunka.go.jp/seisaku/bunka_gyosei/hoshin/kihon_hoshin_4ji/pdf/kihon_hoshin_4ji.pdf（2016年5月14日閲覧）。

文化庁文化財部『「歴史文化基本構想」策定技術指針』2012年、http://www.bunka.go.jp/seisaku/bunkazai/rekishibunka/pdf/guideline.pdf（2016年5月14日閲覧）。

文化庁文化財部伝統文化課「文化遺産を活かした観光振興・地域活性化事業について」『文化庁月報　2012〈平成24〉年11月号』No.530、2012年、http://prmagazine.bunka.go.jp/pr/publish/bunkachou_geppou/2012_11/special_01/special_01.html（2016年5月4日閲覧）。

文化庁文化財部伝統文化課文化財保護調整室『「歴史文化基本構想」策定ハンドブック』2015年、http://www.bunka.go.jp/seisaku/bunkazai/rekishibunka/pdf/handbook.pdf（2016年5月17日閲覧）。

文化庁文化財部記念物課『日本遺産（Japan Heritage）パンフレット』2016年、http://www.bunka.go.jp/seisaku/bunkazai/nihon_isan/pdf/nihon_isan_pamphlet.pdf（2016年8月12日閲覧）。

谷田部隆博「芳賀登先生を思う」『我孫子市史研究センター会報』第121号、2012年、http://www.geocities.co.jp/HeartLand-Keyaki/2557/kaihou/kaihou121.htm（2016年4月13日閲覧）。

矢野和彦「京都ビジョンと地域社会における文化遺産保護」『文化庁月報　2013（平成25）年2月号』No.533、2013年、http://prmagazine.bunka.go.jp/pr/publish/bunkachou_geppou/2013_02/special_03/special_03.html、（2015年5月17日閲覧）。

ランドブレイン株式会社『「日本遺産」調査研究事業報告書』2015年、http://www.bunka.go.jp/seisaku/bunkazai/nihon_isan/pdf/nihon_isan_hokoku.pdf（2016年5月4日閲覧）。

索　引

事　項 ……………………… 319
学校名 ……………………… 321
遺跡名 ……………………… 321
組織名 ……………………… 321
人　名 ……………………… 322

事　項

【あ行】

アイデンティティ　15, 27, 67, 70, 71,
　72, 237, 265
アメニティ　201, 214, 288
一村一品運動　71
インバウンド　262, 275, 276
ヴァーチャルミュージアム　68
well-being　67
エコミュージアム　68, 298
オープンミュージアム　68, 159, 204
御谷騒動　37

【か行】

学制　88, 89, 93, 94, 95, 99, 121, 129,
　132
カストーディアン　297
観光基本法　251, 256
観光立国推進基本法　256
キーパーソン　14, 149, 198, 199, 201,
　204, 210, 211, 212, 213, 214, 215, 288,
　289, 291, 292, 293, 295
記憶の場　209, 215, 288, 298
旧山梨県東山梨郡役所　87, 114, 119,
　138, 139
協働　140, 160, 264, 291, 292, 293, 295
京都ビジョン　297
擬洋風建築　14, 16, 87, 89, 90, 98, 99,
　100, 101, 102, 104, 105, 106, 107, 108,
　126, 130, 132
近代化遺産　236, 242, 260
クールジャパン　262, 263
草の根の保存　41
高度経済成長　15, 47, 139
高度経済成長期　8, 20, 26, 34, 35, 36,
　79, 286, 298
古器旧物保存方　29
国際文化観光憲章　296
国宝保存法　31, 32
心の豊かさ　13, 214, 215, 235, 245, 247,
　293, 295
心の拠り所　215, 234, 276, 287
古社寺保存法　30, 31
古都保存法　37
コミュニティ生成　138, 180, 204, 211,
　299

【さ行】

史蹟名勝天然紀念物保存法　30, 31, 32,
　33
自然保護　174, 183

持続可能な観光　252, 254, 255
集合的記憶　209
住民運動　34, 35, 45, 51
住民活動　243
重要伝統的建造物群保存地区　16, 243
重要美術品等ノ保存ニ関スル法律　31, 32
自律的観光　254, 255, 275, 276, 290
自律の精神　210, 214, 288, 293
史料保存利用運動　38, 42
世界遺産　228, 242, 254, 255, 257, 258, 268, 269, 270, 274, 275, 277, 278, 297

【た行】

地域遺産　10, 67, 72, 260, 261, 278, 290, 295
地域再生　12, 299
地域のシンボル　125, 192, 194, 208, 209, 215, 288
地域の誇り　70, 208, 215, 239, 271, 288, 292
地域博物館　298
地域文化財　15, 65, 66, 70, 72, 84, 248, 255
地縁組織　204
地方創生　268, 269
地方の時代　71, 186, 227
地方分権　68, 72, 240, 241
地方分権一括法　72
中央省庁等改革基本法　236
特定非営利活動促進法　239

【な行】

内発的地域主義　35
内発的発展　211, 212, 213, 214, 288
内発的発展論　211, 212, 214
ナショナルトラスト運動　257
担い手　13, 45, 247, 264
日本遺産　262, 263, 264, 265, 266, 268, 269, 270, 272
任意団体　11, 18, 295

【は行】

廃校リニューアル50選　86, 87, 287
廃仏毀釈運動　29, 101
ビジット・ジャパン・キャンペーン　255
フィールド・ミュージアム　172, 174
藤村式建築　14, 16, 17, 18, 19, 20, 87, 90, 91, 98, 100, 102, 108, 118, 132, 136, 137, 138, 139, 140, 148, 180, 188, 208, 287
風土記の丘　47, 229
文化遺産　10, 27, 39, 41, 42, 47, 60, 67, 68, 69, 73, 111, 155, 159, 185, 212, 227, 228, 230, 231, 232, 234, 237, 238, 239, 240, 242, 243, 250, 252, 253, 254, 255, 257, 258, 259, 263, 277, 297
文化遺産を活かした観光振興・地域活性化事業　250, 289
文化芸術資源　250, 259
文化芸術振興基本法　237, 241
文化財愛護地域活動　38
文化財総合的把握モデル事業　28, 249
文化財保護行政史　15, 16, 17, 19
文化財保存運動　15, 17, 20, 26, 35, 36, 37, 38, 39, 40, 42, 47, 48, 50, 51, 52, 55, 59, 64, 66, 70, 71, 75, 77, 78, 79, 80, 286, 287, 296
文化資源　10, 69, 70, 72, 254, 255, 261, 267, 269, 270
文化資源マネジメント　69, 70
文化振興マスタープラン　234, 289
文化ボランティア　201, 242, 255
誇りの空洞化　299
ボトムアップ　42, 46, 59, 69, 244, 275, 277
ボランティア　164, 175, 177, 179, 181
ボランティア活動　67, 169, 181, 192, 194, 231, 243, 244, 260, 276

【ま行】

町並み保存　16, 38, 42, 66
民芸運動　63

索引(学校名・遺跡名・組織名)　321

民衆史跡指定運動　46

【や行】

優品主義　26, 27, 29, 33, 43, 55, 56, 59,
　61, 62, 63, 64, 67, 68, 71, 73, 80, 226,
　286, 294, 298
ゆるやかなつながり　205, 215, 288,
　292, 294

【ら行】

歴史的風致維持向上計画　74, 249
歴史的文化的資源　243, 245, 246, 260,
　276
歴史的町並み　36, 235, 260, 275, 290
歴史文化基本構想　28, 34, 68, 70, 73,
　74, 75, 79, 80, 226, 248, 249, 250, 265,
　267, 272, 273, 275, 286, 289
歴史まちづくり法　70, 74, 249
ローカル・アメニティ・ソサエティ
　173, 174, 200, 210
ローカル・アメニティ・ソサエティ構想
　174, 183, 199, 204

学校名

相生学校　98
琢美学校　98, 99, 100, 107
明見学校　139
開智学校　90
中込学校　90
東大組第15区小学校　99
見付学校　90
梁木学校　98, 100
柳池学校　99

遺跡名

揚久保遺跡(山梨県)　167
一本松遺跡(神奈川県)　48
後田遺跡(山梨県)　160

沖大原遺跡(山梨県)　167
御屋敷遺跡(山梨県)　151
御屋敷西遺跡(山梨県)　151
蟹坂遺跡(山梨県)　159
神金城跡(神奈川県)　48
桑原遺跡(山梨県)　151
桑原南遺跡(山梨県)　151
源太城跡(山梨県)　151
五反田遺跡(山梨県)　159
五反田(堰下西)遺跡(山梨県)　159
清水氏屋敷(山梨県)　151
大免遺跡(山梨県)　159
津金御所前遺跡(山梨県)　151
中溝遺跡(山梨県)　167
中谷遺跡(山梨県)　167
原遺跡(山梨県)　167
原の前遺跡(山梨県)　151
二ツ木遺跡(山梨県)　159
古宮城(山梨県)　151
堀之内原遺跡(山梨県)　167
又十郎屋敷(山梨県)　151
松葉遺跡(山梨県)　167
宮脇遺跡(山梨県)　167
湯沢古墳2号墳・3号墳(山梨県)　159,
　160

組織名

イコモス　296
うら山観察会　176
大阪歴史学会　40
小形山学校保存会　129, 180
加曽利貝塚を守る会　37
桂川をきれいにする会　177
鎌倉風致保存会　37
小泉和子生活史研究所　171
甲府駅北口まちづくり委員会　86, 117,
　138
国際文化交流懇談会　227
国宝保存会　31, 33
古社寺保存会　30, 31

SANTI・キャンバスタウン都留を創造する市民の会　174, 200
滋賀県文化財懇談会　40
下山大工　101
多摩動物公園　173
地域主義研究集談会　34, 35, 71, 211
地域づくりネットワーク21塾　158
地方史研究協議会　35, 40, 44, 54, 57, 78
津金衆　150, 151
津金学校藤村式校舎解体調査委員会　111
妻籠を愛する会　38
どくだみの会　137, 157, 158, 160
トラウトフォーラム　177, 204
トヨタ財団　174, 175
難波宮址を守る会　36
奈良バイパス平城京跡通過に反対する協議会　36
日本建築学会　38, 40, 54, 57
日本考古学協会　37, 47, 54, 57
日本財団　163, 183
ハウジングアンドコミュニティ財団　164, 183
博物館明治村　87, 119, 139
比企の自然と文化財を守る会　50
藤村様式旧睦沢小学校舎保存委員会　115, 116
藤原京を守る会　36
文化財保存全国協議会　39, 47, 48, 57
平城京を守る会　36
文化財保護委員会　36, 38, 39, 114, 116
文化財保護企画特別委員会　227, 228, 230, 232, 236, 238, 272, 278, 289
文化政策推進会議　227, 231, 232, 236, 289
マヌ都市建築研究所　243
ムリネモ協議会　172, 174, 175, 176, 181, 204, 210
三菱総合研究所　247
山梨郷土研究会　115, 116, 120, 135, 139, 155

山梨県考古学協会　111, 120
ユネスコ　227, 255
横須賀考古学会　48
ローカルデザイン研究会　161, 162, 180, 204, 210

人　名

【あ行】

藍澤宏　85
甘粕健　47, 48, 50, 57, 63, 64
有泉貞夫　91
石野利和　28
板倉聖宣　16, 90
一志茂樹　65
伊東忠太　30
伊藤延男　58, 65, 116
稲垣栄三　57
井上敏雄　149, 170, 171, 173, 174, 175, 177, 180, 181, 199, 200, 201, 204, 208, 210
井原西鶴　169
今泉吉晴　172, 175
色川大吉　35, 42, 45, 46, 77
上野邦一　243, 244, 245
植松光宏　16, 139
江上波夫　54
大木喬命　99, 107
岡倉天心　30
岡本勇　47, 48, 49, 50, 52
大佛次郎　37
小田切徳美　12, 299
小野正文　16

【か行】

風間伊七　107
金井塚良一　47, 50, 51, 52
金田智成　38
亀山純夫　12
川端康成　37

城戸康利　277
木村礎　47, 57
木村二郎　164
朽木量　67, 68
倉島幸雄　63
小泉純一郎　254
児玉幸多　66
後藤春彦　13
後藤治　84
小宮山弥太郎　100, 101, 110, 121

【さ行】

椎名慎太郎　52
塩谷立　256
敷田麻美　12
島崎藤村　44
清水喜助　100
清水重敦　16, 90
十菱駿武　65
鈴木輝隆　161, 180
関野克　114

【た行】

高橋正明　163, 180, 197, 198, 199, 201,
　　204, 210
玉野井芳郎　12, 34, 35, 211
段木一行　64
鶴見和子　211, 212
土肥実匡　91
徳川頼倫　30

【な行】

長洲一二　71
名取忠文　107
西川幸治　40, 41, 42, 43, 47, 52, 65, 66,
　　70, 71, 72
西村幸夫　174
西山徳明　67, 68, 69, 70, 72, 249, 298
野口二郎　116

【は行】

芳賀登　34, 35, 42, 43, 44, 45, 76, 77,
　　78, 79, 80, 273, 286
橋本淳治　16, 90
橋本義夫　46
羽中田壮雄　16, 114
馬場憲一　17, 66, 67, 72, 84, 230, 298
林忠如　100
林英夫　34, 35, 42, 43, 44, 45, 54, 55,
　　56, 57, 63, 77, 294
平川新　35
平田篤胤　42
広井良典　11
福富城介　16
福山敏男　40
藤井霞郷　172
藤村紫朗　14, 16, 87, 91, 92, 93, 94, 95,
　　97, 98, 99, 100, 101, 102, 103, 104,
　　106, 107, 108, 110, 117, 118, 126, 132,
　　169, 287
藤森照信　16, 90, 100
古島敏雄　35
保母武彦　212, 213, 214, 288
本田安次　54

【ま行】

槇村正直　99
松木輝殿　100, 101, 113
三浦卓也　108
宮口侗廸　12, 13
三宅秀　30
三好学　30
本中眞　274

【や行】

谷田部隆博　42
柳田国男　63
柳宗悦　63
矢野和彦　73
山路興造　57
山路恭之助　157, 158, 180

【わ行】

若尾逸平　107

あとがき

　本書は2016（平成28）年9月に法政大学人間社会研究科に学位申請論文として提出し、翌年3月に博士（学術）の学位の授与を受けた博士論文「地域主義にもとづく文化財保存と活用に関する研究―文化財を核としたコミュニティの生成と活動を視野に―」を加筆修正したものである。また、刊行に際して博士論文の資料編を省き、索引を新たに付した。

　なお、本書の各章は、以下のような論文・発表としてすでにまとめられたものである。

　序章・第4章・終章は本書が初出である。

　第1章は、「文化財保存運動にみる地域主義に基づく文化財保護の展開―現状の文化財保護制度の課題について―」（『Social design review』7、2015年、pp.30-42）に修正を加えて執筆したものである。

　第2章は、「コミュニティによる地域文化財の保護と活用の考察―山梨県内における藤村式建築保存・活用の動向を中心に―」（『法政大学大学院紀要』第73号、2014年、pp.199-224）に修正を加えて執筆したものである。

　第3章は、「地域主義に基づく文化財保護の様相について―山梨県内における藤村式建築保存・活用を事例に―」（日本文化政策学会第8回年次研究大会口頭発表、2014年12月7日）の内容を踏まえて執筆したものである。

　ここで、本書の主題である「地域主義にもとづく文化財保存と活用」に興味関心を抱き研究に取り組み、本書の刊行に至った経緯を記しておきたい。筆者は駒澤大学で考古学を学び、酒井清治先生のご指導のもと卒業論文「土器からみた古代都留郡の歴史的背景について」を執筆した。小学校時代に都留市へ引っ越すまでは、隣の大月市在住であったため、都留市には母の実家があったものの、どこか縁遠い土地と感じていたが、この経験を通して、都留市とその地域史にとても興味をもった。また、同大学では社会教育主事の資格講座で萩原建次郎先生にお世話になり、講義を受講する中で社会教育や地域づくりに関心をもったのもこの頃である。卒業後は杏林学園に入職し、大

学事務課で教務の仕事に携わらせていただいた。ここでは当時課長補佐であった黒田幸司氏に大変お世話になった。黒田氏とは後に進学した立教大学大学院で共に学ぶことにもなった。

　その後、学生時代から抱いていた地域づくりへの関心から職を辞して2006（平成18）年に都留市役所に入職した。筆者が就職した前年から都留市では、5か年計画で山梨県史跡勝山城跡学術調査事業を立ち上げ、筆者は考古学を専攻していたことから、その事務局として調整と発掘調査を担当することになった。

　この発掘調査は2006（平成18）年から2008（平成20）年にかけて勝山城跡およびその関連遺跡で実施したもので、作業員として募った市民のほとんどが発掘調査未経験者であり、都留市の歴史や遺跡について詳しい参加者もいなかった。筆者自身、入職して間もない上、山城の調査経験はなく、市民との手探りの調査となった。調査も軌道に乗ってきた頃、調査の参加者から山城の歴史をまとめたレポートをみせていただいたり、ある参加者からは昔自分の畑で拾ったという土器を調べて教えていただいたりした。山城の調査を通して、地域の歴史や埋蔵文化財に市民が興味・関心を抱きはじめたことに気づかされた。

　また、「お城が親戚のように親しく感じられるようになった」と筆者に話してくれた参加者は、調査後も山城の草刈りやゴミ拾いなどをしていたようで、山城に対する愛着が参加者の中に生まれていたことにも気が付かされた。当時、お昼の休憩時間によく皆で地域の将来や地域づくりの話をして盛り上がり、参加者の間で山城の調査を通じたコミュニティと呼ぶべき一体感が生まれていた。こうした出来事を通して、文化財保護とは、誰のための何のために行われるものかについて深く考え、これが地域のための保護であるのではないかと、漠然と考えるようになった。

　こうした学術調査に従事していた折、祖父が他界した。都留市の戸沢地域で生まれ育った祖父は地域のことをよく気にかけ、とくに祖母に先立たれてからは自宅の一部を地域の憩いの場にしようと「なごみの家」として開放し、地域のボランティア活動に熱心に取り組んでいた。祖父の死後、この「なごみの家」がコミュニティの中心である「地域の居場所」であると萩原建次郎

先生にご教示いただいた。萩原先生から「地域の居場所」について先駆的に研究に取り組んでおられた久田邦明先生をご紹介いただき、久田先生から、「地域の居場所」に関する様々な資料や、「地域の居場所」が地域づくりの拠点となった事例を提供していただいた。この知見は勝山城跡が発掘調査を通して発掘調査参加者のコミュニティの中心となったという理解に結び付いた。そして、こうしたコミュニティの中心から生成したコミュニティによる地域づくりこそ、地域再生の必要性が語られる現代の地域社会に求められるものではないかと考えた。

　こうした考えにもとづき、都留市の中心市街地に空き家が増えている現状から、空き家をコミュニティの拠点にできないかと思い至った。祖父が生前、自動車を買うようにと託してくれた資金によって、この点を深く研究しようと2010（平成22）年に立教大学大学院21世紀社会デザイン研究科へ進学し、中村陽一先生を主査に研究指導をいただいた。当初は空き家政策の立案が研究の主題であったが、中村先生からもっと広い視野でコミュニティの中心を歴史の文脈で捉えてみてはとご助言いただき、網野善彦氏の著作をご紹介いただいた。ここで「無縁」の概念を知り、中世の「無縁」の場にコミュニティ生成の手掛かりがあると確信し、研究を進めた。副査の渡辺元先生には、「無縁」の概念に着目した点を評価していただき、これに合わせた事例研究についてご助言いただいたことで、研究の方針は明確となり、現代の「無縁」の場として、「〈縁起〉の間」という概念を提起するに至った。

　この事例研究の対象を選定しているときに馬場憲一先生の『地域文化政策の新視点』を目にした。この中で「地域に伝存する文化財を媒体として再び一つの結びつきをもった『地域共同体』とも言うべき関係が地域社会の中に新しく芽生えていく（中略）その共同体は地域社会の核となりその地域で発生する諸問題の解決や地域づくりの上で大きな役割を果たすことになると思う」という一文が目に留まり、改めて勝山城跡学術調査の経験を思い出した。コミュニティ・文化財・地域づくりというキーワードは発掘調査で漠然と接点をもちそうな予感があったが、馬場先生の本に出会い、これが確信に変わった。そして、歴史性に支えられたシンボルとしての文化財がコミュニティの中心になるという可能性にたどり着いた。

それから間もなく、本書で研究対象とした尾県郷土資料館協力会の活動の歴史を知る機会があり、文化財がコミュニティの中心となることを実態からも確信し、旧尾県学校、旧津金学校と、愛知県名古屋市の撞木館を対象に事例研究を実施し、その成果を修士論文「地域における場からのつながりの再生―『〈縁起〉の間』を手掛かりに―」として提出した。

　大学院修了後、修士論文でほとんど文化財保護の内容にふれることができなかったという思いと、それを論文にしたい思いがあり、博士課程に進学すべきかどうか悩んでいたが、萩原建次郎先生と黒田幸司氏から後押ししていただき、馬場憲一先生の研究室を訪ね、2013（平成25）年に法政大学大学院人間社会研究科人間福祉専攻に進学した。馬場先生の研究室訪問の際、先生から博士論文は指導教員と当事者の両輪で成り立つというお話をいただいたとおり、馬場先生には、何度もお時間を割いて、長時間の議論にお付き合いいただいた。修士論文では、文化財保護とは誰のための何のために行われるものか、という勝山城跡の調査時の命題に対し、明確な答えを示すことができずにいたが、博士論文では馬場先生のご指導や先生との議論の繰り返しの末、文化財保護は地域住民のためにあり、文化財が地域住民の心を豊かにする保護の在り方が求められる、という答えを導くことができた。

　文化財保護に携わるコミュニティの日々の実践のほとんどは、記録に残されることなく、黙々と取り組まれているのが実情で、このような活動が一般にあまり認識されていないと考えられる。本書は、地域主義にもとづく文化財保存と活用の実態を、山梨県内の藤村式建築の保存と活用から明らかにしたものであるが、事例に登場したコミュニティに限らず、全国の文化財保護に携わるコミュニティの活動が、地域の文化財の保護、ひいては地域そのものを支えていることを示したつもりである。本書がこうした取り組みの周知の機会となり、地域の文化財保護に携わる様々な人々にとって、日々の活動の励みになることを祈る。同時に筆者自身も、文化財保護行政の立場からこの研究成果を地域に還元させるべく、引き続き研究と実践に取り組みたいと考える。

　本書の刊行に至るまで様々な方のご協力を得た。まず筆者の研究を博士論文まで導いていただいた指導教員の馬場憲一先生に感謝申し上げたい。馬場

先生には本書刊行にあたっても出版社の紹介や本書の加筆時にもご助言いただくなど様々な面でご支援・ご協力いただいた。重ねて感謝申し上げる。

　副査の図司直也先生にも感謝申し上げたい。図司先生に論文執筆時にいただいた事例の実態から浮かび上がるものを大切にするというご助言は、理論先行しがちな筆者の論考に対し、事例研究の重要性やそこに取り組む姿勢を学ばせていただいた。

　学位論文審査において、学外副査を務めていただいた九州大学大学院の藤原惠洋先生には、学位論文審査で本研究を評価していただき、また貴重なご助言をいただいただけでなく、博士論文発表会にも遠路を駆けつけて、ご意見をいただけたことは感激の至りであった。深く感謝申し上げたい。

　また、人間社会研究科の水野雅男先生、保井美樹先生には博士論文構想発表会・中間発表会などにおいて貴重なご指導とご助言をいただき、研究を励ましていただいたことを感謝申し上げる。

　筆者の研究を修士時代からいつも気にかけ、研究に対しつねに新しい発想を提供していただいた立教大学の渡辺元先生、何度となく研究を励ましていただき、本書刊行にあたりご意見いただいた立教大学のソーシャル・ガバナンス研究会の皆様、学部時代から現在に至るまで、筆者の研究をずっと見守り、励ましとご助言いただいた駒澤大学の萩原建次郎先生、博士課程進学を後押ししていただいた杏林学園の黒田幸司氏にも心より感謝申し上げたい。

　本研究では事例研究に伴い、多くの方々にご協力をいただいた。

　旧尾県学校では尾県郷土資料館協力会の井上明子氏・井上武氏・井上敏子氏、尾県郷土資料館の山本恒男館長、小形山自治会、都留市教育委員会、都留市社会福祉協議会。旧津金学校では津金学校の高橋正明館長、北杜市教育委員会の村松佳幸氏、北杜市役所議会事務局。旧春米学校では富士川町民俗資料館の長澤守男館長、富士川町教育委員会。旧室伏学校では、牧丘郷土文化館の古明地登吉館長、山梨県考古学協会の室伏徹事務局長。旧睦沢学校では、NPO法人甲府駅北口まちづくり委員会。旧明見学校では、富士吉田市教育委員会の篠原武氏に聞き取り調査や資料提供に応じていただいた。皆様には、貴重な時間をお割きいただき、感謝の念に堪えない。

　馬場先生のご指導のもと人間福祉専攻を修了された須田英一氏には、筆者

と同じ市町村の文化財保護担当という立場でつねに研究についてご助言いただいたり、仕事の面でも相談に乗っていただいたりと、研究活動の大きな励みとなった。そして、同窓の大田佳奈氏は、同じ社会人の立場で研究に懸命に取り組んでいて、その姿勢は筆者の研究活動の刺激となり、励みになった。また、同窓で職場の同僚でもある服部浩平氏には博士論文提出時に論文に目を通していただいた。同窓の皆様にこの場を借りて感謝申し上げる。

　また、働きながらの大学院進学を理解していただいた現在の職場の皆様、とくに修士時代より長年、筆者の研究を見守り続けていただいた程原由和氏、知念浩生氏にも感謝したい。そして、小学生の頃の筆者に地域史の楽しさを教えてくれた恩師であり、その後も公私にわたり筆者を温かく見守っていただいた都留市郷土研究会の安富一夫氏にも感謝したい。安富氏は残念ながら2017（平成29）年1月に急逝された。墓前に本書刊行を報告したい。

　現在に至るまで友人や知人には、研究を励ましていただいた。とくにヴェロニカ・シュトラッサー氏、大井和実氏、尾崎秀甫氏、小野雄佑氏には深謝する。

　また、本書刊行を快諾していただき、様々な場面でご助言いただいた岩田書院の岩田博氏には心より感謝申し上げる。

　最後に筆者の研究を支えてくれた父・母・弟にお礼申し上げたい。とくに父は本書刊行にあたり、全文に目を通してくれた。重ねて感謝する。

　そして、大学院進学のきっかけをつくってくれた亡き祖父、渡辺和典に改めて感謝したい。

　2017（平成29）年12月

森屋　雅幸

著者紹介

森屋 雅幸（もりや まさゆき）

1983年　山梨県生まれ
2012年　立教大学大学院21世紀社会デザイン研究科博士前期課程修了
2017年　法政大学大学院人間社会研究科博士後期課程修了　博士(学術)
現　在　都留市教育委員会生涯学習課文化振興担当副主査
　　　　法政大学大学院多摩共生社会研究所特任研究員

主要著作論文
『甲信越の名城を歩く　山梨編』（共著、吉川弘文館、2015年）
『生産の考古学2』（共著、同成社、2008年）
「文化財保存運動にみる地域主義に基づく文化財保護の展開―現状の文化財保護制度の課題について―」（『Ssocial design review』7、2015年）
「コミュニティ再生の視点から「地域再生」を再考する」（『Social design review』5、2013年）

地域文化財の保存・活用とコミュニティ──山梨県の擬洋風建築を中心に──

2018年（平成30年）2月　第1刷　300部発行　　　　定価[本体7200円＋税]
著　者　森屋 雅幸

発行所　有限会社 岩田書院　代表：岩田 博　　http://www.iwata-shoin.co.jp
〒157-0062　東京都世田谷区南烏山4-25-6-103　電話03-3326-3757 FAX03-3326-6788
組版：伊藤庸一　　印刷・製本：シナノパブリッシングプレス

ISBN978-4-87294-020-0 C3021 ￥7200E

岩田書院 刊行案内 (23)

			本体価	刊行年月
909 上野　秀治	近世の伊勢神宮と地域社会		11800	2015.04
910 松本三喜夫	歴史と文学から信心をよむ		3600	2015.04
911 丹治　健蔵	天狗党の乱と渡船場栗橋宿の通航査検		1800	2015.04
912 大西　泰正	宇喜多秀家と明石掃部		1850	2015.05
913 丹治　健蔵	近世関東の水運と商品取引 続		7400	2015.05
914 村井　良介	安芸毛利氏＜国衆17＞		5500	2015.05
915 川勝　守生	近世日本石灰史料研究Ⅷ		9900	2015.05
916 馬場　憲一	古文書にみる武州御嶽山の歴史		2400	2015.05
917 矢島　妙子	「よさこい系」祭りの都市民俗学		8400	2015.05
918 小林　健彦	越後上杉氏と京都雑掌＜戦国史13＞		8800	2015.05
919 西海　賢二	山村の生活史と民具		4000	2015.06
920 保坂　達雄	古代学の風景		3000	2015.06
921 本田　　昇	全国城郭縄張図集成		24000	2015.07
922 多久古文書	佐賀藩多久領 寺社家由緒書＜史料選書４＞		1200	2015.07
923 西島　太郎	松江藩の基礎的研究＜近世史41＞		8400	2015.07
924 根本　誠二	天平期の僧と仏		3400	2015.07
925 木本　好信	藤原北家・京家官人の考察＜古代史11＞		6200	2015.08
926 有安　美加	アワシマ信仰		3600	2015.08
927 全集刊行会	浅井了意全集：仮名草子編5		18800	2015.09
928 山内　治朋	伊予河野氏＜国衆18＞		4800	2015.09
929 池田　仁子	近世金沢の医療と医家＜近世史42＞		6400	2015.09
930 野本　寛一	牛馬民俗誌＜著作集４＞		14800	2015.09
931 四国地域史	「船」からみた四国＜ブックレットH21＞		1500	2015.09
932 阪本・長谷川	熊野那智御師史料＜史料叢刊９＞		4800	2015.09
933 山崎　一司	「花祭り」の意味するもの		6800	2015.09
934 長谷川ほか	修験道史入門		2800	2015.09
935 加賀藩ﾈｯﾄﾜｰｸ	加賀藩武家社会と学問・情報		9800	2015.10
936 橋本　裕之	儀礼と芸能の民俗誌		8400	2015.10
937 飯澤　文夫	地方史文献年鑑2014		25800	2015.10
938 首藤　善樹	修験道聖護院史要覧		11800	2015.10
939 横山　昭男	明治前期の地域経済と社会＜近代史22＞		7800	2015.10
940 柴辻　俊六	真田幸綱・昌幸・信幸・信繁		2800	2015.10
941 斉藤　　司	田中休愚「民間省要」の基礎的研究＜近世史43＞		11800	2015.10
942 黒田　基樹	北条氏房＜国衆19＞		4600	2015.11
943 鈴木　将典	戦国大名武田氏の領国支配＜戦国史14＞		8000	2015.12
944 加増　啓二	東京北東地域の中世的空間＜地域の中世16＞		3000	2015.12
945 板谷　　徹	近世琉球の王府芸能と唐・大和		9900	2016.01
946 長谷川裕子	戦国期の地域権力と惣国一揆＜中世史28＞		7900	2016.01

岩田書院 刊行案内 (24)

			本体価	刊行年月
947 月井　　剛	戦国期地域権力と起請文＜地域の中世17＞		2200	2016.01
948 菅原　壽清	シャーマニズムとはなにか		11800	2016.02
950 荒武賢一朗	東北からみえる近世・近現代		6000	2016.02
951 佐々木美智子	「産む性」と現代社会		9500	2016.02
952 同編集委員会	幕末佐賀藩の科学技術　上		8500	2016.02
953 同編集委員会	幕末佐賀藩の科学技術　下		8500	2016.02
954 長谷川賢二	修験道組織の形成と地域社会		7000	2016.03
955 木野　主計	近代日本の歴史認識再考		7000	2016.03
956 五十川伸矢	東アジア梵鐘生産史の研究		6800	2016.03
957 神崎　直美	幕末大名夫人の知的好奇心		2700	2016.03
958 岩下　哲典	城下町と日本人の心性		7000	2016.03
959 福原・西岡他	一式造り物の民俗行事		6000	2016.04
960 福嶋・後藤他	廣澤寺伝来　小笠原流弓馬故実書＜史料叢刊10＞		14800	2016.04
961 糸賀　茂男	常陸中世武士団の史的考察		7400	2016.05
962 川勝　守生	近世日本石灰史料研究Ⅸ		7900	2016.05
963 所　理喜夫	徳川権力と中近世の地域社会		11000	2016.05
964 大豆生田稔	近江商人の酒造経営と北関東の地域社会		5800	2016.05
000 史料研究会	日本史のまめまめしい知識１＜ぶい＆ぶい新書＞		1000	2016.05
965 上原　兼善	近世琉球貿易史の研究＜近世史44＞		12800	2016.06
967 佐藤　久光	四国遍路の社会学		6800	2016.06
968 浜口　　尚	先住民生存捕鯨の文化人類学的研究		3000	2016.07
969 裏　　直記	農山漁村の生業環境と祭祀習俗・他界観		12800	2016.07
970 時枝　　務	山岳宗教遺跡の研究		6400	2016.07
971 橋本　　章	戦国武将英雄譚の誕生		2800	2016.07
972 高岡　　徹	戦国期越中の攻防＜中世史30＞		8000	2016.08
973 市村・ほか	中世港町論の射程＜港町の原像・下＞		5600	2016.08
974 小川　　雄	徳川権力と海上軍事＜戦国史15＞		8000	2016.09
975 福原・植木	山・鉾・屋台行事		3000	2016.09
976 小田　悦代	呪縛・護法・阿尾奢法＜宗教民俗９＞		6000	2016.10
977 清水　邦彦	中世曹洞宗における地蔵信仰の受容		7400	2016.10
978 飯澤　文夫	地方史文献年鑑2015＜郷土史総覧19＞		25800	2016.10
979 関口　功一	東国の古代地域史		6400	2016.10
980 柴　　裕之	織田氏一門＜国衆20＞		5000	2016.11
981 松崎　憲三	民俗信仰の位相		6200	2016.11
982 久下　正史	寺社縁起の形成と展開＜御影民俗22＞		8000	2016.12
983 佐藤　博信	中世東国の政治と経済＜中世東国論６＞		7400	2016.12
984 佐藤　博信	中世東国の社会と文化＜中世東国論７＞		7400	2016.12
985 大島　幸雄	平安後期散逸日記の研究＜古代史12＞		6800	2016.12

岩田書院 刊行案内 (25)

			本体価	刊行年月
986	渡辺　尚志	藩地域の村社会と藩政＜松代藩５＞	8400	2017.11
987	小豆畑　毅	陸奥国の中世石川氏＜地域の中世18＞	3200	2017.02
988	髙久　舞	芸能伝承論	8000	2017.02
989	斉藤　司	横浜吉田新田と吉田勘兵衛	3200	2017.02
990	吉岡　孝	八王子千人同心における身分越境＜近世史45＞	7200	2017.03
991	鈴木　哲雄	社会科歴史教育論	8900	2017.04
992	丹治　健蔵	近世関東の水運と商品取引 続々	3000	2017.04
993	西海　賢二	旅する民間宗教者	2600	2017.04
994	同編集委員会	近代日本製鉄・電信の起源	7400	2017.04
995	川勝　守生	近世日本石灰史料研究10	7200	2017.05
996	那須　義定	中世の下野那須氏＜地域の中世19＞	3200	2017.05
997	織豊期研究会	織豊期研究の現在	6900	2017.05
000	史料研究会	日本史のまめまめしい知識２＜ぶい＆ぶい新書＞	1000	2017.05
998	千野原靖方	出典明記 中世房総史年表	5900	2017.05
999	植木・樋口	民俗文化の伝播と変容	14800	2017.06
000	小林　清治	戦国大名伊達氏の領国支配＜著作集１＞	8800	2017.06
001	河野　昭昌	南北朝期法隆寺雑記＜史料選書５＞	3200	2017.07
002	野本　寛一	民俗誌・海山の間＜著作集５＞	19800	2017.07
003	植松　明石	沖縄新城島民俗誌	6900	2017.07
004	田中　宣一	柳田国男・伝承の「発見」	2600	2017.09
005	横山　住雄	中世美濃遠山氏とその一族＜地域の中世20＞	2800	2017.09
006	中野　達哉	鎌倉寺社の近世	2800	2017.09
007	飯澤　文夫	地方史文献年鑑2016＜郷土史総覧19＞	25800	2017.09
008	関口　健	法印様の民俗誌	8900	2017.10
009	由谷　裕哉	郷土の記憶・モニュメント＜ブックレットH22＞	1800	2017.10
010	茨城地域史	近世近代移行期の歴史意識・思想・由緒	5600	2017.10
011	斉藤　司	煙管亭喜荘と「神奈川砂子」＜近世史46＞	6400	2017.10
012	四国地域史	四国の近世城郭＜ブックレットH23＞	1700	2017.10
013	時代考証学会	時代劇メディアが語る歴史	3200	2017.11
014	川村由紀子	江戸・日光の建築職人集団＜近世史47＞	9900	2017.11
015	岸川　雅範	江戸天下祭の研究	8900	2017.11
017	福江　充	立山信仰と三禅定	8800	2017.11
018	鳥越　皓之	自然の神と環境民俗学	2200	2017.11
019	戦国史研究会	戦国期政治史論集　東国編	7400	2017.12
020	戦国史研究会	戦国期政治史論集　西国編	7400	2017.12
021	同文書研究会	誓願寺文書の研究（全２冊）	揃8400	2017.12
023	上野川　勝	古代中世 山寺の考古学	8600	2018.01
024	曽根原　理	徳川時代の異端的宗教	2600	2018.01